Entrenando para el éxito

FRANCISCO JAVIER DE MIGUEL MUÑOZ

Entrenando para el éxito

Estrategias de alto rendimiento para equipos empresariales

℘

ALMUZARA

Editorial Almuzara • Colección Economía y empresa
Editora: Rosa García Perea
Maquetación: Miguel Andréu

www.editorialalmuzara.com
pedidos@almuzaralibros.com - info@almuzaralibros.com

Editorial Almuzara
Parque Logístico de Córdoba. Ctra. Palma del Río, km 4
C/8, Nave L2, n° 3. 14005 - Córdoba

Imprime: Romanyà Valls
ISBN: 978-84-10524-21-7
Depósito: CO-1535-2024
Hecho e impreso en España - *Made and printed in Spain*

*A mi mujer, Laura, por darme el tiempo
infinito para crecer en la vida*

Índice

EN LA ZONA DE JUEGO EMPRESARIAL: MÁS DE DIEZ AÑOS DE PSICOLOGÍA DEPORTIVA PARA EQUIPOS EMPRESARIALES.

Nuestras vivencias nos van forjando como personas, por eso, los que hemos decidido liderar un proyecto empresarial tenemos un estilo de liderazgo que está marcado por nuestras experiencias, nuestros valores, carácter; así como por los retos que la vida nos va planteando, tanto a nivel personal como profesional.

En mi caso, como socio fundador de una empresa de consultoría de recursos humanos, gestión de la formación y digitalización de procesos, focalizada en el sector corporativo de grandes empresas, que compite con las grandes marcas multinacionales con un servicio basado en personas y cimentado en la credibilidad, la confianza y el conocimiento; contar con un gran equipo de personas altamente cualificadas que trasladen tu impronta en lo que hacen es clave para el éxito empresarial.

Bajo ese contexto, los retos fundamentales como empresario y líder de un equipo, en un momento de crecimiento continuo, son la incorporación de nuevas personas, su entrenamiento para trabajar como un solo equipo que tiene una meta común, pero en el que cada persona desarrolla una función específica para conseguirla y, sin lugar a dudas, el principal, la retención del talento, para que, aquellas personas que te ayudan a conseguir tus éxitos no sean fichadas por otro equipo; pero sabiendo que, como no puedes controlar todos los factores externos, siempre tienes que tener preparadas personas en el banquillo, entrenadas para salir a la pista a jugar con el equipo en el caso de que surjan imprevistos.

Por eso tengo claro que la lectura de este libro, compendio de algunos de los mejores artículos de un gran profesional, como es Javier de Miguel, con el que tengo la suerte de coincidir y compartir ideales, te va a ayudar a crear equipos de personas, coordinarlos, entrenarlos y conseguir de forma colaborativa tus metas como persona emprendedora.

Sergio Oliva
CEO de Sipadan

FORMACIÓN EMPRESARIAL Y ENTRENAMIENTO DEPORTIVO

DE LA FORMACIÓN EMPRESARIAL AL ENTRENAMIENTO EMPRESARIAL

En los próximos años los métodos de formación tradicionales deberán establecer un cambio de rumbo. Nos encontramos ante un sector con una demanda exponencial, que a la vez ha de luchar con una oferta altamente saturada. Cuando hablamos de formación, nos referimos a formación en habilidades psicológicas o competencias, no a formación técnica. El objetivo de la segunda es adquirir conocimiento, mientras que el de la primera es generar rendimiento en los equipos que la reciben.

La relación entre deporte y empresa no es nueva. Numerosos exdeportistas de élite han vinculado ambas dimensiones con mayor o menor acierto, o, mejor dicho, con mayor o menor transferencia al mundo empresarial. Algunos instauraron los valores del deporte en cada proyecto que dirigían. Otros iban más allá y utilizaban protocolos y procedimientos de trabajo que emulaban las condiciones de una competición (por ejemplo, creando un *ranking* de empleados). Y los terceros se quedaban a medio camino y ofertaban charlas de motivación donde contaban sus experiencias, casi siempre de éxito, cuando la cruda realidad del deporte es que detrás de un minuto de gloria hay 200 000 horas de entrenamiento espartano.

La carencia de contenidos extrapolables al rendimiento empresarial era maquillada por una bonita puesta en escena. Sin embargo, este tipo de charlas tienen algunos inconvenientes que debería cuidar cualquier acción formativa:

1. La incapacidad de transferir esos conceptos al día a día laboral.
2. La medición del impacto real y permanente en la motivación del equipo.
3. El resultado en la cifra de negocio.

Un profesional de la empresa es lo más parecido a un deportista de élite. Si el deportista no puede ser formado porque mañana tiene que rendir, el profesional o el equipo empresarial tampoco puede ser formado por el mismo motivo.

Y os preguntaréis ¿cómo puede ayudarme el entrenamiento deportivo para mejorar mi rendimiento en el puesto de trabajo? Pues bien, las habilidades psicológicas que competen a un deportista y las que necesita un directivo de una multinacional tienen no solo algo, sino mucho en común. Ambas se gestan bajo los mismos procesos mentales y neurológicos. Ambas requieren de un contexto manipulado, donde se repita y experimente la habilidad en primera persona y no a través de la explicación teórica de una tercera.

Cualquiera que tenga la suerte de haberse acercado al deporte de élite habrá comprobado que este posee la mayor y más evidente cualidad en la que el mundo empresarial todavía no ha reparado: el efecto de un entrenamiento.

Si un equipo deportivo (por ejemplo, fútbol) necesita un entrenamiento específico para mejorar una habilidad (por ejemplo, la comunicación entre sus líneas), su entrenador o psicólogo deportivo diseñará una serie de ejercicios en el campo para obligarlos a comunicar de forma repetida y en diferentes circunstancias de manera que el equipo sea capaz de replicarlo en competición. En ninguno de los casos, se sentará al equipo en un aula para pasarle doscientas trasparencias sobre la comunicación.

En la misma medida, el profesional de una organización (por ejemplo, un comercial de ventas) necesita entrenarse en diferentes competencias (por ejemplo, planificación) que son claves para conseguir rendimiento en su puesto de trabajo. Un método de entrenamiento, que diseñara una serie de ejercicios, donde el profesional tuviera que repetir aquellos parámetros que definen una buena planificación (por ejemplo, procedimientos claros y específicos) asegurarían una rápida e impactante transferencia a su puesto de trabajo.

Bajo este paradigma, ¿qué nos hace pensar que un curso de comunicación en un aula nos va a permitir ser mejores comunicadores al día siguiente?; ¿cómo podemos pensar que recibir información sobre los procesos de ventas nos va a implantar la habilidad ejecutiva de vender eficazmente? Al fin y al cabo, las habilidades psicológicas en entornos de rendimiento no se contagian ni tienen efecto *bluetooth*, sino que son hábitos que funcionan por una relación causa efecto: si hago esto ocurre esto otro.

En base a todo lo anterior, no hay metodología más especializada que provoque resultados y un impacto en el rendimiento, tanto en competencias personales como de tarea, que el entrenamiento.

UNA CONDUCTA ENTRENADA VALE MÁS QUE MIL PALABRAS

La metodología formativa de MindCompanySport para el entrenamiento del capital humano de la empresa está consiguiendo grandes resultados debido a que nos enfocamos en la base del comportamiento de las personas, concretamente en aquellos pilares que tienen efecto directo en su rendimiento para la empresa, en las conductas relevantes para su trabajo diario.

Estas pueden ser desde algo tan básico como detectar con la mirada a un cliente en el mismo momento que entra por la puerta hasta otras más complejas, habitualmente para mandos intermedios y directivos, como la realización de reportes eficaces y la comunicación efectiva.

El entrenamiento, a este nivel, supone mejoras sustanciales, medibles y demostrables en las empresas en base a las siguientes premisas:

1. Lo mejor que el mundo del deporte tiene que aportar al mundo de la empresa no son los valores (algunos sobrevalorados), ni siquiera algunos de sus procedimientos o sistemas. Lo mejor que el mundo del deporte tiene que aportar al mundo de la empresa es el «efecto de un entrenamiento».

2. El entrenamiento deportivo tiene una serie de parámetros que le dan una gran validez y consistencia (variabilidad, progresión, especificidad, repetición, modelación, multilateralidad...), los cuales son aplicados diariamente al desarrollo y mejora de las habilidades técnicas (ejemplo: saque de tenis, tiro libre de baloncesto).

3. Nuestra propuesta innovadora propone que estos mismos parámetros son aplicables también al desarrollo de una habilidad no técnica (motivación, con-

trol del estrés, comunicación, dirección de equipo, técnicas de venta).

Los profesionales que poseen habilidades técnicas para desarrollar su trabajo necesitan de una conducta que vaya asociada para que ocurra cuando la necesitan. Dos ejemplos:

— Un comercial que conozca muchas estrategias de captación (habilidad técnica) necesita proactividad si quiere que ese conocimiento técnico le provoque un resultado. En este caso, la proactividad puede ser medida como la iniciativa para hacer algo más de lo que me toca.

— Un director de banco que conoce muy bien su porfolio de venta (habilidad técnica) necesita una habilidad asociada, como la capacidad de detectar necesidades en el cliente para obtener un resultado en la venta. La habilidad de detectar algo puede ser desmenuzada en algo visible, medible y fácilmente entendible: evaluar el histórico del cliente, sacar información a través de preguntas abiertas, interrumpir ante una palabra clave o mirar al cliente a los ojos mientras habla nuestro interlocutor.

4. Nuestro método teoriza que las conductas, una vez detectadas, deben ser entrenadas en un entorno deportivo por varios motivos:

— Porque nos permite recoger y copiar fácilmente los parámetros anteriormente descritos, debido a que ya han sido diseñados por el deporte de competición desde hace años.

— Porque la persona, al estar fuera de su entorno, se comporta de manera «pura» sin los escondites ya conocidos que les podría proporcionar un entrenamiento en su puesto de trabajo.

— Porque un entorno situacional estresante y motivante a la vez predispone a los participantes a recibir cualquier información, por lo que la curva de aprendizaje se sustituye por la curva de entrenamiento.

5. Que un profesional sepa hacer algo no quiere decir que lo haga en las diferentes situaciones que necesita hacerlo. Al igual que un deportista puede meter muchos tiros de tres en entreno, cuando realmente lo necesita es en el último segundo para ganar el partido. El entrenamiento de calidad es lo único que aumenta las probabilidades de que ocurra, aunque nunca lo garantiza.

Dos eslóganes definen nuestro método: «Lo que no se mide no se puede entrenar y lo que no se puede entrenar no se puede mejorar» y «Una conducta entrenada vale más que mil palabras».

EL ENTRENAMIENTO: HERRAMIENTA DEL DEPORTE PARA LA EMPRESA

Muchos son los métodos para conseguir que los profesionales en la empresa realicen una formación efectiva y eficiente. Efectiva porque lo más importante para una empresa que invierte en sus profesionales es el retorno que tiene de esa formación. Y en cuanto a la eficacia, lo que importa es que se consiga el mayor impacto posible con el menor coste para la empresa (horas laborales cedidas, ajustes de turnos de trabajo, etc.).

Los métodos formativos cuando realmente tienen resultados es cuando se acercan más a la actividad real que tiene que ejecutar el trabajador en su puesto de trabajo. Cuanto más se alejen, más problemas encuentran para conseguir una transferencia en el día a día laboral. Un PowerPoint tiene su momento, igual que un *outdoor training*, pero no son «café para todos».

Y esta es la clave: conseguir un método que forme y se pueda aplicar al día siguiente en el puesto de trabajo, valorando como ha funcionado incluso ese mismo día que se aplica. El método que te permite hacerlo es el entrenamiento, y el deporte de alto rendimiento sabe bien de ello. Y lo sabe, porque está basado en localizar el problema de forma detallada, entrenarlo de forma analítica, repetirlo hasta controlarlo, ponerlo en marcha en la competición para seguir mejorándolo y empezar otra vez por el principio.

Obviamente, estamos hablando de habilidades, competencias, hábitos, comportamientos, conductas, que afectan a las secuencias o procesos de trabajo; nunca de formación técnica para la adquisición de conocimientos financieros, tecnológicos o logísticos, por ejemplo.

Lo mejor que el deporte tiene que aportar a la empresa no son las palabras que cuentan grandes hazañas deportivas desde un atril. Lo mejor que tiene que aportar es el entrenamiento y su metodología. Un buen ejemplo de ello es el método MindCompànySport.

LA FORMACIÓN DE TRABAJADORES NECESITA CARGA DE ENTRENAMIENTO

Después de formar a los profesionales y equipos en la empresa, necesitamos carga de entrenamiento. No podemos invertir en formación y «lanzar» a nuestros profesionales a trabajar con lo que han aprendido, esperando que el binomio ensayo/error y la experiencia afiancen los comportamientos necesarios para que esos conocimientos se puedan aplicar en el puesto de trabajo.

Es un error gravísimo de cualquier metodología formativa para la empresa.

Hagamos un símil deportivo. Sería como si un entrenador enseñara a su equipo un movimiento táctico y luego pretendiera que lo realizara en la competición con la máxima eficacia —dejando que pasaran varios intentos en diferentes competiciones— hasta que el ensayo/error y la experiencia generaran una mejora del rendimiento.

Ese entrenador estaría destituido a las primeras de cambio por falta de resultados.

Sin embargo, en el deporte profesional, lo que se entrena se utiliza en la competición. Luego, se valora el rendimiento y se toman decisiones sobre el resultado que ha producido esa utilización. En la empresa, al contrario, la formación no se «usa» en el puesto de trabajo y, además, no se sabe valorar bien sus resultados. Podemos revisar toda la literatura de Robert Brinkerhoff para avalar esta última afirmación.

Orientada a competir y generar resultados

Y es que, cojamos la visión que cojamos, las empresas se han creado para competir y generar resultados. Para conseguirlos, no podemos formar a las personas con métodos que no consiguen generar un manejo adecuado de las habilidades relacionadas con el comportamiento humano.

Si lo hacemos así, lo único que conseguimos son profesionales y equipos que consolidan aún más sus hábitos de trabajo anteriores. Precisamente, aquellos que queremos superar.

No es ninguna tontería...

Un profesional o un equipo que no sabe utilizar comportamientos relacionados con el rendimiento humano (comunicación, dirección de equipo, planificación, control del estrés, liderazgo, evaluación del rendimiento...) tiene un serio problema para poner en marcha sus conocimientos técnicos (de finanzas, de logística, de compras, de atención al cliente, de ventas, de proyectos, de procesos de trabajo, de operativa, de diseño...).

Pero todavía aún peor, un profesional o un equipo que sí tiene un buen dominio de esas habilidades relacionadas con el rendimiento humano tiene que competir con otros profesionales que también lo tienen. Por tanto, su «estado de forma» es clave para marcar la diferencia en un mercado de máxima exigencia competitiva entre empresas.

Carga de entrenamiento para ensayar lo aprendido

Las acciones formativas en las empresas tienen que estar dotadas de un volumen de horas de entrenamiento, no solo de aprendizaje y experimentación. Los métodos habituales donde se trabajan las habilidades relacionadas con el rendimiento humano (*role-playing, outdoor training, team building, mentoring, coaching, mindfulness...*) no permiten un entrenamiento y sí un ensayo práctico de lo aprendido.

El entrenamiento requiere un papel protagonista tanto del responsable del equipo como de la persona o equipo que se entrena. Al mismo tiempo, necesita de un análisis muy detallado de la situación en la que hay que mejorar el rendimiento.

Unido a todo lo anterior, una simulación de las situaciones laborales (en el deporte serían situaciones de competición), pero en un entorno más complejo y variante.

Y, por último, todo ello debe estar rodeado de una frecuencia y volumen de trabajo adecuados para que se produzcan dos cosas: transferencia e impacto.

El formador es clave para conseguir resultados

Los entrenadores son claves para conseguir el rendimiento en el deporte profesional. Lo mismo ocurre con los profesionales que son responsables de la formación de sus equipos en las organizaciones.

Invertir en formación sin tenerlos en cuenta es invertir a ciegas

La formación, que ya de por sí es una herramienta de aprendizaje y no de entrenamiento, si no está «avalada» por un responsable apenas tendrá incidencia en la organización.

Cierto es que los equipos de estos responsables tienen mucho que aportar en la decisión final sobre en qué se tiene que formar el equipo. El *feedback* del equipo es muy importante, pues conocen los pequeños detalles del día a día, pero son los responsables quienes tienen que llevar a los equipos a cumplir con unos objetivos, y, por tanto, los que tienen que hilar su estrategia con la información del equipo para decidir cómo prepararlos de la mejor forma.

Igual que en el deporte los entrenadores suelen decir que son los deportistas quienes consiguen hacer realidad las metas deportivas porque son quienes las ejecutan. Pero estos las consiguen gracias a que los entrenadores preparan el entorno para entrenar al máximo las habilidades que tienen que utilizar los deportistas en la competición.

De la misma manera, si no estamos coordinados con los responsables de los equipos organizacionales, no tendremos un entorno adecuado, después de la formación, donde poner a funcionar lo aprendido generando las cargas de entrenamiento necesarias.

Los responsables no crearan en el contenido de la formación realizada.

Esta no estará alineada con su estrategia para conseguir las metas organizacionales. Por tanto, no tendrá ninguna transferencia e impacto organizacional.

La coordinación con el formador te llevará al éxito

Ningún equipo deportivo entrena al margen de su entrenador.

Con la formación en las organizaciones, básicamente, es lo que hacemos: formamos por catálogo o por la decisión de un responsable aislado de la realidad cercana del equipo a formar.

Por eso, hoy seguimos con un descenso de la formación en nuestras organizaciones. Y no es por los catálogos ni por las entidades organizadoras, ni por nada relacionado con el sistema o los agentes implicados.

La formación llega donde llega y solo si la dejamos llegar.

De este modo, el primer parámetro a manejar, antes de iniciarla, es coordinarnos con los entrenadores (responsables) y hacerlos protagonistas de ella, durante todo el tiempo que dure.

¿Cómo mejorar la coordinación empresa-formador?

Cuanto más participen los responsables en la formación, mejor definida estará y mayor potencial de incidencia tendrá en los procesos de trabajo.

Algunos consejos que trasladamos desde nuestra experiencia para mejorar esa coordinación entre la empresa y el formador son:

— Integra al responsable en el diseño del programa formativo.

— Colócalo en un rol participante y protagonista durante la impartición de esta.

— Diseña un plan de trabajo, junto a él, para que se pueda realizar en la organización.

— Trabaja codo con codo con el responsable en el propio puesto de trabajo.

— Establece objetivos y evalúa los resultados que se obtienen para seguir mejorando.

En resumen, es fundamental realizar una carga de entrenamiento tras formar a los trabajadores de tu empresa, para que estos adquieran la práctica lo antes posible y todo ello debe estar dirigido bajo la supervisión y colaboración de la persona encargada de impartir la formación en tu empresa.

En nuestro siguiente *post*, te hablaremos del segundo parámetro de trabajo para mejorar los efectos de la formación en las organizaciones: el análisis de las situaciones de rendimiento.

FORMACIÓN Y CARGA DE ENTRENAMIENTO: QUIÉNES SON LOS RESPONSABLES Y CÓMO ANALIZAR LAS SITUACIONES DE RENDIMIENTO

Los entrenadores son claves para conseguir el rendimiento en el deporte profesional. Lo mismo ocurre con los profesionales que son responsables de la formación de sus equipos en las organizaciones.

Invertir en formación sin tenerlos en cuenta es invertir a ciegas. La formación, que ya de por sí es una herramienta de aprendizaje y no de entrenamiento, si no está «avalada» por un responsable apenas tendrá incidencia en la organización.

Cierto es que los equipos de estos responsables tienen mucho que aportar en la decisión final sobre en qué se tiene que formar el equipo. El *feedback* del equipo es muy importante, pues conocen los pequeños detalles del día a día, pero son los responsables quienes tienen que llevar a los equipos a cumplir con unos objetivos, y, por tanto, los que tienen que hilar su estrategia con la información del equipo para decidir cómo prepararlos de la mejor forma.

Igual que en el deporte los entrenadores suelen decir que son los deportistas quienes consiguen hacer realidad las metas deportivas porque son quienes las ejecutan, estos las consiguen gracias a que los entrenadores preparan el entorno para entrenar al máximo las habilidades que tienen que utilizar los deportistas en la competición.

De la misma manera, si no estamos coordinados con los responsables de los equipos organizacionales no tendremos un entorno adecuado, después de la formación, donde poner a funcionar lo aprendido. Los responsables no creerán en el contenido de la formación realizada. Esta no estará alineada con su estrategia para conseguir las metas organizacionales. Por tanto, no tendrá ninguna transferencia e impacto organizacional.

Ningún equipo deportivo entrena al margen de su entrenador. Con la formación en las organizaciones, básicamente, es lo que hacemos: formamos por catálogo o por la decisión de un responsable aislado de la realidad cercana del equipo a formar, principalmente.

Por eso, hoy seguimos con un descenso de la formación en nuestras organizaciones. Y no es por los catálogos, ni por las entidades organizadoras, ni por nada relacionado con el sistema o los agentes implicados.

La formación llega donde llega y solo si la dejamos llegar. Por eso, el primer parámetro a manejar, antes de iniciarla, es coordinarnos con los entrenadores (responsables) y hacerlos protagonistas de ella, durante todo el tiempo que dure. Cuanto más participen los responsables en la formación, mejor definida estará y mayor potencial de incidencia tendrá en los procesos de trabajo.

Algunos consejos que trasladamos desde nuestra experiencia:

— Integra al responsable en el diseño del programa formativo.

— Colócalo en un rol participante y protagonista durante la impartición de esta.

— Diseña un plan de trabajo, junto a él, para que se pueda realizar en la organización.

— Trabaja codo con codo con el responsable en el propio puesto de trabajo.

— Establece objetivos y evalúa los resultados que se obtienen para seguir mejorando.

En nuestro siguiente *post*, hablaremos del segundo parámetro de trabajo para mejorar los efectos de la formación en las organizaciones: el análisis de las situaciones de rendimiento.

FORMACIÓN Y CARGA DE ENTRENAMIENTO: ANÁLISIS DE LA SITUACIÓN

Imagina un entrenador que no conoce el equipo al que tiene que enfrentarse.

O un deportista que no ha estudiado a los diferentes rivales junto a los que tendrá que competir.

Ambos se enfrentarían a la competición sin más información que su experiencia previa en otras competiciones.

Con la formación en la empresa pasa lo mismo cuando no hemos realizado un análisis de la situación sobre la que queremos formar a nuestros profesionales.

Los conocimientos impartidos podrían ser imprecisos y no adecuarse a la situación real que queremos mejorar en nuestra organización.

Por eso, antes de llevar a cabo cualquier tipo de formación en la empresa, lo ideal es analizar la situación que se quiere mejorar y crear un plan de acción específico para lograr los objetivos marcados.

En este *post* veremos cómo hacer ese análisis y qué cuestiones tener en cuenta a la hora de crear la formación.

Conoce a tus trabajadores para saber en qué formarlos

Como afirmamos en nuestro artículo anterior, la formación de trabajadores necesita carga de entrenamiento. No podemos formar a nuestros equipos de trabajo en nuevas competencias y habilidades sin que estas vayan acompañadas de una parte práctica.

Y para saber en qué competencias o habilidades debemos formar a nuestros recursos humanos es necesario un análisis de la situación que requiere esa mejora del rendimiento de nuestros trabajadores.

Parece lógico, ¿no?

Sin embargo, en la empresa, no se suele hacer así.

Preparamos planes y programas formativos, carreras de empresas, programas de liderazgo y otro largo surtido de acciones formativas basadas en conocimientos y competencias que están definidas en nuestros modelos de gestión de personas.

Todo eso está muy bien, pero la pregunta que deberíamos hacernos es: ¿realmente conocemos qué hacen nuestros profesionales?

La respuesta es que no lo sabemos.

De hecho, según el último estudio del Foro Económico Mundial sobre desarrollo de capital humano, España ocupa el puesto 44 de los 130 países analizados en aprovechamiento y desarrollo del capital humano.

España es de los peores países de Europa en formación y productividad de sus trabajadores. Solo están detrás de nosotros Grecia, Moldavia y Serbia.

Tenemos una importante y compleja definición de competencias, así como de los procesos de trabajo que deben de ocurrir para conseguir un funcionamiento adecuado del organigrama de nuestras organizaciones. Pero, en ocasiones, es tan extensa y contundente que no podemos manejarla con eficacia.

Nos hemos perdido en los detalles de la descripción de puestos, procesos y competencias hasta tal punto que ya no reconocemos lo más importante: ¿qué hacen realmente nuestros equipos para hacer funcionar todo nuestro entramado organizativo?

No tenemos claro realmente cómo funcionan, pero invertimos en liderazgo.

No sabemos cómo «hacen» en sus puestos de trabajo, pero invertimos en formación técnica para que sumen más conocimientos.

No conocemos los detalles de cómo interaccionan los departamentos o miembros de los diferentes equipos que conforman nuestras organizaciones, pero invertimos en formarlos en habilidades de equipo... y así podríamos seguir.

Para la que la formación sea efectiva debemos tener información precisa sobre qué queremos mejorar, y para eso es imprescindible realizar un análisis de la situación.

Análisis de la situación en el deporte para entrenarla

En el deporte profesional, lo primero es saber cómo es la situación de competición y qué requieren nuestros deportistas para afrontarla, de manera que podamos diseñar entrenamientos que nos permitan simular las condiciones de competición y entrenar todas las habilidades que son necesarias para obtener resultados en ellas.

Es decir, saber exactamente qué se van a encontrar nuestros deportistas y cómo han actuado anteriormente en esas situaciones para trabajar en su perfeccionamiento.

Horas y horas de análisis, de estudios pormenorizados, de secuencias de vídeos, de preguntas a los técnicos especializados y a los capitanes del equipo...

Y eso, como apuntábamos al principio, no lo hacemos en nuestras organizaciones.

No tenemos un análisis exhaustivo sobre lo que realmente hacen nuestros equipos en el puesto de trabajo.

Está muy alejado de la realidad y, por ello, las acciones formativas son distantes y poco eficaces, salvo para casos concretos, donde los profesionales que las reciben están en unas condiciones muy especiales de ascenso, de incentivos salariales, de climas motivadores por su evolución profesional u otras condiciones específicas.

Cómo analizar la situación en la empresa
antes de realizar una formación

Tomando el ejemplo del deporte, si queremos afinar en el análisis de la situación previa al desarrollo de cualquier acción o plan de formación deberíamos, más que ser exhaustivos, ser simples y precisos y cuestionarnos lo siguiente:

— ¿En qué objetivo queremos formar a nuestro equipo?

— ¿Por qué queremos trabajar ese objetivo?

— ¿Sabemos cuáles son los comportamientos habituales de nuestros equipos en ese objetivo y el proceso de trabajo al que están asociados?

— ¿Tenemos un indicador del nivel de realización de esos comportamientos y de ese proceso de trabajo, así como de su resultado?

Después de estas preguntas, deberíamos tener claro cómo construir la acción formativa para ajustarla al máximo a la realidad de nuestro entorno organizacional.

Así ganaremos no solo en precisión y eficacia formativa, sino también en una preparación e implicación de todos los agentes necesarios para la misma.

Es imposible recabar esta información sin contar con los equipos, sus mandos, los mandos de estos y cualquier otro profesional especializado en ese objetivo, comportamiento y proceso de trabajo.

No contar con estos profesionales es igual que responder a las anteriores preguntas desde la lejanía de un despacho donde no se tiene esta información sensible.

Ningún entrenador o deportista profesional diseña sus entrenamientos sin tener el máximo contacto posible con la realidad.

En el siguiente *post* hablaremos del tercer parámetro clave de la carga de entrenamiento para la formación: la sesión de formación.

*Las habilidades empresariales (soft skills) tienen que
ser entrenadas bajo cargas de entrenamiento.*

Estas permiten dotar a la formación de dosis adecuadas y progresivas de rendimiento en lo aprendido. La diferencia es que estas cargas posibilitan que los profesionales en vez de ir haciendo ensayo/error, vayan sumando aciertos que tienen cada vez más impacto en la organización. Es decir, una mejora continua desde el primer momento, no un desajuste temporal del rendimiento mientras el azar de la experiencia nos da una oportunidad. Ya no se puede competir así.

AYUDAR O TRABAJAR EL RENDIMIENTO

«Para rendir, hay que entrenar»; es una realidad de la alta competición deportiva. En esa frase se condensa todo lo que el deporte puede ofrecer a la empresa. Eso sí, es tan simple como compleja de llevar a cabo fuera del contexto deportivo. Voy a intentar describir los motivos por los que es interesante incorporar la psicología deportiva en entornos empresariales para mejorar el rendimiento del equipo.

¿Ayudar al rendimiento o trabajar el rendimiento?

Esta es la primera idea que os traslado: «no es lo mismo un método de rendimiento que un método que ayuda al rendimiento». En el deporte, el método de rendimiento es el entrenamiento. Ya está, no hay nada más. Eso sí, lo puedes «acompañar» de multitud de herramientas que te ayudan a «soportarlo», a cumplir con sus exigencias. Pero son solo eso, «bastones de apoyo». Y, primero, por encima de todo, tienes que «sudar la camiseta» antes de que ponértela te sirva para algo.

En la empresa no tenemos un método de rendimiento empresarial. Hay métodos que organizan nuestra forma de trabajar y que ayudan al estado físico y mental de los profesionales que tienen que ejecutar esas «maneras de hacer las cosas». Y con esa forma de proceder, esperamos que el rendimiento aparezca. Es como decidir golpear una bola de golf definiendo muy bien el *swing* (el «proceso de trabajo»), preparando el estado físico y mental ideal del jugador (*coaching, mindfulness*, planes de bienestar...) y esperando que esto genere rendimiento. Hemos hecho todo, definir y preparar a quien tiene que ejecutar la tarea; ¡eso debe generar rendimiento!, ¿no? Pues no, no lo va a generar mientras que no haya un plan de entrenamiento que ponga «en forma» al profesional y a las tareas.

1. El rendimiento no entiende de atajos

Precisamente, ahí está la cuestión. Definir flujos de trabajo y preparar profesionales no genera rendimiento, genera resultados. Y son los resultados que por «inercia» se presuponen para tu sector, según los modelos empresariales vigentes y estudiados en los casos de éxito. Siguiéndolos, consigues los resultados esperados que consiguen todos tus competidores.

Si juegas como todos, conseguirás una estadística de victorias similar a la de todos los demás. Así que tu negocio será uno más dentro del «pastel» que hay para repartir en tu sector. Seguirás las mismas normas que los demás y dependerás, en exceso, de los condicionantes exteriores (leyes laborales, incentivos empresariales...); la sostenibilidad de tu negocio estará en manos del entorno, en gran parte.

2. No es una cuestión de repetición

Ahora es el momento donde puede que estés pensando que, si repites mucho lo que has definido y apuestas por una formación constante de tu equipo, debes marcar la diferencia en tu sector. No es cierto, no ocurre así. Repetir nunca ha sido una condición del rendimiento deportivo. Acumulas experiencia, pero no rendimiento.

Tener una base amplia de experiencia es haber «vivido» algo las suficientes veces como para saber cuál puede ser el resultado esperado. Pero, no siempre, te hace que cambies la toma de decisiones y vires hacia una mejora. La experiencia no es un grado, la experiencia es un «grano» dentro del rendimiento. La experiencia sin un entrenamiento que la moldee provoca hábitos de toma de decisiones no productivas. Te alinea con lo tantas veces esperado y no te permite salir mucho más allá de los límites del rendimiento asumido.

3. Entrenar sí lleva al rendimiento

Tener claro un plan con tus procesos de trabajo y con tus profesionales, donde se traza la forma de poner a funcionar los flujos de trabajo definidos y donde se configura un entorno para que los conocimientos técnicos y las habilidades de tus equipos (su talento) tengan una aparición garantizada y medida, es entrenar. En cristiano, poner a funcionar lo que has pensado con tus profesionales, facilitándoles su trabajo y midiendo cada impacto que generen en el negocio. Eso es entrenar; eso es buscar rendimiento.

En el deporte, los entrenamientos están diseñados para trabajar la forma de competir, dejando que los deportistas utilicen su talento para solucionar situaciones comprometidas. En la empresa, tenemos que saber llegar a realizar esos entrenamientos, cada día: nuestro trabajo diario es un entrenamiento constante de nuestros procesos y del talento de nuestros equipos. Si lo vemos así, cada día, estaremos tomando decisiones de rendimiento que mejorarán nuestros resultados.

Llegará el año, el trimestre, el mes, la semana o el día clave de nuestro ciclo económico y estaremos «a tope» de rendimiento para competir. Y si la competición, en tu sector, es diaria, porque todos los días te la juegas de forma irremediable, entonces, bienvenido al mundo del deporte profesional: cada entrenamiento es una competición. Más razón para intentar entender su metodología y llevarla a la empresa, ¿no te parece?

COACHING DE EMPRESA Y PSICOLOGÍA DEPORTIVA

COACHING EJECUTIVO

En un artículo leído en una revista especializada, hablando sobre el *coaching* ejecutivo, encontramos muchísimas referencias a herramientas de «guía» al cliente. Mucha introspección, mucha pregunta adecuada, *feedback* acertado, autoanálisis… Sin embargo, muy poco de cómo medir ese rendimiento. El *coaching* está muy difundido como herramienta, o al menos sucedáneos de este, y, sin embargo, los estudios no han crecido en la misma línea.

Si no podemos tangibilizar lo que hacemos, y todo lo vemos, bajo encuestas/entrevistas del proceso, creo que no se podrá avanzar en esta disciplina. Cuando se intenta utilizar una metodología cuantitativa los resultados no son tan definitivos, probablemente tengamos que mejorar en la categorización de lo que queremos medir.

Lo que sí pensamos es que necesitamos generar productividad y rendimiento tanto en los RR. HH. como en las estructuras de las empresas, independientemente de su tamaño, medirlo y ver su transferencia al día a día. Si esto no lo hacemos, no tendremos la suficiente credibilidad para entrar en el mercado.

EL LIDERAZGO EN LA SUPERCOPA DE EUROPA

Liderar un equipo de forma eficaz. Dirigirlo hacia grandes éxitos. Poder superar las dificultades que aparecen. Hacerlo crecer como profesionales. Verlo actuar bajo una idea común. Conjugar todas las individualidades para sumarlas al equipo… Miles de libros escritos, miles de frases y consejos prácticos, miles de programas de formación. Miles de todo.

Pero nada de lo anterior sucede. Nada de lo anterior se consigue. Solo algunas cosas se pueden aplicar en algunos momentos concretos. Y luego no valen para otras situaciones. Hacemos, o al menos intentamos hacer, todo lo que hemos leído sobre liderazgo, pero es raro, porque no siempre funciona. A veces, hasta sale al revés de lo esperado.

Normal. Pesa mucho nuestra experiencia anterior. Mejor dicho, nuestro entrenamiento anterior. Perdón, lo que nuestro cerebro ha memorizado, porque, cuando hemos actuado así, ha funcionado y cuando no no ha funcionado. Es normal que, si quiero dirigir a un equipo, por mucho que haya aprendido, me ofrezca más seguridad mis resultados positivos anteriores que arriesgarme a aplicar un comportamiento nuevo que he visto, leído o aprendido.

Por eso, Guardiola ha estado un año fuera de juego. Incorporando y entrenando conductas nuevas a su estilo de dirección. Porque no puede mejorar si no aprende algo nuevo y, al mismo tiempo, lo consolida entrenándolo. Por eso, en el descanso de la prórroga del partido de ayer, parecía más un entrenador de baloncesto americano, pintando jugadas en la libreta, que un entrenador de fútbol de toda la vida.

Y digo de toda la vida, porque ahí estuvo el fallo de Mourinho. En el descanso de la prórroga actuó como un entrenador de fútbol de toda la vida. Brazos arriba, protestando al árbitro, avivando a la grada, a voces con sus jugadores solo para animar, no para comunicar: ¿qué estaba haciendo este magnífico entrenador?

Lo que en otros momentos le sirvió cuando no tenía soluciones. Lo que le sirvió en otros partidos para que, a pesar de tener a su equipo defendiendo perfectamente, pudiera sostener el resultado. Lo que le sirvió en otros partidos en inferioridad numérica, donde el equipo no tiene más desgaste, no nos engañemos. Tiene que centrarse en menos cosas, defender y cazar un contraataque, como bien comentó Martín Vázquez, antiguo jugador del Real Madrid. No comunicó a su equipo nada más que empuje y fuerza.

Empuje y fuerza, contra insistencia táctica ordenada. Guardiola podría haber perdido el partido, obviamente. Esto no es mágico. Pero hubiera perdido sabiendo que ha hecho lo que tenía que hacer. Y sus jugadores, sabiendo que su entrenador les había transmitido lo que más resultado podía dar. En resumen, confianza para seguir compitiendo y conseguir resultados a largo plazo. En Mourinho, el resumen hubiera sido: hemos ganado porque lo hemos dado todo, a pesar del árbitro. Es decir, humo para el siguiente encuentro donde se les exija al límite de sus posibilidades.

Entrenar todo lo que decidamos incorporar a nuestra dirección de equipo para mejorar. Esto provocará que nuestro cerebro incorpore a nuestro estilo de dirección nuevas formas de actuar en momentos difíciles, que es cuando las necesitamos para crecer con nuestro equipo. Esto es lo que hace mejorar la dirección de equipos. El famoso liderazgo.

El resto es magia aplicada por otros, que generalmente han fallado más de lo que nos dicen. Y ya la conocemos. La hemos intentado aplicar en nuestra empresa millones de veces. Hemos gastado mucho en formación para usarla. Pero solo ha funcionado alguna vez, ¿verdad?

¿EN QUÉ SE PARECE UN PROFESIONAL DE LA VENTA A UN ENTRENADOR DEPORTIVO?

Tanto entrenadores deportivos como profesionales de la venta deben estar muy atentos a las necesidades de sus jugadores y de sus clientes, respectivamente. Un entrenador de entidad deberá detectar, entre otros, los errores técnicos de sus jugadores porque en base a ellos preparará los entrenamientos futuros.

Sin embargo, y aunque un entrenador pueda haber llevado toda su vida viendo el mismo gesto técnico repetido una y otra vez, en ocasiones, les cuesta detectar las necesidades de sus propios deportistas. ¿Cómo lo hacen entonces? Intuyen el fallo en base al resultado obtenido. Por ejemplo, un entrenador de golf no lo puede apreciar, si no es a cámara lenta, porque la bola de su jugador sale directa a la izquierda. Sin embargo, puede intuir que la cara del palo ha cerrado muy pronto y por tanto se ha ido a la izquierda.

De la misma manera, en el mundo de la venta pueden no reconocerse ciertas necesidades del cliente, pero se puede intuir por el resultado obtenido. Por ejemplo, un cliente al que siempre se le ofrece el mismo producto, y del que siempre recibe la misma objeción, es probable que no necesite ese producto en concreto.

Volviendo al mundo del deporte, en ocasiones, detectar las necesidades no es tan evidente porque estas tienen que ver con los estados anímicos y motivacionales de los jugadores. Aquí es donde el entrenador debe afinar su capacidad de detección para regular las cargas de trabajo y la cadencia de instrucciones y refuerzos que emite durante los entrenamientos. Por eso, los buenos entrenadores preguntan a sus jugadores; por eso, los buenos vendedores preguntan a sus clientes cuando la simple observación no les permite recabar ningún tipo de información relevante.

Consecuencias negativas de una mala capacidad de detección en el deporte pueden ser jugadores aburridos, desgastados o cometiendo demasiados errores técnicos. Consecuencias negativas de una falta de detección de necesidades en un proceso de venta pueden ser insistir demasiado a un cliente que no quiere comprar hoy, incapacidad para cerrar una venta de un cliente que sí quiere comprar u ofrecer un producto menos prioritario para nuestro cliente.

En definitiva, detectar y fijarse un poco mejor en lo que quiere el cliente es una manera insustituible de darle una óptima atención para poder empezar con buen pie un adecuado proceso de venta y poder sugerir al cliente productos y soluciones acordes a lo que necesita.

DESEQUILIBRIO COMO HERRAMIENTA DE LIDERAZGO

Nosotros, que nos dedicamos al rendimiento organizacional y deportivo, tenemos que leer muchos artículos que supuestamente contienen claves para ser un buen líder. Con la mayoría de estas claves es difícil no estar de acuerdo, incluso con las que se contradicen entre sí. Y ahí radica el problema: el lenguaje utilizado es tan ambiguo y abstracto que, lo que deberían ser consejos prácticos, son imposibles de trasladar a la realidad de nuestro día a día y generar un resultado significativo a partir de ellos.

El problema es que muchas de las claves se arropan en semántica difusa: autoliderazgo delegativo, motivación interna, procrastinación, autoconocimiento emocional, resiliencia... ¿Qué significa todo eso?

Si algún profesional consigue aplicar estos conceptos etéreos en su empresa, es porque ha conseguido experimentar de manera fortuita algún comportamiento que ha podido relacionar, de forma más o menos clara, con algunos de los conceptos anteriores. Pero, sin embargo, no tiene claro cómo volver a reproducirlo o en qué situaciones puede volver a disponer de ese comportamiento. Le faltan los pequeños detalles que hacen que ocurra el liderazgo.

El problema es que estamos en un entorno de alto rendimiento, donde los matices no es que sean importantes, es que marcan la diferencia entre generar rendimiento en el equipo o salir por la puerta. En conseguir rendimiento en las organizaciones o quedarnos fuera del mercado.

Hagamos un pequeño resumen de algunas de las claves falaces que abundan en artículos, revistas y libros sobre liderazgo empresarial.

Mantener una actitud optimista

Es una clave peligrosa, porque ¿qué pasa si en el mercado en el que competimos la estrategia de negocio que tenemos no está funcionando? Una actitud optimista y, por tanto, poco realista me hará mantener esta línea inyectados recursos de servicios o productos que sí funcionan en un «barco que se hunde». Precisamente parte de la crisis económica que nos ha azotado en 2018 es atribuible no solo a una burbuja financiera, sino a una burbuja de optimismo, donde se pensaba que todo iba a salir bien sin hacer caso a los indicadores. El optimismo no cambia comportamientos, mantiene los que ya están.

Creer en el potencial del equipo

Si llegamos para liderar a un equipo falto de preparación, ¿tengo que confiarles la dirección y los resultados de un departamento, por ejemplo? Y si sí está preparado, ¿tengo que mantener un nivel mínimo de supervisión para que esa preparación tenga su impacto en la empresa? Creer en el potencial de un equipo implica prepararlo y superarlo. Por tanto, lo que requiere no es confianza, sino un trabajo continuado con todos los profesionales que lo integran.

Fomentar el trabajo en equipo

¿Qué pasa si comprobamos que, cuando se enfatiza el trabajo en equipo, baja el rendimiento? ¿Qué ocurre si obtenemos mejores resultados cuando se afrontan los proyectos de manera individual? Recordemos que en anteriores *posts* hemos hablado de que poner un equipo a funcionar es, de entrada, un inconveniente. Y que cuanto más crece ese equipo o más tareas a realizar suma, mayor es también la dificultad de coordinarlo. En muchas ocasiones, es mejor poner más énfasis en el trabajo que cada uno tiene que realizar y definir los apoyos necesarios para realizar acciones de equipo que fomentar la actuación conjunta.

Tratar de manera justa

Para liderar a un equipo de manera justa, en ocasiones, hay que ser injusto para luego volver a ser justo. No se puede liderar para mantener a todos contentos. Se tiene que liderar para mantener a todos los profesionales sobre el camino que se ha trazado. El liderazgo en un comportamiento que está permanentemente balanceándose. Si se queda en medio de todo, no produce mejoras. Lo que produce es conformismo. Por ejemplo, un entrenador de un equipo nunca contenta a todos por igual. Les ofrece las oportunidades que hay en base a los resultados que tiene. Eso puede ser justo para unos e injusto para otros, pero real para todos los componentes del equipo.

Empatizar siempre con los profesionales

Ningún entrenador deportivo genera rendimiento a través de la empatía con sus jugadores, ya que le sería imposible exigirles, por ejemplo, en determinados momentos de entrenamiento y competición. De la misma forma, ponerse de manera sistemática del lado del profesional puede conseguir que generemos, de forma involuntaria, la expectativa de algo que no podemos cumplir, como por ejemplo una promoción. La clave con los profesionales está en respetarlos como personas y hacerlos crecer como profesionales. Y esto solo se logra utilizando la objetividad en la medida de lo posible.

Por tanto, la mejor forma de aplicar el liderazgo es evitando las «verdades absolutas» y atender a las situaciones reales de cada momento. De esa manera, conseguiremos equilibrar y desequilibrar, con precisión, nuestro comportamiento como líder.

TAN FÁCIL COMO LO DICE SIMEONE

Te entiendo y estoy de acuerdo contigo. Comprendo que en alguna ocasión quisieras ser Diego Pablo Simeone para liderar como él tu empresa o tu equipo de trabajo. Igual te tienes que apuntar a una de las escuelas de negocio que trabajan su método para conseguirlo.

Querido amigo, tengo la solución ideal para ti. Te presento una de las mejores *master class* sobre dirección de equipos, que dura solo cuarenta y siete segundos y que la dirige el mismísimo Cholo. Simplemente aplica las reglas que en ella aparecen, sin más. Te vas a ahorrar un montón de horas de lecturas innecesarias, de teorías creadas para explicar cosas que solo se explican haciéndolas y, lo más importante, verás resultados inmediatos si las utilizas.

Eso sí, no puedes echarte atrás. Tienes que actuar como Diego, sin excusas y con datos de rendimiento reales. No valen las opiniones subjetivas sobre el resultado, porque, de lo contrario, generarás más problemas en tu equipo que si simplemente no hicieras nada.

Por cierto, si quieres ver cómo reaccionará todo tu equipo solo tienes que mirar la cara de la niña pequeña. No es de susto. Es de asombro. De asombro de que le hablen tan claro por primera vez en toda su vida laboral. También puedes fijarte en la cara de su madre. Es la cara de tu director de RR. HH. cuando vea lo que le estás diciendo a tu equipo y la que se le viene encima, cuando tú no estés ya, claro. Tendrá que trabajar mucho en cuestiones de rendimiento y no de felicidad. Pero, bueno, por eso, te gusta Simeone, por el rendimiento, lo cual por otro lado es clave para mantener tu empresa, ¿no?

EL ENTRENAMIENTO NO MIENTE NUNCA. LA COMPETICIÓN, TAMPOCO

En el mundo del deporte profesional jugar una final no es cualquier cosa. Es como tomar una decisión clave de empresa, pero rodeado de cientos de personas que juzgan su resultado en el mismo momento que se toma y, además, con poco margen para rectificarla en el caso de que no sea acertada.

La final de la Champions League 2016, entre el Real Madrid y el Atlético de Madrid, ha sido un espejo del párrafo anterior. Lo que la ha rodeado desde principio a fin ha sido «brutal» por parte de ambos equipos, que solo tenían una cosa en la cabeza: ganar o ganar.

El Atlético de Madrid ha estado todo el tiempo concentrado bajo una frase de su entrenador Cholo Simeone: «Repetir, repetir y repetir para repetir». No importaba el jugador ni la situación en la que le entrevistaran. Todos repetían ese mismo mensaje. Su base, el entrenamiento con entrega ciega sin objeciones de ningún tipo.

Por el otro bando, el Real Madrid, apoyado en un momento de forma monumental, con Zinedine Zidane como entrenador revulsivo. Su mensaje: «Para ganar hay que sufrir». Todos los jugadores subidos en un barco de apoyo mutuo, de vestuario infranqueable y de prudencia en las declaraciones para no trasladar expectativas de victoria. Muy al estilo de las ruedas de prensa de su entrenador.

Dos mensajes, de dos entrenadores diferentes, pero que realmente no lo son tanto. Tienen algo en común, que lo llevan al máximo extremo y sin miramientos: el entrenamiento. Defiende el trabajo diario como algo clave para tener suerte y ser mejor de lo que uno es realmente. Para ambos líderes, es la única vía para que un equipo pase de ser un grupo de profesionales altamente cualificados a convertirse en un ejército armado y dispuesto a morir por la estrategia planteada en la competición.

No hay magia para estos dos directores que, de estar en una empresa, no solo vigilarían que sus equipos tuvieran una adecuada formación, sino que los entrenarían en el puesto de trabajo, cada día, haciéndoles repetir comportamientos que generasen resultados empresariales.

La final de Champions League 2016 no engañó a nadie y puso de manifiesto que el entrenamiento hace competir a los profesionales. Que el entrenamiento los hace aguantar acciones tácticas e individuales hasta la extenuación, delante de un graderío completo y desafiante, ante una situación que los puede hundir en cualquier momento o hacerlos dioses. Esto es lo que el entrenamiento consigue en el deporte y sería una enorme estupidez no utilizarlo para la empresa.

La gestión del cambio en las empresas (o, lo que es lo mismo, cómo adapta una organización sus recursos para pasar de una situación a otra que le garantice mayor éxito) es un término que está muy en boga hoy en día en el entorno empresarial.

Sin embargo, en el mundo del deporte no lo es tanto, ya que aquí nada permanece estable por mucho tiempo. En este sentido, la fusión que venimos pregonando entre el mundo empresarial y deportivo se hace notable desde el momento en el que las empresas se encuentran con situaciones parecidas a las que el deporte lleva décadas resolviendo con éxito.

Son muchas similitudes las que se encuentran entre la forma de proceder de los equipos deportivos de alto rendimiento y el mundo empresarial. A la hora de tratar la gestión del tiempo, los equipos deportivos son referentes aun no siempre es fácil implementarlo en el negocio.

Para entender lo que queremos decir utilizaremos un ejemplo que explica de una forma muy acertada esta situación. Cuando surge la situación de un cambio de entrenador en un equipo.

Este hecho suele conllevar la salida y entrada de nuevos profesionales, cambios de normas para los jugadores, nuevos estilos de trabajo o asimilar nuevos conceptos.

El cuerpo técnico entrante resuelve esta situación de incertidumbre entre los miembros de la plantilla reuniéndolos a todos nada más llegar para explicarles cuáles son sus ideas de trabajo, lo que espera de cada uno de ellos y de qué manera pueden mostrarse útiles al proyecto.

Es probable que tengan que competir nuevamente por algo que ya tenían ganado o viceversa, pues este cambio puede suponer, para un jugador que anteriormente era reserva, la oportunidad para volver a ser titular.

La gestión del cambio empresarial (directivos, en los programas de gestión, en los métodos de trabajo, en la optimización de recursos, en la gestión de un proyecto...) supone adaptarse a nuevas reglas, pero también supone la oportunidad de alcanzar nuevas metas, tal y como sucedía con ese jugador que no era titular.

Cómo liderar con éxito la gestión del cambio en la empresa

En la gestión del cambio de cualquier organización es importante entender dos cosas:

1. Que los equipos (ya sean deportivos o empresariales) tienen ciclos de vida.
2. Que gestionar el cambio es, de entrada, gestionar la incertidumbre; lo que afecta a la motivación de los implicados de manera negativa.

Por tanto, nos interesa como gestores de vestuario (o empresariales) aumentar los niveles de implicación del equipo y centrarnos en aquello que podemos controlar.

Con las claves para liderar con éxito la gestión del cambio

Para gestionar el cambio como equipo de alto rendimiento, debemos conocer las cuatro claves principales para poder gestionar el cambio de manera efectiva. Son los siguientes:

Comunicar el cambio

Comunicar no significa mandar un *email* masivo a todos los empleados. Hay que tocar y palpar a las personas cuando se comunica un cambio de estrategia o de política porque ese cambio de dinámicas supondrá, con toda probabilidad, una transformación no solo en su vida profesional, sino también en su vida personal.

Invertir tiempo en explicar qué se espera de manera individual

De cada uno ellos para que nadie se plantee expectativas poco realistas. Por ejemplo, prometer a un jugador la titularidad a principio de temporada sin tenerlo claro puede generar problemas.

Que cada miembro del equipo conozca cuál es su nueva aportación al grupo y, además, es importante que el resto del equipo también la conozca.

Aumentar el número de refuerzos positivos

Ante los pequeños progresos que se van consiguiendo, de forma que los profesionales perciban que el reconocimiento de las «pequeñas batallas» nos llevará a conseguir una gran victoria. Así y a medida que se acumulan los entrenamientos, la suma de esos pequeños avances generen la adaptación total al sistema.

Nuevas planificaciones y nuevos procesos de trabajo

Es importante, en las primeras implementaciones, hacer partícipes a los empleados de estas nuevas planificaciones.

En línea con lo anterior, nuevas planificaciones traen nuevos objetivos y por tanto nuevos indicadores con los que los profesionales van a ser medidos. Huelga decir que a esos indicadores hay que hacerles un seguimiento estricto, sobre todo en los primeros estadios del proceso de cambio para afianzar los nuevos hábitos de trabajo.

Hay que conseguir que, dentro de los nuevos equipos que se forman, los componentes adquieran el compromiso individual para conseguirlo. Para ello, hay que hablarles de ganancias y de lo que ellos van a sacar de esto.

Que sepan de primera mano y de manera realista cuáles son los nuevos recursos de los que disponen. Por ejemplo, prometer mejoras tecnológicas en una empresa de servicios y que finalmente no ocurran traerá problemas.

En definitiva, para llevar a cabo un cambio organizacional de forma efectiva necesitarás comunicarlo personalmente a los empleados que se verán afectados; qué rol ocupará cada uno en la implantación de los nuevos cambios; deberás establecer métricas para realizar un seguimiento de la implantación.

La gestión del cambio y cómo abordarla

Existe el mito de que la gente se resiste al cambio. Ya se trate de un cambio deportivo, empresarial o personal. De hecho, este es un argumento que siempre han empleado entrenadores deportivos que no saben cómo gestionarlo porque no han aplicado ninguna de las recomendaciones anteriores.

No se trata, por tanto, de un problema de resistencia, sino de comunicación y motivación.

En este sentido, es importante entender que:

— Los profesionales se resisten a hacer aquello que otro les obligue a hacer, sobre todo si no le ayuda a conseguir resultados. De ahí la importancia de dialogar con ellos e implicarlos en la gestión del cambio organizacional.

— Los profesionales se resisten cuando, pudiéndose, no se toman en cuenta sus necesidades o intereses.

— Los profesionales se resisten cuando no tienen espacio ni autonomía para influir en las decisiones que a ellos les atañe. Involucrarlos en el proceso de cambio les hará sentirse partícipes del mismo y entender que su trabajo contribuirá, de forma directa, al éxito de la empresa.

¿Qué es un experto en gestión del cambio e incertidumbre del cliente?

Un experto en gestión del cambio ayuda a las empresas con transacciones voluminosas cuando una organización está en proceso de cambio, los equipos internos, así como las partes externas interesadas en el cambio.

Sin el enfoque adecuado, los cambios organizativos importantes, como la reestructuración, la salida a bolsa o el cambio de procesos, suelen rechazarse.

¿Cuáles son las funciones y tareas de los expertos en gestión del cambio?

Las responsabilidades pueden variar de un proyecto a otro, por esto lo más importante es conocer la situación y contexto en el que se encuentra.

En todos los casos, un experto en gestión del cambio es un profesional que se encarga de maximizar el impacto positivo de los cambios que se realicen en una empresa y en mitigar las reacciones negativas que puedan aparecer.

Las responsabilidades típicas de un consultor de gestión del cambio pueden ser las siguientes:

Adaptar la comunicación estratégicamente. Para hacer llegar los mensajes adecuados a las personas adecuadas de forma que se reciban lo mejor posible.

Conseguir la participación de toda la organización. Aprovechar las herramientas de adopción digital para acelerar el proceso de transición y contextualizar la transformación para el equipo interno.

Evaluar y priorizar los comentarios de los afectados por el cambio. Si quieres convertirte en un profesional en gestión del cambio, tendrás que entender la forma en que las personas reaccionan ante el cambio y cómo prevenir —o minimizar— los factores de estrés.

¿Conoces las principales competencias de un gestor de cambio de calidad?

Un profesional de la gestión del cambio debe reunir las sientes competencias para ser eficiente y hacer un trabajo que nos otorgue resultados positivos en los cambios que realicemos.

Las habilidades de gestión del cambio son una necesidad para aquellos que tienen más probabilidades de dirigir proyectos de gestión del cambio, como por ejemplo los altos ejecutivos de la empresa o los propios gestores del cambio.

Pero también son útiles para cualquier persona que pueda participar en el proceso de gestión del cambio, ya que al final en cualquier aspecto de la vida se realizan cambios y cuanto mejor los gestionemos, más eficiente seremos.

Como gestor del cambio, deberás invertir en programas y recursos para ayudar al equipo a desarrollar las habilidades para ser un gestor del cambio de calidad. Son las siguientes:

— *Comunicación.* Las habilidades de comunicación efectiva son importantes en cada momento de un proyecto de cambio. Por esta razón, tenemos que definir bien la estrategia de cambio a desarrollar. La comunicación tiene una función diferente en cada fase de la estrategia de cambio:

Fase de estrategia. La comunicación es clave para aclarar lo que se quiere conseguir con el cambio. Esta fase es clave para todo el proyecto, ya que, si se define mal el objetivo del cambio, de poco servirá lo que hagamos posteriormente.

— *Fase de preparación.* Es la forma de vencer la resistencia al cambio explicando de forma persuasiva a los empleados por qué es necesario el cambio, y dándoles el apoyo que necesitan para hacer su parte.

— *Fase de implantación.* Las comprobaciones periódicas para recabar opiniones y asegurarse de que los empleados están aplicando los cambios previstos son la forma de mantener el rumbo correcto en la estrategia de cambio.

La comunicación requiere dedicar tiempo a comprender a las personas implicadas en el cambio en todos los niveles de la organización, su contexto, sus puntos fuertes, los débiles, lo que les gusta y lo que no. Resumiendo, la clave del éxito en las estrategias de cambio está en el equipo.

A la hora de elaborar un plan de comunicación, Breitbach insiste en que hay que «hablar de lo que la mayoría va a sentir». No se puede crear un único mensaje para toda la organización. Un cambio eficaz requiere mensajes continuos e información adaptada a cada miembro del equipo.

— *Escuchar activamente.* La buena comunicación es un proceso bidireccional. Para que el plan de gestión del cambio logre los resultados que esperamos, debemos dedicar tanto tiempo a escuchar al equipo como a informarles del progreso, así como conocer sus opiniones.

Los gestores del cambio más hábiles aprenden a solicitar activamente los comentarios de las personas en todos los niveles del proyecto y, a continuación, los aplican para avanzar. «La gestión del cambio consiste en ayudar a las personas a superar el cambio y hacer que los cambios se mantengan», explica Breitbach.

El plan de gestión del cambio no se mantendrá si no tiene sentido para el equipo, que es quien hace el trabajo y quienes suelen vivir más el cambio.

Y lo que es peor, se corre el riesgo de hacer cambios que no mejoren las cosas que nos interesan. Para que el cambio surta efecto y cumpla sus objetivos, los empleados deben tener la oportunidad de opinar y saber que serán escuchados.

— *Pensamiento estratégico.* El éxito de los proyectos de gestión del cambio comienza con una estrategia sólida que nos guíe durante todo el proceso de cambio. Esto significa saber cómo tener una visión global de las necesidades de la organización y combinarla con los detalles granulares que son importantes para el éxito de la ejecución.

Requiere aprender a anticiparse a los problemas que puedan surgir durante el proceso de cambio y crear un plan para manejarlos. El pensamiento estratégico es la habilidad que le permite traducir las necesidades y objetivos generales en una hoja de ruta clara para alcanzarlos.

Esto incluye la creación de una lista de pasos específicos que hay que dar, determinando a quién hay que poner a cargo de cada uno de ellos y elaborando un calendario realista para llevarlo a cabo. Las buenas ideas son un comienzo, la capacidad de convertirlas en realidad requiere un pensamiento estratégico.

— *Liderazgo.* Gestionar el cambio significa gestionar eficazmente a las personas, lo que implica habilidades de liderazgo. Parte de esto es saber a quién poner a cargo de cada parte del proceso de gestión del cambio y cómo asegurarse de que están debidamente equipados para tener éxito en sus funciones.

También hay que aprender a motivar al equipo para que se preocupe por el cambio, eso implica generar confianza y demostrar que te importa lo que piensan y sienten.

Es importante acostumbrarse a hacer un seguimiento de las encuestas que rellenan y los comentarios que envían para estar al día de la puesta en marcha de la estrategia.

Un buen líder se asegura de que todos los empleados que participan en el proceso de cambio se sientan parte del proyecto, y no solo alguien a quien se le pide que haga cola.

— *Medición y análisis.* La gestión del cambio requiere la capacidad de medir el progreso y asegurarse de que el cambio consigue los resultados previstos.

Hay que saber identificar los indicadores clave de rendimiento/resultado (KPI) que miden el éxito del proyecto en función de sus objetivos.

Si se miden los indicadores clave de rendimiento antes y después del proceso de cambio, se sabrá con certeza qué efecto ha tenido y se podrán demostrar los resultados de una forma objetiva gracias a que nos basamos en datos.

La gestión del cambio en las empresas o el deporte para ser efectiva debe contar con el apoyo e implicación de todos los agentes involucrados en dicha transformación. Trabajadores en el caso de la empresa, jugadores y cuerpo técnico en el caso del equipo deportivo.

Conseguir motivar a los profesionales para que contribuyan de manera positiva en la gestión de ese cambio es fundamental para llevarlo a cabo con éxito. Y eso pasa por reducir la incertidumbre que dicho proceso generará.

Para ello es importante explicar a todos los implicados qué cambios se harán, cuál será su papel en el mismo y valorar, de manera continua, los resultados del proceso de implantación.

En definitiva, del grado en el que un equipo (deportivo o empresarial) consiga asumir y gestionar el cambio dependerá cómo escriba su propia historia.

LOS BENEFICIOS DE DELEGAR RESPONSABILIDADES Y CÓMO APRENDER A HACERLO PARA ALCANZAR EL ÉXITO EN TU EMPRESA

Normalmente, decimos que no tenemos problemas para delegar responsabilidades en nuestros equipos. Que es un comportamiento que tenemos instaurado y que solemos utilizar con bastante frecuencia.

No hace mucho tiempo, realizamos un entrenamiento en una conocida cadena de restaurantes, donde los profesionales nos garantizaban el comportamiento de mirar a los ojos a los clientes mientras se les atendía.

La realidad es que solo lo hacían en el 21 % de las ocasiones.

No hacemos siempre lo que decimos que hacemos y eso es una realidad.

La delegación de tareas en la empresa es uno de esos comportamientos que aprueban la regla anterior. Delegar responsabilidades implica «*dejar hacer*» a nuestro equipo o al profesional que lo integra.

Y eso nunca es algo fácil. Tenemos muchos pasos que dar previamente, junto a nuestro equipo, antes de dejarlo funcionar de forma delegada.

Sabemos que no siempre es fácil dar con la estrategia para delegar de forma eficaz en nuestro negocio. Si llevas tiempo intentando implementar este hábito sin éxito, en MindCompanySport somos el puente que necesitas.

Qué significa delegar y cuáles son sus ventajas

Delegar es un vocablo que tiene su origen en el verbo en latín *delegare*, y significa remitir, atribuir o transferir. Con el paso del tiempo, los contextos y las personas, las funciones de algunas palabras cambian. Actualmente delegar está bastante relacionado con el mundo empresarial.

Lo que no cambia es la necesidad de delegar parte del trabajo para mejorar la motivación de tus trabajadores a la vez que agilizas el trabajo de la empresa dando como consecuencia mayor rentabilidad.

Hoy en día, es muy frecuente en el mundo empresarial recurrir a la delegación de tareas y proyectos; es un factor diferenciador que, aunque cada vez menos, sigue estando infravalorado.

Como responsable, es crucial conocer bien a tu equipo y saber qué tipo de trabajo puedes delegar a cada persona de forma que se adapte a la personalidad y habilidades de la persona con el objetivo de que se sienta partícipe del proyecto sintiéndose una parte importante en la organización.

De este modo, podríamos decir que delegar consiste en asignar a un trabajador de nuestra empresa la facultad para realizar una serie de tareas o proyectos de forma autónoma, sin tener que consultarnos para ello ni obtener nuestra aprobación.

En el mundo del deporte, un ejemplo de delegar tareas podría ser un equipo de fútbol.

El entrenador es el líder, se encarga de planificar la estrategia del equipo, pero no la ejecuta. Esa tarea la delega en los once jugadores que saltan al campo.

Son estos, una vez han recibido la atribución de esas responsabilidades (los defensas impedir que el equipo rival marque, los centrocampistas dirigir al equipo y los delanteros marcar gol para ganar), los que deciden de forma autónoma cómo ejecutarlas para lograr el objetivo final: ganar el partido.

Beneficios de delegar responsabilidades

Existen muchas ventajas en aprender a delegar trabajo en la empresa. Tanto para la persona que delega como para la que recibe el traspaso de esta.

En el caso de quien delega la tarea, algunos beneficios pueden ser:

— Más tiempo: Para dedicar a otras áreas de la empresa que requieren una mayor atención por tu parte.

— Más foco: Centrarte en aquellas tareas que tienes que realizar hará que esté más concentrado en su realización y puedas acometerlas con mayor éxito.

— Más productividad: Derivar responsabilidades a las personas de tu equipo te permitirá realizar más cosas en un menor tiempo.

En caso de la persona delegada de la tarea, los beneficios pueden traducirse en lo siguiente:

— Mayor motivación: El trabajador se sentirá más valorado e importante y su motivación aumentará.

— Mayor compromiso con la empresa: Tener una mayor autonomía a la hora de cómo desarrollar el cometido encargado generará en ese empleado una mayor implicación al saber que parte de los resultados de la empresa dependerán de sus decisiones.

— Mayor productividad: Es consecuencia de los puntos anteriores. Una persona motivada y comprometida será una persona más productiva en su puesto de trabajo.

¿Qué No se delega y qué Sí se delega?

A la hora de delegar, no todas las tareas valen, ya que muchas de ellas son más efectivas si las hace uno mismo. Es importante saber cuáles Sí y cuáles No, así que te dejamos aquí abajo tareas que son óptimas para delegar al equipo y otras que jamás deben delegarse.

Tareas que siempre se deben delegar

Las tareas que se deberían delegar siempre no son estáticas, están sujetas a las características de tu empresa, tu equipo y tu contexto. Por esta razón, debes valorarlo tú mismo según tu entorno de trabajo para tomar la decisión final a la hora de delegar. Dicho esto, las tareas que se deben delegar son...

1. *Las tareas que sean repetitivas o tediosas.* En toda empresa existen tareas que se repiten una y otra vez, esto puede consumir bastante tiempo y sobre todo

puede fatigarnos y hace que se retrasen otras tareas quizás más prioritarias.

Algunos ejemplos son: la elaboración de presupuestos, la auditoría, la planificación de eventos, etc.

El problema aquí es que, aunque estas tareas sean rápidas y fáciles, un *team leader* no debería «perder» el tiempo haciéndolas, ya que podría estar haciendo tareas que requieren de mayor conocimiento y *skills*.

Aconsejamos formar a tu equipo para que realice a la perfección este tipo de tareas.

Aunque pueda suponer una inversión de tiempo demasiado grande, al final es rentable, ya que una vez les enseñemos, podrán realizar la tarea de forma completamente independiente.

Al final... sale rentable, *¿no?*

2. *Las tareas que nos consuman demasiado tiempo.* Una de las características más destacadas de la delegación es que ayuda a ahorrar tiempo. Por lo tanto, lo correcto es que delegues el trabajo que te va a quitar mucho tiempo.

En lugar de dedicar una semana a un proyecto, deberías dedicar unas horas a explicar el trabajo a tus subordinados y dejar que se encarguen ellos.

De este modo, no solo despejará su propia agenda, sino que conseguirá que el trabajo se haga más rápidamente.

3. *Las tareas que sean interesantes para el empleado.* Mantener a los empleados interesados en lo que hacen es una de las tareas más difíciles que debe realizar un *team leader.* Para mantener los niveles de motivación altos, este debe delegar aquellas tareas que le gusten.

Para ello, es imprescindible conocer a tu equipo de trabajo bien. Para ello recomendamos hacer sesiones de *team building* donde el equipo se conozca mejor entre ellos dando como resultado una mayor comunicación, coordinación y eficiencia.

4. *Las tareas que hagan crecer a tu equipo.* Al delegar el trabajo, no debes olvidar que, como líder, también debes potenciar las habilidades de tu equipo. Algunos proyectos son demasiado complicados para las personas que no tienen las habilidades necesarias para realizar el trabajo.

Sin embargo, algunos retos son una forma interesante de animar a tu equipo a mejorar sus *skills.* Sin oportunidades, tu equipo nunca crecerá, se estancará y por lo tanto desmotivados.

Tareas que nunca se deben delegar

Por lo general, una vez que un directivo se siente cómodo delegando trabajo, todas las preocupaciones que había antes desaparecen y es que centrarte en lo que de verdad importa y solo puedes hacer tú es necesario.

Aunque eso es algo bueno, desde *MindCompanySport* creemos que en el término medio está la virtud, ya que algunos líderes pueden caer en el error de ignorar esos problemas por completo.

Es tan malo no delegar como sobredelegar; por eso, siempre tenemos que hacernos estas tres preguntas:

— Qué tarea vamos a delegar.

— A quién vamos a encomendar dicha tarea.

— La razón de delegar la tarea a esa persona.

De todos modos, para evitar que esto ocurra, nunca hay que delegar las tareas con las siguientes características:

1. *Tareas que tardan demasiado en explicarse.* Una tarea que tardamos más en explicarla que en hacerlo nosotros mismos no es rentable. Recuerda que, en una empresa, el tiempo es oro (€'s siendo más exactos). Eso anula toda la utilidad de delegar, ¿no crees?

Por lo tanto, si algo necesita una explicación profunda, lo mejor es que evites delegar y te encargues personalmente. Del mismo modo, si crees que puedes hacer un trabajo más rápido tú mismo, hazlo.

2. *Trabajos confidenciales.* Ciertos asuntos no pueden ponerse en manos de los empleados. Los trabajos de alta prioridad y confidenciales nunca deben ser delegados, ya que corremos el riesgo de que se filtren datos o procedimientos de la empresa que nos pueden costar dinero y tiempo.

Estas tareas son muy importantes, por lo que tu experiencia debe ser clave. Además, asignar este tipo de trabajos al equipo puede suponer una violación de la privacidad y otros problemas similares.

3. *Plan de riesgo.* Toda organización tiene que planificar para el peor de los casos. Estas decisiones son de gran importancia y no puede hacerlas cualquiera. No puedes arriesgarte a dejar que tu equipo, que generalmente tiene menos experiencia que tú, tome estas decisiones.

Tú mismo debes planificar y desarrollar el futuro de tu organización, así como estar preparado ante una situación crítica. Los empleados no están en condiciones de hacer estos trabajos debido a la falta de experiencia y conocimientos.

4. *Trabajo muy específico.* Esto solo es aplicable a un trabajo que ya está desglosado en una pequeña tarea.

Hay poco o ningún espacio para la creatividad, y las instrucciones son muy detalladas y exactas.

Lo que se espera es que se produzca un resultado que sea exactamente lo que se pide. Como este tipo de tareas son demasiado específicas, solo debe hacerlas una persona.

Si se delega un proyecto de este tipo, hay muchas posibilidades de que haya ligeras variaciones en los resultados. Por lo tanto, la mejor opción en esta ocasión es que hagas tú tareas como estas por tu cuenta.

Cómo delegar responsabilidades con éxito

Como mencionamos al principio de este artículo, antes de delegar, hay varios pasos previos que tenemos que dar junto a nuestro equipo de trabajo para que puedan realizar sus tareas de forma delegada.

Nosotros destacamos cuatro pasos para delegar responsabilidades en tu empresa de forma efectiva:

1. *Una implicación progresiva.* Lo primero que necesitamos es una implicación progresiva. No podemos lanzarlos al vacío sin más, pasándoles una «patata caliente» a nuestros trabajadores y que la lleven a cabo lo mejor que puedan.

   Tenemos que estar presentes y participativos en los procesos que vamos a delegar en un futuro, porque si no los conocemos con detalle y tampoco sabemos cómo suele responder el equipo ante ellos, luego será imposible que los podamos delegar.

2. *Calibra la complejidad del reto* .En segundo lugar, hay que saber calibrar la complejidad del reto. Tenemos que estar presentes en la consecución de los objetivos complicados.

A veces, tendremos opciones de estar menos inmersos en la ejecución —más o menos como supervisores de las acciones—, pero, en otras ocasiones, tendremos que estar involucrados en todas las actividades. Todo dependerá, además de la complejidad del reto y de los recursos que tengamos disponibles, de lo entrenado que esté nuestro equipo en los procesos de trabajo y de las veces que le hayamos dado oportunidades de ser autónomo y responsable en el pasado.

3. *Responsabilidad y autonomía.* Ese es el tercer detalle para tener en cuenta: responsabilidad y autonomía. Si delegamos en equipos que nunca han tenido la oportunidad de responsabilizarse de un resultado, lo que haremos es bloquearlos.

El equipo no querrá asumir futuras responsabilidades e irá perdiendo su confianza, a medida que vaya pasando el tiempo y las oportunidades que les podamos presentar.

Deberás saber delegar trabajo de manera progresiva a esos trabajadores que nunca se responsabilizaron de un resultado, hasta que vayan adquiriendo la confianza necesaria para poder realizar con éxito las responsabilidades delegadas.

4. *Plantéales retos motivadores.* No hay mejor manera de adquirir una aptitud que practicándola. Así que, por último, tienes que crearles un reto. Pero un reto de verdad.

Tienes que hacerles lo no atractivo apetecible; es decir, tienes que buscar motivación donde en principio solo hay rutina y premura. Por eso, es muy importante que busquemos un indicador objetivo que tengamos que superar.

Los profesionales reaccionan siempre bien ante retos que tienen que superar, mientras tengan información objetiva acerca de ellos, como hacen los deportistas olímpicos cada cuatro años.

3 Ejemplos para delegar en una empresa con éxito

Este tipo de tareas suelen tener que hacerse cada día, cada semana o de forma mensual. El problema de tareas que debe de hacer el equipo, ya que, aunque estas tareas sean rápidas y sencillas.

El directivo pierde el tiempo haciéndolas, tiempo que podría estar realizando otras tareas que solo puede hacer él, de esta forma ahorramos tiempo y dinero.

Para que tengas por dónde empezar, te dejamos aquí abajo tres tareas que es mejor delegar. Estas son:

— *Auditorías.* Las auditorías son de esas tareas que no necesitas unos conocimientos muy técnicos y suelen repetirse cada vez que llega a tu agencia un cliente nuevo o queremos actualizar la situación del negocio. Por su carácter repetitivo (cada cliente necesita una) y, ya que no es una tarea muy avanzada, recomendamos delegarla, pero siempre teniendo en cuenta las características de tu empresa, tus empleados y tu contexto.

— *Elaboración de presupuestos.* Un presupuesto no es más que planear lo que quieres hacer y cómo lo quieres hacer en el futuro y expresarlo en dinero (elaborar presupuesto online para tu negocio). Este es un tipo de tarea similar a las auditorías, ya que no requiere de conocimientos técnicos y se necesita hacer constantemente.

— *Planificación de eventos.* Para este tipo de tareas, no necesitas una persona muy cualificada o con grandes conocimientos técnicos. Hay personas que les gusta y se les da bastante bien organizar, con lo cual podemos matar dos pájaros de un tiro.

Podemos ofrecer una tarea entretenida y que le permita crecer al miembro del equipo que se le asigne, a la par que nosotros como líder nos ahorramos tiempo que podemos dedicar a otras tareas que no podemos delegar.

Pero para que esto funcione la clave está en conocer a los miembros del equipo en profundidad para saber lo que les gusta y las cosas que no.

Conclusión

Como habrás comprobado, son muchas las acciones que hay que llevar a cabo antes de poder delegar responsabilidades en tu equipo de trabajo y alcanzar el éxito.

Así que no dejes de hacer autocrítica y revisa cuál es tu verdadero papel en esto de delegar: si dejas hacer a tu equipo poco a poco y te involucras con ellos en las cuestiones delegadas más complejas, es cuestión de tiempo que el rendimiento empiece a mejorar.

Si procuras que tengan responsabilidad y autonomía en la consecución del resultado, y si consigues que se estimulen con los retos que les planteas, será entonces cuando conseguirás delegar con éxito.

CAMBIAR OBJETIVOS POR RETOS

Para que una persona se sienta realizada y tenga sensación de progreso en cualquier ámbito de la vida, es necesario proponerse retos y objetivos.

Aprovechar el papel de los retos y objetivos en el equipo es crucial para estar motivados y no perder el foco en lo que queremos conseguir, aunque no siempre es fácil.

Existen muchos estudios e información en la red, aunque si no das con la clave para mejorar el rendimiento de tu equipo...

Nuestro equipo se pone a tu disposición para que puedas conocer las soluciones MindCompanySport y la metodología de trabajo que hay detrás de cada una de ellas.

Dicho esto...

¿Qué es un reto?

¿No sabrías decir con exactitud qué es un reto? No te preocupes, te lo contamos a continuación.

El papel de los retos en nuestra vida es crucial, ya que están presentes en todos los ámbitos de la vida.

Los retos suelen mantener las cosas claras permitiéndonos conseguir los objetivos sin desviarnos del camino (los retos son una gran fuente de motivación que nos ayuda a afrontar el camino con mayor motivación y ganas).

Los retos nos permiten enfrentarnos a tiempos difíciles estimulando el crecimiento tanto personal como profesional de una manera que los buenos tiempos no lo hacen.

Gracias a esos momentos de tensión y adrenalina es cuando más agudizamos nuestro coraje y valor a la hora de afrontar logros deseados en la vida.

¿Qué es un objetivo?

Un objetivo, por otro lado, es una idea del futuro o de resultado ideado por uno o varios individuos que lo quieren alcanzar. Principalmente, nos sirve para establecer una meta y tener claro lo que queremos conseguir a medio y largo plazo.

Es una buena forma de potenciar y visualizar mejor la sensación de progreso a la par que nos permite organizarnos mejor y vivir menos estresados.

Establecer un objetivo es vital para organizarte y saber a dónde quieres llegar, pero no debemos de olvidar el papel vital que tienen también los retos a corto plazo.

Es una fuente de motivación poderosa si se enfoca de la forma correcta y son retos que tienen relevancia para nosotros; si no, no surtirán efecto.

Otro punto positivo de los objetivos es que reducen la procrastinación de forma considerable, ya que al tener en mente el objetivo que queremos conseguir será más difícil que sucumbamos a vaguear.

Gracias a los objetivos mantenemos la motivación a medio/largo plazo, mientras que los retos a corto plazo nos dan el impulso para ponernos cada día.

¿Cuál es la diferencia entre reto y objetivo?

¿La diferencia entre reto y objetivo? Muy fácil, un reto es una acción que te propones para alcanzar algo que deseas, mientras que los objetivos pueden ser un sinfín de acciones que gestionadas de la forma incorrecta pueden abrumarnos y acabar en fracaso.

Existe una clara diferencia entre reto y objetivo: los objetivos se definen para alcanzarlos; los retos, por el contrario, se definen para superarlos y funcionan así para cualquier ámbito de nuestra vida ya sea personal o profesional.

Cuando nos proponemos objetivos, orientamos nuestras habilidades y nuestros esfuerzos a conseguirlos. Buscamos todas las soluciones posibles para cumplir con ellos.

Nos ponemos «manos a la obra» para alcanzarlos y nos comprometemos con ellos. Pero el compromiso no viene solo, hay que potenciarlo y cuidarlo para mantenerlo en el tiempo.

Está acompañado de esfuerzo y motivación por querer cumplir con nuestros objetivos. Pero también de inseguridad cuando, por cualquier motivo, comenzamos a ver que puede que tengamos problemas para cumplir con esos objetivos que nos hemos marcado.

Todo no siempre sale como esperamos.

Si todo marcha en la línea de lo que esperamos, el esfuerzo que nace de ese compromiso sigue su camino y vamos cumpliendo las etapas que son necesarias hasta alcanzar los objetivos. Pero, si no es así, comenzamos a debilitarnos y dejamos de creer en el esfuerzo que estamos poniendo para alcanzar nuestros objetivos.

Comenzamos a pensar que hay algo que no está en nuestra forma de actuar y que nos impide avanzar en la línea que queríamos. En la mayoría de las ocasiones, como dicen los deportistas profesionales, echamos «balones fuera» culpando al manido entorno y utilizamos la excusa de la suerte para justificar que no vamos avanzando en nuestro compromiso.

De esta forma, y al menos inicialmente, protegemos nuestras habilidades y nuestras decisiones, que son la base del esfuerzo que estamos realizando para alcanzar nuestros objetivos.

Es un mecanismo de defensa muy importante porque nos permite seguir insistiendo, gracias a la confianza de que estamos haciendo «lo que podemos».

Pero es un mecanismo de defensa peligroso, porque no nos permite mirar con otras perspectivas la situación y hace que nos mantengamos en el camino de seguir insistiendo demasiado tiempo. Y, cuando los resultados no llegan, aparece la inseguridad.

Con la inseguridad podemos entrar en un círculo vicioso de justificaciones de por qué no estamos cumpliendo con nuestro compromiso. Ya no «echamos balones fuera».

Ya es que no tenemos balones para echar fuera, porque directamente pensamos que la responsabilidad de lo que pasa está fuera de nosotros.

De esta forma, protegemos nuestra autoestima y, sin darnos cuenta, evitamos ver que estamos continuamente «dando argumentos» poco productivos, que solo van a seguir incrementando nuestra inseguridad hasta el punto de que perdamos de vista nuestros objetivos.

Con los retos es diferente

Con los retos no ocurre igual. Los retos no encierran un compromiso como el de los objetivos. Encierran un desafío. Un desafío que nos provoca, orientando nuestras habilidades y nuestro esfuerzo, pero hacia la superación, no hacia la consecución.

La superación deja una potente marca en nuestro cerebro. Es una marca con mucha huella, con mucha carga motivacional. Las ganas, la disposición, la concentración, las acciones… todas están más llenas de energía que cuando vienen del compromiso. Pero, y aquí está la gran diferencia, no están acompañadas de esfuerzo e inseguridad, están acompañadas de actitud y de autocrítica.

Y es que los retos requieren de nosotros una revisión constante de lo que estamos haciendo, de las decisiones que estamos tomando, así como de las necesidades y prioridades que tenemos que atender, si queremos llegar a superarlos. Adaptación, flexibilidad, toma de decisiones, resiliencia, autoconfianza…, esas son las habilidades que están presentes en el camino hacia un reto.

Habilidades que nos exigen inventarnos, reinventarnos, aguantar, dar un paso atrás para luego dar un paso adelante, limitarnos para luego ilimitarnos, movernos en varias direcciones para luego elegir la más adecuada, dar un paso pequeño, pero que suma para el recorrido final, criticarnos para reordenarnos y seguir avanzando…

Utilizando nuevamente el símil deportivo, no hay «balones» fuera. Todos los balones están dentro y son de nuestra responsabilidad. Los pases los fallamos nosotros y lo que tenemos que hacer es entrenar para hacerlo mejor en el siguiente pase.

Desde luego que puede que el partido en el que estemos compitiendo no sea el más adecuado para nuestras habilidades, pero hay que pelearlo y ver los resultados, mejorar en lo que nos toca y volver a pelearlo. Incluso, perderlo nos viene bien para valorar mejor lo que hacemos bien y lo que hacemos mal.

Pero más importante que perderlo o ganarlo es la capacidad de evaluarnos, adaptarnos, prepararnos y volver a competirlo, independientemente del resultado.

En las situaciones profesionales y personales, también funcionan así los retos. Nos mantienen constantemente en el camino, porque nos obligan a medir nuestra responsabilidad en lo que hacemos bien y mal.

Y esto evita la inseguridad, básicamente, porque no tenemos tiempo para ella, ya que tenemos que volver a coger «el toro por los cuernos» para seguir avanzando en nuestro camino de superación.

Pero ¿cómo pasamos de objetivos a retos? Quizás podamos utilizar dos comportamientos muy habituales en el mundo de la alta competición y de los que los profesionales del deporte, muchas veces, ni son conscientes: superar y responder.

En el deporte profesional, nunca se plantea lo que se quiere conseguir, sino lo que se quiere superar. Conseguir algo implica llegar a un nivel determinado. Superar algo implica seguir creciendo, puesto que cuando dejas de crecer, dejas de competir.

De la misma manera, responder a las necesidades de cada momento implica no reaccionar. Reaccionar conlleva que ya llegamos tarde, que estamos buscando soluciones para algo que ya ha pasado.

Responder, sin embargo, supone que ya tenemos previamente visto algo de lo que puede suceder y tenemos preparadas algunas decisiones para avanzar sobre ello.

Quizás puede que los objetivos sean una herramienta antigua para unos nuevos tiempos que requieren más «saber seguir» que «saber llegar».

Y tú, ¿te centras en lo que puedes controlar?

RETO, MOTIVACIÓN, TALENTO, ENTRENAMIENTO Y ESTRATEGIA

La clave de la motivación son los retos que los profesionales se proponen o que somos capaces de proponerles. Cuando estos quieren conseguir un reto laboral, embarcarse en un reto de equipo o asumir el reto de implantar una estrategia empresarial que base su procedimiento en la psicología deportiva de alto rendimiento es entonces cuando los pensamientos sobre los retos de superación personal comienzan a florecer.

En el mundo del deporte, por ejemplo, los entrenadores motivan a los profesionales con grandes discursos en los que siempre hay referencias, sólidas y objetivas, sobre el trabajo realizado durante las sesiones de entrenamiento. Saben que las palabras, a la hora de la competición, «se las lleva el viento». Por eso, dentro de sus discursos siempre buscan proponer y destacar, de forma más o menos intencionada, los retos que se han planteado a lo largo de los entrenamientos y los que estarán presentes en la inmediata competición.

Los entrenadores deportivos no hablan de los objetivos que deben de conseguirse, sino de los retos que se quieren superar.

Si como nosotros le das la importancia que se merece a la motivación para activar el reto de tu equipo, pero no das con la fórmula para conseguirlo exitosamente…

Nuestro equipo se pone a tu disposición para que puedas conocer las soluciones MindCompanySport y la metodología de trabajo que hay detrás de cada una de ellas.

¿Retos de superación personal en el ámbito laboral?

La superación personal está presente en la mayoría de los contextos a los que hace frente una persona a lo largo de su vida. Sin duda, el entorno laboral es un lugar donde los retos de superación personal están muy presentes y son determinantes en el éxito tanto por parte del empleado como del empleador.

Y es que… los trabajadores son el motor del negocio. Por esta razón, si no se les reconoce el trabajo bien hecho, no se delegan en ellos cargos de responsabilidad o no demostramos que tenemos confianza en ellos y sus habilidades laborales...

Da como resultado un clima laboral desfavorable donde el equipo no es proactivo, no está coordinado ni interesado en aceptar retos de superación personal. Estos aspectos son directamente proporcionales al éxito de la empresa. Entonces...

¿Cómo puedo utilizar los retos de superación personal para mejorar la motivación de mis empleados?

¡No te muevas! Te contamos las tres formas más efectivas para potenciar la superación personal en el trabajo.

— *Incentivar el trabajo en equipo.* ¡La pescadilla que se muerde la cola! Si en nuestra plantilla contamos con un equipo motivado y un clima agradable, fomentará la propia motivación, energía y proactividad del resto de compañeros.

Es importante dedicar tiempo a hacer dinámicas de grupos que fomenten el *team building* y de esta forma incorporen a sus hábitos laborales retos de superación personal. Aunque puedas llegar a pensar que es una pérdida de tiempo, luego es recompensado con un equipo feliz y productivo.

— *Reconocer el buen trabajo.* Uno de los factores que más influyen en que nuestros colaboradores acepten retos de superación personal es reconocer el trabajo bien hecho. Seguramente se te haya venido a la cabeza un aumento de sueldo, pero está demostrado que solo motiva al principio por el nuevo nivel adquisitivo.

Pero con el tiempo el trabajador se acostumbra y, si no hay otras fuentes de motivación, ese aumento de sueldo al final es insuficiente. Por lo tanto, debemos contemplar alternativas motivacionales como el salario emocional.

Algunos ejemplos interesantes son:

— *El muro de reconocimiento.* El muro de reconocimiento es una buena forma de incorporar retos de superación personal en el equipo. Para ello una buena práctica sería añadir a la oficina una pizarra donde los propios empleados pueden escribir felicitaciones a otros compañeros, así como una buena forma de motivarse y darse *feedback.*

De esta forma es más probable que acepten nuevos retos de superación personal, ya que, si el colaborador ve que sus compañeros están felicitando a otros compañeros, pero a él no, verá que hay algo que debe cambiar o mejorar.

— *Reconocimiento al empleado del mes.* La mayoría de los trabajadores no tienen la sensación de ser vital para el negocio. Esto es alarmante, ya que si no te sientes relevante en la empresa difícilmente vas a aceptar retos de superación personal.

El trabajador que no se siente valorado no estará a gusto y por lo tanto su proactividad y productividad caerán en picadas. Una práctica tan buena como clásica es el reconocimiento al empleado del mes, esto motiva a los trabajadores a valorar y apreciar la labor de sus compañeros.

Pero debemos tener cuidado, porque esta iniciativa mal planteada puede producir el efecto contrario al que buscamos (celos, envidia, competitividad...).

— *Detalles dulces.* ¿A quién no le gusta que le agasajen en un intenso día en la oficina? Y es que... son detalles que marcan la diferencia, ya que, aunque puedan parecer una tontería, puede ser la diferencia entre sentirte cómodo en un puesto o no.

Escuchar activamente

Este punto es clave para retos de superación personal y no siempre se pone en práctica. La mayoría de los problemas en la vida surgen de una comunicación pobre o poco efectiva. Por esta razón, escuchar de forma activa la opiniones y aportaciones de los trabajadores.

Esto mejorará notablemente la comunicación entre departamentos, la proactividad y autonomía de los empleados. También te beneficiará a ti como líder, para enriquecerse con otras visiones y perspectivas de tu equipo que muchas veces te permitirá darte cuenta de qué ideas o prácticas son efectivas o no.

¿Cómo se activa la motivación?

Los retos son movilizadores motivacionales que evitan que la motivación permanezca en modo espera.

Son «chispas» que encienden la motivación que suele estar cómodamente adormecida, ya que activarla supone un enorme desgaste para las neuronas de nuestro cerebro y para los músculos de nuestro cuerpo.

Prácticamente, es un mecanismo de supervivencia porque, si no fuéramos selectivos con aquello que nos motiva, terminaríamos por agotarnos físicamente y bloquearnos mentalmente.

Esto es debido a que la motivación conlleva una exigente actividad neuronal, relacionada con el procesamiento de patrones de comportamiento, el análisis de relaciones costes-beneficios, la realización constante de comparaciones con experiencias pasadas…

Es decir, todo un sinfín de interacciones neuronales de una elevada intensidad y velocidad que, además, requieren ser repetidas a lo largo de un largo periodo de tiempo, ya que los retos no se consiguen de un día para otro.

Y acompañando a toda esta actividad cerebral, se ponen en marcha con el mismo nivel de exigencia todos los comportamientos y movimientos que tiene que realizar nuestro cuerpo para poder avanzar en el camino hacia el reto.

Utilicemos otro ejemplo deportivo para explicarlo. Los profesionales que asumen grandes desafíos como, por ejemplo, una travesía a nado recorriendo 1488 kilómetros, lo cual desde luego es todo un desafío, activan comportamientos relacionados con la perseverancia, la disciplina, la percepción y la concentración, tanto en los entrenamientos como durante la propia travesía.

Estos comportamientos provocan un enorme desgaste físico y mental en el deportista. Físico, por el esfuerzo sostenido que tienen que realizar sus cuerpos para poder afrontar el reto, y mental, por la exigente concentración constante que necesitan mantener durante el tiempo que dura la travesía.

Por lo que queda claro que, sin la presencia del reto que enciende la «chispa» de la motivación, sería imposible aguantar todo ese desgaste al que están sometidos los nadadores profesionales de aguas abiertas.

¿Cómo identificar a una persona que le gustan los retos?

Para identificar de forma efectiva cuándo a una persona le gusta aceptar retos, tiene que cumplir las siguientes características:

— *Tener una actitud resolutiva.* Una persona que le gustan los retos aborda cada situación con seguridad y confianza en sus capacidades para lograr el objetivo que se proponga. Son personas con facilidad para motivar y motivarse. A una persona que le gustan los retos, suele afrontarlos buscando soluciones y siempre viendo el vaso medio lleno.

— *Persisten hasta que alcanzan el éxito.* Son personas con la capacidad de afrontar las adversidades y contratiempos que le puedan surgir en el camino a su objetivo sin abandonar o venirse abajo. Son personas que se mantienen firmes ante una situación tensa o adversa; esta característica es indispensable para una persona que le gustan los retos.

— *Asumen riesgos.* Una persona que le gustan los retos no tiene miedo de los posibles problemas que puedan surgir en el camino al objetivo que se haya propuesto. De hecho, en este tipo de personas, suele ocurrir lo contrario. Cuando parece que la situación es complicada y parece no tener solución, se vienen arriba. Haciendo que hagan posible lo imposible gracias a su actitud y perseverancia.

— *Se enfocan en los objetivos.* Una persona que le gustan los retos cuando se encuentra ante un desafío no piensa en las tareas que tiene por delante, sino en cómo puede organizarse y afrontar de la forma óptima las tareas y complicaciones que puedan surgir en el proceso. Este perfil no piensa en el trabajo o los problemas que puedan surgir en el proceso, sino cómo puede afrontarlos de una forma óptima.

— *Tienen un alto nivel de motivación.* La motivación para una persona que le gustan los retos es indispensable, ya que está predispuesta a actuar y hacer lo que haga falta por aprender y actuar de una forma óptima. Es indispensable para una persona que le gustan los retos ser una entusiasta con ganas de actuar, aprender y progresar.

El talento: la base de la resistencia motivacional

Toda esa actividad y desgaste tiene que ocurrir de una forma eficiente, si se quiere afrontar el reto con opciones de éxito. Es decir, no se puede encender la motivación y luego esperar el milagro del éxito. Así que, para conseguir esa eficacia, la motivación da la orden de movilizar al talento.

Donde hay talento funcionando, hay motivación a pleno rendimiento.

El talento es un conjunto de comportamientos que poseen las personas para afrontar una tarea. Y hablamos de una serie de comportamientos, porque no hay patrones establecidos de talento para superar un reto. No hay un talento definido para cada reto.

Al contrario, la motivación puede movilizar diferentes grupos de comportamientos que pueden ser igual de eficaces o de ineficaces para trabajar un reto.

Por ejemplo, un jugador de golf puede realizar un *swing* (movimiento técnico para golpear la bola con el palo de golf) diferente al de otro jugador y, sin embargo, colocar la bola en el mismo sitio que ese otro jugador que ha utilizado un *swing* diferente.

Es decir, que el talento no tiene una única forma de actuar, pero sí un único camino para activarse: la motivación procedente de los retos. Lo que ocurre es que, una vez que la motivación consigue activar el talento, necesitamos que este se conecte con el reto para que pueda ajustar los comportamientos necesarios para superarlo.

Digamos que necesitamos que el talento tome la «forma» adecuada utilizando los comportamientos más eficaces y eficientes, en base al reto que tenemos por delante.

Para conectarlo hay que entrenarlo. El psicólogo Anders Ericsson encontró en su investigación que la repetición es clave para entrenar el talento. Pero tiene que ser una repetición en las condiciones adecuadas y con la dosis de motivación necesaria. No son 10 000 horas de práctica, como concluyó erróneamente el periodista Malcolm Gladwell en relación con el estudio de este conocido psicólogo americano.

Todo lo contrario, el entrenamiento es un conjunto de condiciones ordenadas y diseñadas para crear repeticiones cada vez más eficaces de un comportamiento, hasta convertirlo en exitoso. La repetición exitosa de ese comportamiento ante un reto puede definirse como talento.

El talento viene de serie y no solo hay que activarlo, también es necesario conectarlo.

A veces, muchos de esos comportamientos que forman el talento ya están activados en las personas o en los equipos, y el entrenamiento que necesitan está más orientado a «mantenerlos en forma», de manera que el talento no se debilite. Porque el talento no está siempre «en forma» y hay que trabajarlo diariamente para que no se pierda.

Otras veces, el talento está activado, pero no preparado. Puede llevar tiempo sin utilizarse. Incluso puede que no se haya utilizado nunca. Y es ahí donde el entrenamiento tiene un papel mucho más incisivo e intenso, buscando obtener el mejor patrón posible de comportamientos que tienen los profesionales y los equipos, de cara a la superación de un reto.

El principal problema del talento no es encontrarlo, sino conectarlo con el reto.

¿Qué ocurre cuando no conseguimos el reto?

Ocurre que el talento movilizado por la motivación no estaba entrenado para afrontar el reto. Cuando está entrenado, siempre obtenemos un resultado más o menos cercano al reto, a partir del cual podemos replantearnos cómo seguir avanzando. Pero, cuando no lo está, solemos perder motivación por la falta de eficacia que hemos tenido a la hora de abordar el reto.

En ocasiones, también ocurre que utilizamos el talento equivocado, pero con el pleno convencimiento de que es el adecuado para superar nuestro reto. El resultado no es el deseado, pero el impacto que tiene sobre el desgaste que se produce por un mal resultado en la motivación es mucho más tolerable.

En deporte, por ejemplo, los entrenadores hablan de que en competición es mejor realizar un comportamiento equivocado, pero estando convencidos de él, que intentar un comportamiento sobre el cual se tienen dudas. El resultado del último es mucho peor, siempre.

Entonces, ¿qué seleccionamos talento o motivación?

Tenemos que seleccionar retos.

Si buscamos profesionales con retos, tendremos profesionales motivados dispuestos a activar y conectar su talento con la estrategia de nuestra organización, empresa, negocio o entidad.

Cuando buscamos profesionales motivados, tendremos que invertir tiempo en entrenar su talento, para conectarlo con nuestra estrategia o con nuestra forma de funcionar. Si seleccionamos profesionales con talento, tendremos que invertir tiempo en saber si quieren activarlo y conectarlo con nuestra estrategia.

Pero, si seleccionamos profesionales por sus retos, solo tendremos que confrontarlos con nuestra estrategia y crear junto a ellos las condiciones necesarias para convertirla en un reto. El ahorro en tiempo y las probabilidades de éxito son mayores. De hecho, así es como los grandes equipos y deportistas profesionales consiguen los éxitos, en los que tanto nos fijamos desde el entorno empresarial.

EL LÍDER GENEROSO

«Liderar no es fácil». Lo repite, una y otra vez, en todas nuestras conversaciones Javier Imbroda Ortiz. Conocido por su carrera profesional en la alta competición, aunque para mí admirado por todo lo que nos aporta en nuestra firma. No niego que, cuando lo conocí, la figura de la alta competición fue lo que me atrajo. Pero con el tiempo, he aprendido a no atender mucho a ese detalle para disfrutar más de la persona y de su experiencia.

Ya no soy capaz de contar el número de anotaciones que he realizado en mi cuaderno y que escribo después de cada una de nuestras conversaciones. Un hábito que tenía abandonado y que rescaté cuando lo conocí. Desde luego, darían para escribir otro libro. No lo descarto. Aunque creo que por ahora *Entrenar para dirigir*, libro que vamos a publicar en noviembre de este año con la editorial Planeta, cubre tanto para mí como para mi socio Juan José Martín gran parte de nuestras «ansias» de conocer lo que Javier entiende por liderazgo.

Hay que estar rápido

Hay que estar rápido para entender a Javier porque sus conversaciones son, precisamente, rápidas. O igual es que a mí se me hacen cortas. Pero reconozco que no se me escapa nada. Él mismo me lo confirma cuando finalizan y hacemos un resumen de lo hablado. Son momentos llenos de tanta información y conocimiento que parece que hayas estado en una larga clase magistral. Eso sí, mi cabeza está siempre preparada para absorber todos los detalles independientemente del momento y de la situación.

Y es que Javier tiene la magnífica virtud de poner las palabras exactas a lo que mi mente está terminando de «armar». Es como que él ya lo había pensado y, cuando tengo oportunidad de comentarle la idea, le da forma utilizando siempre las palabras adecuadas. Luego, me toca llevarla a la realidad. Ese es mi trabajo en la firma. Que la capacidad que tiene el deporte profesional de unir estrategias y talento también pueda ocurrir en la empresa. Porque, en mi humilde opinión, el deporte profesional es la única escuela que ha sabido trabajar el complicado enigma del rendimiento humano. Javier dice que ese complicado puzle se resuelve desde un liderazgo equilibrado. Algo nada fácil. Lo suele explicar en tres puntos.

— *Punto 1. Saber dónde ir.* Interpretando las palabras y ejemplos de Javier, un liderazgo equilibrado requiere saber dónde se quiere ir. Hay que pensar que es muy complicado ir con un equipo profesional a cualquier sitio, sobre todo si no se tiene muy claro dónde se quiere llegar. Básicamente, porque los profesionales te observan. Y lo hacen con una precisión milimétrica. Como cuando observábamos a nuestros profesores en el colegio y, gracias a ello, sabíamos en todo momento cómo podíamos actuar en la clase. De esta forma, los profesionales averiguan si «tú sabes o no sabes». Si no pasas el examen de su constante observación, entonces es que no estás a la altura de liderarlos y no se comprometerán contigo.

— *Punto 2. El porqué de nuestra elección.* Hay que tener claro y ser muy preciso con las razones que nos mueven a ir en una determinada dirección. Porque no vamos solos. Vamos con nuestros profesionales. Llevamos muchísima responsabilidad con nosotros cuando decidimos «pilotar» ese vuelo. Así que debemos tener unos motivos sólidos y contrastados para no estrellarnos todos en el viaje. Y eso requiere dedicación. Horas de trabajo orientadas a definir los motivos que avalan la estrategia que hemos pensado, y que luego tendremos que argumentar con precisión cuando decidamos compartirla con nuestro equipo. Recuerda que te están observando y no les vale con una dedicación obsesiva. Quieren una dedicación de calidad, que les permita viajar firmemente en el trayecto hacia la superación de los objetivos.

— *Punto 3. Vamos todos juntos.* Siguiendo con el ejemplo del viaje, el líder no viaja en primera y el equipo en clase turista. Cuando el equipo de profesionales se «sube» al viaje, todos debemos de ir lo más cómodos posible. No se trata de que los líderes se sacrifiquen por el equipo. Todos tienen que ir «a gusto» en el trayecto. Y eso depende de la actitud del líder. Esa actitud se puede sintetizar con una palabra: generosidad.

La generosidad en el liderazgo

Nunca ha obligado a una dirección, pero siempre la ha sugerido con criterio. Esa es la frase que mejor resume la capacidad de liderazgo de Javier. Así, consigue ser generoso con todos. Tú decides, dentro del equipo y a nivel personal, si quieres aportar o modificar algo de esa dirección.

Incluso si quieres definir una nueva. Ahí está la generosidad del liderazgo que ejerce. Te doy una línea de acción argumentada y trabajada para que, como equipo, profesional o persona, seas capaz de sacar el máximo partido de ella, manteniéndola o cambiándola todo lo que necesites, mientras tengas argumentos objetivos para hacerlo (datos).

Esa es la gran dificultad del liderazgo. La capacidad de ofrecer lo mejor de ti y estar dispuesto a cambiarlo cuando el equipo, un profesional o alguien que está a tu lado presenta una alternativa mejorada. No todos los líderes están preparados para esa generosidad que implica dar todo lo que sabes y aceptar que te lo vuelvan del revés. Por eso, el liderazgo es tan difícil. Porque no es fácil liberarse de nuestros intereses y sentimientos más egoístas cuando lo ejercemos.

El modelo deportivo VET (valor estratégico del talento)

De la liberación de esos intereses nacen los admirados líderes deportivos como Javier Imbroda Ortiz. Desde mi admiración personal y profesional, junto a la generosidad que nos brinda a todos dentro de nuestra firma, he conseguido estudiar y dividir en pequeños pasos cómo funciona la mente de un entrenador de élite profesional para obtener talento de sus equipos y deportistas. De esta manera, hemos creado para los recursos humanos el modelo deportivo VET (valor estratégico del talento).

Han sido pequeñas pistas. Apenas retazos de frases las que han ido configurando el modelo. Todos esos fragmentos he podido unirlos gracias a mi incansable Juan José Martín. Con él, las conversaciones sí han sido mucho más largas, y seguirán siéndolo. A la chispa inesperada de Walter Bolumar y su forma de entender nuestra metodología. A la tranquilidad de Ángel Alonso y sus reflexiones inesperadas. Y a la inquietud constante de Germán Schafer por conocer todos los detalles de MindCompanySport.

Javier no lidera personas por mucho que su carrera profesional lo haya mostrado. Javier siempre ha liderados retos. Y, dentro de todos ellos, ha sido generoso con las personas. Tener la oportunidad de aprenderlo, experimentarlo y de seguir mejorándolo junto a todos nuestros clientes es una de las dos cosas más importantes que he conseguido con nuestra firma. La otra se la reservo para mi socio Juan José Martín. Así que seguimos, Javier.

NEGOCIAR CON TALENTO

Dice Javier Imbroda, exseleccionador nacional de baloncesto, que «el enfrentamiento es la mejor forma de no tener que pensar». Así que, cuando enfrentamos posiciones en una negociación, ya estamos empezando a no negociar.

Cuando planificamos cómo afrontar una negociación, preparamos posibles alternativas para trabajarla o hablamos del uso de ciertas técnicas de comunicación para aumentar las posibilidades de éxito cuando exponemos nuestra posición, estamos comenzando a hipotecar nuestro talento negociador.

La negociación tiene que estar más relacionada con comportamientos que facilitan la posible combinación de nuestra posición inicial, y menos con comportamientos que nos invitan a reaccionar ante aquello que se sale de esa posición. Por eso, hay que prepararse para «negociar junto a» y no para «negociar con».

Hablar claro

Normalmente, cuando hablamos de nuestra posición en una negociación, no informamos de forma clara de cuáles son los avales de nuestros argumentos. Hablamos sobre nuestra posición, pero no la argumentamos con claridad. Simplemente, la exponemos. La describimos más con adjetivos que con realidades.

Si exponemos así las posiciones, sin la objetividad necesaria para que quien está junto a nosotros pueda llegar a entenderlas, solo estaremos confrontado puntos de vista diferentes. No estaremos buscando combinarlos. No estaremos transmitiendo nada más que palabras «rígidas». Palabras no negociables.

Escuchar con precisión

El mismo error cometemos cuando solo oímos a quien está negociando junto a nosotros. Oímos buscando «utilizar» la información del otro, pero no para entenderla. Lo que realmente queremos es buscar detalles que ayuden a activar nuestras «estrategias» ya planificadas para la negociación.

Y, por eso, nos pasamos más tiempo preparándonos para responder que centrados en los argumentos que nos transmiten. Y ahí, en ese estado de «guardia sostenida», es donde se pierde la oportunidad de encontrar puntos de conexión. Básicamente, porque no estamos concentrados en el proceso negociador. Lo que estamos es desconectados, tanto de la negociación como de la otra parte, y solo nos conectamos cuando llega nuestro momento. Nuestro «turno».

Reforzar conexiones

Estar con esa conexión inestable y pasiva, durante el intercambio de comunicación en una negociación, no solo nos lleva a pasar por alto los puntos donde se puede encontrar una posible conexión, sino que, además, si la conseguimos, no la vamos a destacar. No vamos a señalarla, claramente, como un posible punto de partida para seguir avanzando. Entonces, no podremos «enchufarnos» a ella para seguir trabajándola. No podremos utilizarla de palanca para seguir profundizando. Nuestra actitud de defender nuestra posición nos traza una línea roja que no nos deja destacar nada que no sea lo que está en nuestro decálogo negociador. Cualquier coincidencia será catalogada y tratada como un imprevisto, que no tiene «fuerza» para hacer seguir avanzando la negociación. Puede, incluso, que la dejemos pasar, sin más.

Combinar opciones

Precisamente, son esas coincidencias imprevistas, inesperadas, que se salen de nuestro plan y que por ello puede que no atendamos, las que tienen más posibilidades de crear un encaje de las posiciones negociadoras. Cuando hablamos y escuchamos, reforzando pequeños puntos inesperados que podrían servirnos para avanzar, nos encontramos con muchas posibilidades de combinar posiciones.

Esas posibilidades no estaban para nada dentro de nuestro plan de negociación. En realidad, si lo analizamos fríamente, nuestro plan apenas estuvo activo durante los primeros compases de la negociación, siempre que hayamos utilizado los tres comportamientos anteriores. Porque esos comportamientos nos llevan a un estado de concentración máxima sobre la información que recibimos y que transmitimos. Y ese estado es el que activa nuestro talento para encontrar soluciones, más allá de las que teníamos pensadas como posibles.

Les ocurre a los entrenadores deportivos. Entrenan situaciones de juego durante toda la semana, que luego la competición les desmorona en los primeros compases de esta. Pero al estar inmersos en la información que les aporta la competición, se activa su talento para buscar soluciones tácticas, que, en principio, no esperaban utilizar o, incluso, que nunca habían utilizado. En muchas ocasiones, innovan en ese propio momento.

Igual ocurre en las negociaciones. Aparecen encajes inesperados, y que son más fuertes que los habitualmente llamados «acuerdos». Son mucho más estables, porque se han creado a partir de un trabajo conjunto de diálogo, escucha y refuerzo, y no están sometidos a los compromisos y posibles resultados en los que se sustentan los acuerdos que nacen de las negociaciones habituales.

No hay nada más fuerte que lo inesperado que se crea, fruto de la implicación y el esfuerzo, de dos posiciones diferentes. De hecho, cuando esa implicación y esfuerzo no existen, se pierde la concentración y, con ella, las opciones de negociación. En el deporte, se pierden las competiciones. En las negociaciones, comienzan los enfrentamientos.

¿POR QUÉ LA MENSAJERÍA INSTANTÁNEA EN LA DIGITALIZACIÓN DE NUESTRO MÉTODO?

Que la comunicación llegue a todo nuestro equipo ya no es suficiente. No nos sirve, únicamente, tener comunicación. Tiene que llegar «en tiempo y en forma». Durante los entrenamientos deportivos, una de las premisas claves cuando se está trabajando es la comunicación constante y de precisión. Es una comunicación que sirve para tomar decisiones sobre la «estrategia de entrenamiento» y durante el momento de la ejecución. No hay nada más «decisivo».

Tenemos que ser conscientes de esta importancia también en el mundo de la empresa. Se habla de la comunicación con demasiada «ligereza» y no es bueno. La comunicación interna va más allá de que «llegue» a todos los rincones de un organigrama. Si llega y no es para repercutir en las decisiones que se toman, no tiene valor. Ni siquiera el informativo. ¿De qué nos sirve comunicar, cuando comunicar es solo conocer, y no actuar?

La comunicación tiene que llegar de verdad

En la alta competición deportiva, en la tensión de los momentos decisivos, la comunicación genera opciones de decisión. Cuando el sudor está corriendo por la cara de los deportistas y la condición física se ahoga en pulsaciones a mil por hora, es cuando la capacidad de pensar necesita de decisiones precisas y compartidas. Sin una comunicación adecuada es imposible intercambiar mensajes para decidir estratégicamente.

En las empresas tenemos, igualmente, estos «momentos de comunicación». Necesitamos que la comunicación impulse, tanto a nosotros como a nuestros equipos. Que nos llegue y nos movilice hacia nuestros flujos de trabajo. Que los active con eficacia y eficiencia. Nuestros equipos y nosotros mismos ya tenemos suficiente carga de trabajo como para recibir una comunicación «vacía» de significado estratégico.

Y, cuando llega, se comparte

Cuando la comunicación llega se tiene que compartir entre todos los miembros implicados. ¿De qué sirve que unos la reciban, o la tengan, y otros no? No es una cuestión de transparencia (concepto muy de moda en estos tiempos), es una cuestión de supervivencia. Sí, supervivencia.

Si la comunicación cae en un boquete, en el boquete se queda. Si la comunicación no se comparte, incluso cuando se piensa que igual no hay que compartirla, entonces casi mejor no hacer el esfuerzo por hacerla llegar.

Nunca podríamos imaginar que la comunicación que un entrenador de baloncesto, dentro de un vestuario deportivo, está teniendo con el base (una posición dentro del esquema de juego de este deporte) no le interesara al alero (otra posición, diferente de la anterior). Es más, el entrenador está pendiente de que sí sea interesante para ambos, aunque esté orientada hacia uno de ellos. Porque compartir esa comunicación no es solo escucharla y pasarla de «mano en mano», sino que es la base de la coordinación que necesita ese equipo a la hora de ejecutar su estrategia de juego. Ni más ni menos.

Fluyendo, sin interferencias

Si tiene que llegar y ser compartida, más vale que sea fluida. La comunicación que realiza un entrenador de tenis, durante los entrenamientos, mientras su jugador o jugadores están realizando series de golpes, no puede ser intermitente. Todo lo contrario, debe ser continuada en función de la necesidad del momento del trabajo que se está realizando. ¿A que no podemos imaginar a un entrenador «profesional» en una sesión comunicando instrucciones y, al mismo tiempo, hablando por su *smartphone*?

Tampoco podemos imaginar a un equipo de trabajo, en una empresa, compartiendo comunicación mientras están pendientes de los mensajes de su móvil. Ya, ya sé que eso ocurre. Y en el deporte aficionado, también. Así que en la comparación está la respuesta de en qué se parece la comunicación de la empresa al deporte profesional. Nada es más urgente que la comunicación sin interferencias, porque lo que estamos haciendo es interrumpir la capacidad de ejecución de nuestros profesionales. Y el ejemplo anterior del móvil es solo para enfatizar esa importancia, pero hay más conductas verbales y no verbales que no dejan tampoco fluir esa comunicación: mirar a otro lado, interrumpir constantemente, revisar documentos, mirar el reloj, dar discursos en vez de comunicar con precisión...

En el momento y con precisión

Por último, si llega, si se comparte, si fluye: tiene que ser en el momento adecuado y con precisión. Ya no vale «después». Nuestras empresas no se pueden permitir una comunicación *a posteriori*. Se muere su utilidad. No nos sirve de nada ni para nada. El entorno empresarial se ha vuelto tan volátil como el entorno de competición deportiva de alto rendimiento, donde un plan, una estrategia, una táctica tiene una duración inferior a cinco minutos. Lo que tarda el deportista, el equipo o el entrenador contrario en leer lo que queremos hacer para superarles.

Los equipos en las empresas necesitan de comunicación instantánea que provoque una reacción de toma de decisiones precisas y en el momento clave. No se puede llegar tarde a la decisión por un retraso en la comunicación, porque «perdemos el tren» de la ejecución con precisión. Y esto, hoy día, ya sabemos que es bajar unas cuantas posiciones en nuestra capacidad competitiva.

Reflexiones

Si un entrenador necesita información del momento y de precisión durante los entrenamientos y la competición, cualquier profesional de la empresa necesita lo mismo.

La información tiene que llegar y provocar decisiones porque, si no, también, pierde su valor informativo.

En la alta competición la comunicación sirve para decidir. En la empresa la comunicación tiene un papel similar: activarnos con eficacia y eficiencia.

Si la comunicación no se comparte, se reducen las posibilidades de supervivencia.

Los entrenadores deportivos siempre procuran que la comunicación sirva para orientar y coordinar.

La comunicación en el momento y con precisión genera respuestas de «competición».

No se puede decidir tarde por culpa de la comunicación.

Si no fluye la comunicación, no fluye la ejecución.

«NUEVA REALIDAD», SÍ

Estamos en un momento de cambio, obligado. No podemos seguir pretendiendo producir ni ofrecer servicios ni funcionar como veníamos haciendo. No es una frase apocalíptica, es una realidad: se ha terminado el modelo de funcionamiento que veníamos utilizando.

No importa el sector empresarial en el que nos ubiquemos, porque todos nuestros clientes están encontrándose con una realidad que antes no tenían tan clara y, ahora, esta se ha convertido en el espacio real de funcionamiento de sus negocios. Y les ha servido igual a quienes la intuían que a quienes la ignoraban.

Incertidumbre

Esa es la frase que más hemos escuchado estas últimas semanas con nuestros clientes. Y, claro, es una palabra que desestabiliza el rendimiento. Porque, cuando no se tiene algo claro, lo primero es protegerse. Al hacerlo, al no enfrentar esa incertidumbre con decisiones, lo que hacemos es no conseguir avanzar y seguir tomando decisiones de seguridad, que, si bien son necesarias (control del gasto, ajustes de personal, reorganización de servicios, reestructuración de bienes...), pueden dejarnos fuera del camino que es necesario seguir para poder navegar por la situación actual.

La incertidumbre en los negocios, como en otros ámbitos de la vida, se afronta decidiendo y asumiendo el ensayo y error al que vamos a estar sometidos. No queda otra. La velocidad de los acontecimientos, unido a que estos son cortos y frecuentes en el tiempo, es la «marca» de esta situación.

No sabemos si mantener a nuestro equipo en teletrabajo o volver a las acciones presenciales. Dudamos de si podemos cerrar propuestas *online* con nuestros clientes, sin tener que visitarlos. Entendemos, más que nunca, que tenemos que reajustar nuestros procesos de trabajo para que produzcan rendimiento y no estemos, continuamente, recortando el factor económico y operativo de nuestras empresas, como única vía de supervivencia; pero nos cuesta un mundo ponernos a ello. Necesitamos dotar a nuestros equipos de formación y estamos dudando de que, si en la «situación *online*» en la que se encuentran, pueden realizarla. Las estrategias duran ya lo que dura un abrir y cerrar de ojos; nunca hemos tenido que crearlas tan rápidas y reformularlas, nuevamente, en tan poco tiempo.

Conciencia y puesta en marcha

De todo lo anterior, y mucho más, tenemos que ser conscientes. Los negocios no van a dar señales de «por dónde se puede tirar». La demanda, que procede de los clientes, se ha vuelto altamente, dinámica y volátil. Los clientes hoy valoran una cosa y mañana otra. Antes, donde había «mucha gente» era signo de algo bueno; ahora, todo lo contrario. La higiene, la salud, el grupo social, el consumo inteligente, el impacto sobre el medio ambiente… Todo esto va a cambiar el modelo económico, poco a poco.

No hay política que sea capaz de acotar todos estos cambios. No hay concepto económico que sea capaz de resolver la situación. Todo tendrá que adaptarse y acomodarse, conforme se vaya aplicando a la «nueva realidad». Esa que nos obliga, sí o sí, a mirar desde otra perspectiva lo que veníamos haciendo con nuestros negocios.

Necesitaremos ser mucho más profesionales, en todos los sentidos, si queremos conseguir rendimiento en nuestra actividad empresarial. Ya no vale pegarnos a nuestra experiencia de años atrás, porque los cambios son tan numerosos, rápidos y frecuentes que nos quedamos sin comparaciones. Hay que ser eficaces y eficientes, ahora, de verdad y no de palabra.

Y tenemos que apoyarnos mucho en nuestros equipos. Pero con sinceridad, no por moda. Antes, lo hemos hecho y dicho, porque era lo que se estilaba, seamos sinceros. Ahora, no podemos hacerlo con esa falta de compromiso real. No podemos afrontar una remontada de nuestros negocios con nuestras cabezas pensantes. Tenemos que impulsar a los equipos para que tomen la iniciativa y las decisiones estratégicas que sean necesarias. Hay que estar a su lado, porque tienen información de primera mano, rápida y «fresca»; la que marca la diferencia ente el éxito o el fracaso de una estrategia.

Asumir y seguir peleando

Y, durante esa puesta en marcha, durante la toma de decisiones con incertidumbre, durante el esfuerzo de nuestros equipos por intentar atinar y minimizar las pérdidas, perderemos. En este tipo de entornos, siempre se pierde algo para ganar otra cosa. Seguramente, perderemos la forma de trabajo anterior, la manera de entender el negocio, los hábitos que nos venían diferenciando; incluso, puede que hasta tengamos que rehacer nuestra cultura, nuestra misión, nuestra visión, nuestros valores.

Todo ello unido a que pararnos en decisiones basadas en la austeridad no va a solucionar nada. Solo nos dan aire para ahogarnos más lentamente. Hay que decidir sin parar sobre nuestro negocio, sobre cómo reorientarlo, aunque sea el negocio más tradicional del mundo. Tenemos que darle la vuelta. Estamos obligados a conseguir ser diferentes, cuando antes era impensable serlo. Las verdades absolutas sobre nuestros negocios ya no tienen cabida en un entorno donde tenemos que cambiar y mudar la piel tantas veces como sea necesario para seguir teniendo resultados. De hecho, será la constante.

Si nos cansamos de hacerlo, dejaremos de facturar, estaremos abocados a los recortes, a las estrategias de contención del gasto, a los repliegues, a la suerte de que la demanda se alinee con nuestro sector, a la providencia de que los clientes se pongan de nuestro lado. Es demasiado riesgo. Estamos convencidos de que es mejor decidir y equivocarse, para volver a decidir, una y otra vez, con la idea de seguir ampliando el margen de éxito de nuestros negocios. Como decía uno de nuestros clientes estos días: «Mejor seguir latiendo con nuestros negocios que enterrarlos por esperar a que se normalice de nuevo todo». Esta vez, estamos convencidos de que no será así. Los cambios han llegado para quedarse y, lo más importante, para seguir cambiando.

ATENCIÓN PLENA EN TU NEGOCIO: CLAVES DEL RENDIMIENTO

¿Quieres conseguir atención plena en tu negocio?

Ha llegado el momento de la verdad. Nosotros y nuestros profesionales debemos tener una atención plena en tu negocio y aumentar nuestro rendimiento. Estamos en una espiral de máxima velocidad de rendimiento comercial y operativo.

Tenemos que «ponernos las pilas» para coger todas las olas de oportunidades que están empezando a dibujarse; somos como los surfistas esperando el momento de «cabalgarlas». Ellos no pierden atención a las señales del agua; nosotros no podemos perder tampoco atención a las pistas que nos deja el mercado.

Es una cuestión de todo o nada, no vale estar a medias. Toda duda relacionada con la forma de trabajar va a suponer que no cojamos bien esas olas. Y, si nos conformamos con no cogerlas bien, pero, al menos, estar subidos en ellas, no tendremos los mismos resultados que antes de la pandemia; no vamos a recuperar el negocio gracias a la vuelta de la demanda.

¡Olvídate!, tenemos que ajustarnos de forma progresiva, pero tenemos que hacerlo reforzando e innovando en nuestros puntos fuertes: hay que coger las olas y adaptarnos, en cada momento, para no caernos de la tabla o simplemente conformarnos con surfearlas.

No vale deslizarse por las oportunidades

No es suficiente llegar al final de la oportunidad y haber estado subido en ella, sin cometer muchos errores. Necesitamos atención plena para aprovechar cada cambio que venga, asumiéndolo como parte de la forma de hacer rendir al negocio, siempre con nuestros profesionales al frente. Si no aprovechamos bien las distintas variaciones, no vamos a dar nunca con la clave del rendimiento de nuestro trabajo.

Porque igual que no hay una serie de olas iguales, tampoco hay patrones estáticos que nos ayuden a mantener los resultados. Todo va cambiando y, conforme cambia, tenemos que poner la postura adecuada de nuestro cuerpo (negocio) para aprovechar al máximo el deslizamiento; hay que «colocar» bien nuestra operativa diaria para aprovechar «a tope» cada giro que nos da el día a día en nuestros negocios.

Con atención plena en tu negocio, es más
fácil aprovechar el deslizamiento

Aprovechando los cambios que suceden en cada momento, podemos reajustar nuestras formas de trabajo a las necesidades que se requieren en las distintas interacciones que tenemos con nuestros clientes. Optimizaremos mejor los servicios, productos, estrategias, formas de trabajo y decisiones.

Nuestros equipos no agotarán sus energías en la superación del cambio constante y recargarán tanto su confianza como su motivación de forma continuada. Los buenos resultados parciales se encargarán de ello.

Porque, de lo contrario, nuestros competidores sí aprovecharán esas variaciones para tomar decisiones más ajustadas a los cambios que estas producen. Van a surfear las olas tomando decisiones más rápidas y productivas para redondear su estilo y conseguir «el mejor surf posible».

Y si en el deporte profesional la diferencia está, precisamente, en esas decisiones de precisión que se toman sobre los pequeños detalles que se producen durante la competición, en la empresa ya está ocurriendo igual desde hace tiempo. Ahora, con la pandemia que está llegando a su fin, nos estamos dando cuenta de ello, sufriéndolo en nuestros negocios.

Pero ¿cómo lo conseguimos?

Si te concentras, coges la ola. Si no te concentras, la ola te coge a ti. Así que tienes que estar concentrado, tú y tu equipo, para que la ola no se lleve tu negocio por delante. Ya sabes surfear por tu sector, no eres nuevo en la playa. Sabes lo que tienes que hacer, solo que te has quedado parado esperando ver las olas que normalmente «cogías».

La decisión de dejar de esperarlas y de ir a por otro tipo de olas, o a por esas mismas olas si aparecen (que lo harán, pero con menor frecuencia), utilizando otras formas de trabajo, es tuya y de tu equipo, de nadie más. No hay gurús para el rendimiento: tú y tu comportamiento sois los únicos conocedores de la forma de conseguirlo.

Es el momento de «surfear»

Para ello, algunos consejos claves. Ya los sabes, lo que pasa que no los utilizabas desde hace tiempo:

¡Decide y muévete! Deja de estar analizando opciones para reducir costes y amortiguar situaciones. Métete de lleno en el mar de la situación de tu sector y dedícate a decidir con tu forma de trabajo y ver qué pasa.

Mira el resultado y sigue actuando. No se trata de analizar cada ola, sino de ver qué resultado has tenido con tu estilo y ajustarlo para la siguiente. Si miras resultados y tomas decisiones, estarás en atención plena. Si no lo haces, simplemente estarás actuando sin atender a la ola que tienes delante.

Piérdele el miedo al resultado. Si no quieres desconcentrarte sigue decidiendo, aunque los resultados no te acompañen. No importa un mal resultado, importa no decidir el siguiente paso; importa no temerle al riesgo de equivocarte. Los resultados no son ni buenos ni malos: son situaciones que hay que mejorar, nada más.

Pero no vayas con los ojos cerrados. Si ya te cuesta montarte en la tabla, imagina con una venda en los ojos. Equivócate con datos, siempre será el menor error que podrías haber cometido. Si dejas los datos de lado, entonces los errores te van a desconcentrar y te sacarán de la mejor forma de trabajo que puedas tener en cada momento.

Y recuerda: no hay una única forma de surfear por tu negocio. Te vas a desconcentrar si crees que has dado con la forma clave de trabajarlo. Ni existe ni es duradera. Hay miles de adaptaciones. Y, si no las hay, tendrás que inventarlas.

LIDERA CON BIENESTAR

El bienestar de los profesionales tiene que convertirse en una máxima de nuestras empresas. No es una cuestión de modas ni de tendencias ni de consultorías externas. Tenemos que estar alineados con actuaciones que siempre promuevan el bienestar de los equipos y de los profesionales que los integran. Y, todas ellas, tienen que estar dentro de una estrategia que emane de la cultura de la organización, de la forma de trabajo de la empresa y de la manera de hacer las cosas en nuestros negocios.

En el deporte profesional, siempre se busca maximizar las energías cuidando la salud física y mental de los deportistas. En nuestros negocios, tenemos que conseguir lo mismo. Queremos que nuestros equipos y profesionales tengan rendimiento, que actúen con la máxima concentración en sus tareas diarias, que den el 100 % en situaciones de tensión, que sean creativos en sus decisiones, que innoven dentro del trabajo diario, que tomen decisiones rápidas y efectivas; si no tenemos unas condiciones de bienestar mínimas, será muy complicado que esto ocurra.

«SOMOS LOS RESPONSABLES DE QUE EN NUESTROS NEGOCIOS EXISTAN CONDICIONES ADECUADAS PARA EL RENDIMIENTO».

Las condiciones son condicionantes del rendimiento

Tener unas condiciones de trabajo «complicadas» limita el rendimiento. Utilizando el deporte del tenis como ejemplo, las condiciones del entrenamiento y de la competición en superficies de «tierra batida» no son las mismas que cuando las superficies son de «hierba». Cada una de esas condiciones requiere de una «adaptación exigente» y los profesionales del deporte realizan un gran esfuerzo para conseguirla. Si, además, tuvieran dificultades añadidas para conseguir esa adaptación (falta de materiales deportivos, por ejemplo), puedes imaginar lo complicado que les resultaría competir y obtener éxito.

Pues eso mismo nos ocurre cuando tomamos decisiones para optimizar el rendimiento en nuestros negocios. Queremos que nuestros profesionales compitan y se adapten a situaciones de mercado que tienen una alta velocidad de cambio. Sin embargo, solemos crear dificultades con nuestras decisiones operativas y ponemos más difícil sus posibilidades de adaptación.

Tenemos que evitar esa forma de actuar si queremos que el bienestar impacte en nuestros negocios. Debemos poner más el foco en las condiciones que tenemos y en cómo podemos conseguir que nuestros profesionales y equipos rindan, sin robarles energías, facilitándoles la concentración y promoviendo que usen su talento.

¿Qué piensas que hace un entrenador deportivo durante los entrenamientos semanales y en los días previos a la competición? Optimiza las condiciones de cada uno de esos días y de cada momento previo a esa competición, de forma que los deportistas estén concentrados, solo, en rendir. Esa tiene que ser nuestra prioridad si queremos que el bienestar genere resultados en nuestros negocios.

«NUESTRO FOCO TIENE QUE ESTAR EN CONSEGUIR LAS MEJORES CONDICIONES PARA EL RENDIMIENTO».

Condiciones, sí. Concesiones, no

Mejorar las condiciones para que nuestros profesionales y equipos puedan rendir con bienestar no implica concederles beneficios de forma indiscriminada o puntual. No es una cuestión de intercambio de favores, de mejora de las prestaciones, de incremento de beneficios sociales, de aumento en la participación del negocio; ese es el error que todos cometemos.

Liderar con bienestar implica la búsqueda constante de las condiciones más adecuadas para el rendimiento de nuestros profesionales. En una situación determinada, puede ser una mejora en los beneficios sociales, y en otras, unos días de descanso inesperados. Hay multitud de opciones, pero en todas ellas deben participar nuestros equipos.

Si lo que implementamos son actuaciones puntuales y no consensuadas, no vamos a conseguir nada más que bienestar puntual y de escaso impacto, en el rendimiento y en los resultados.

Los entrenadores y deportistas siempre están buscando tener varios planes para enfrentar las condiciones que rodean los entrenamientos y las competiciones. No es porque no sean capaces de adaptarse «sobre la marcha», que lo son y lo hacen de una forma bastante eficiente, es que esa adaptación supone un desgaste y lo quieren evitar en la medida de lo posible. Por eso, se analizan las condiciones y se diseñan planes para afrontarlas, dejando las decisiones puntuales para situaciones donde el bienestar se desajusta por cuestiones no controlables (cambios de sede de los partidos, inclemencias meteorológicas, lesiones...).

«EL OBJETIVO ES CONSEGUIR CONDICIONES QUE FAVOREZCAN EL RENDIMIENTO, CONSTANTEMENTE».

¿Cómo conseguir liderar con bienestar?

Si lo consiguen los entrenadores y deportistas profesionales que están sometidos a una constante alta carga de estrés, lo podemos conseguir nosotros también en nuestros negocios. Algunas reglas básicas para hacerlo:

Utiliza siempre un dato para mejorar las condiciones.

Sin datos, no hay condiciones reales que se sostengan ni en el tiempo ni por los profesionales. No podemos hacer cambios sin más, tenemos que avalarlos para poder comprometernos con nuestros equipos. ¿Te imaginas a un entrenador deportivo diciendo, sin más argumentos, que el equipo tiene que viajar dos días antes de lo previsto para disputar un campeonato que durará dos semanas...? Los deportistas, seguramente, no estarían comprometidos con esa decisión y sí estaríamos empezando a comprometer su rendimiento.

Ser creativos, pero contando con los profesionales

La mejor idea para crear unas condiciones óptimas de rendimiento tiene que contar con el mejor apoyo de los profesionales. Sin el compromiso de los equipos, es muy complicado que los cambios que se propongan tengan incidencia real en su rendimiento. Ningún profesional del deporte se compromete con modificaciones en las condiciones que afectan a su rendimiento. Ni siquiera cuando aportan innovación.

Todo cambia, actualiza las condiciones

Ninguna condición es para siempre. Las condiciones están, desaparecen o se transforman. Lo que antes podía mejorar el rendimiento, ahora lo puede entorpecer. Por eso, hay que tener una supervisión constante sobre ellas y apoyarnos en los equipos para tener actualizada la información de cómo las condiciones actuales ayudan al rendimiento. Los deportistas y entrenadores siempre están buscando las mejores condiciones de trabajo y competición, independientemente de la experiencia que tengan en ellas.

Así que mantén la guardia alta supervisando las condiciones de trabajo de tu equipo, escuchando sus propuestas y avalándolas con datos. De esa forma, podrás construir las mejores condiciones de rendimiento y bienestar para tu negocio.

«NUNCA DEJES DE OBSERVAR CON TU EQUIPO
LAS CONDICIONES DE RENDIMIENTO».

¿CÓMO APLICAR EL RENDIMIENTO DEPORTIVO A LA EMPRESA?

Son muchas las opciones que tenemos en el entorno empresarial para buscar rendimiento. Todas ellas merecen una atención y suman en la búsqueda de resultados. Todos los profesionales que están detrás de estas herramientas quieren aportarnos y ayudarnos para que nuestros negocios sean más competitivos.

En nuestra firma no somos diferentes, al menos, en cuanto al objetivo final. Nuestro método viene a aportar ayuda a un entorno que, más que nunca, necesita un rendimiento rápido, dinámico y constante; un rendimiento diario.

La pregunta, después de esta breve reflexión, es obvia: ¿y por qué escogernos a nosotros? ¿Por qué un equipo de profesionales con orígenes deportivos puede aportar más que aquellos que nacieron dentro y para el rendimiento empresarial? Nuestra respuesta se «agarra» a un argumento histórico, que tiene valor, guste o no el mundo del deporte: el origen de las empresas se sustenta en comportamientos deportivos.

Los primeros intercambios comerciales realizados por los *Homo sapiens* ocurrieron por una necesidad de supervivencia. Los comportamientos que utilizaron para esos intercambios «comerciales» se «entrenaron» dentro de sus propios clanes, utilizando formas jugadas ya relacionadas con el deporte; un ejemplo claro lo podemos ver en los aborígenes australianos. Estos utilizaban actividades físico-deportivas para adquirir comportamientos de adaptación social dentro de su grupo; esos mismos comportamientos fueron los que usaron cuando comenzaron a tener la necesidad adaptativa de interaccionar con otros clanes.

Lo que quiero decirte es que los negocios tienen como base empresarial los comportamientos de rendimiento deportivo: la forma de medirlos, entrenarlos y usarlos en la competición es lo que más impacto tiene en el rendimiento empresarial. Lo que aporta el deporte no está relacionado tanto con los valores y las grandes hazañas del mundo deportivo. Esos son solo la punta del iceberg del rendimiento deportivo; la base es mucho más profunda y sólida.

«EL ORIGEN DE LAS EMPRESAS SE SUSTENTA
EN COMPORTAMIENTOS DEPORTIVOS».

El reto del deporte para la empresa

Desde esta idea el reto siempre ha estado en cómo introducir el mundo del deporte en la empresa. No me refiero a la actividad física en sí, que es algo más «cómoda» de hacer llegar a los profesionales de la empresa, principalmente, por su componente saludable; hablo del componente de rendimiento.

El rendimiento deportivo tiene mucho que aportar a la empresa más allá de los valores de sacrificio, trabajo en equipo, perseverancia, tolerancia al estrés o cualquiera de los que queramos inculcar. Si nuestros antepasados los utilizaban para la supervivencia, qué no pueden conseguir nuestros profesionales si los ponen «a jugar» dentro del contexto de su trabajo diario.

La metodología deportiva usada dentro de la empresa lo que ajusta son los comportamientos profesionales y la forma de coordinarlos para que estos produzcan rendimiento. Independientemente del sector en el que desarrolles tu negocio, siempre tendrás unas tareas que realizar y que coordinar para conseguir resultados.

Esas tareas, para que ocurran, necesitan de comportamientos y de coordinación de estos con otros comportamientos. No importa el nivel de automatización que tenga tu sector, el comportamiento humano siempre va a estar presente, «haciendo» y «decidiendo». Y la metodología deportiva domina ambas acciones de manera sobresaliente.

«NO IMPORTA EL NIVEL DE AUTOMATIZACIÓN QUE TENGA TU SECTOR, EL COMPORTAMIENTO HUMANO SIEMPRE VA A ESTAR PRESENTE, "HACIENDO" Y "DECIDIENDO"».

La necesidad de competir

Y, luego, tienes la otra parte de tu negocio: los resultados. Como ocurre en el deporte y como hacían nuestros ancestros, la idea básica de tu empresa es la supervivencia con éxito. Es decir, una vez que consigues sobrevivir tienes que intentar estar siempre «luchando por las medallas».

Cuando nuestros antepasados utilizaban los comportamientos que utilizaban en sus actividades físico-deportivas para interaccionar con otros grupos y conseguir mejoras para los suyos, si esos comportamientos no estaban «afinados» la falta de confianza que les generaba hacía que su interacción fuese menos productiva. Cuanto menos productiva era, más problemas para conseguir mejoras, y avanzar como grupo en la carrera por la supervivencia.

Pues esto es lo que ocurre en nuestras empresas. Podemos conseguir «estar» en un sector, pero eso no es garantía de sobrevivir. Quizás hace poco tiempo atrás sí, pero hoy por hoy no es una opción de supervivencia empresarial; y fíjate, en el deporte nunca lo ha sido, ni ahora ni antes. La opción de los comportamientos deportivos siempre ha sido usarlos y perfeccionarlos para competir por alcanzar un mejor resultado.

Agudizar el ingenio empresarial

Lo que ocurre es que, cuando conseguimos afinar esos comportamientos y su uso coordinado para rendir, la necesidad de mejorar resultados se vuelve permanente; al menos en el deporte, en la empresa no lo tengo tan claro.

En la empresa cuesta mucho movilizar los recursos para seguir mejorando cuando ya se tienen buenos resultados. Parece que no queremos «tocarlos» o que el «sacrificio» que supone movilizarlos nunca encuentra el momento empresarial adecuado. Solo cuando el rendimiento es una necesidad, movemos ficha.

Si eso fuera así, ni nuestros antepasados, ni los deportistas profesionales, podrían rendir. Unos no sobrevivirían, y los otros no podrían mantenerse en la competición profesional. El motivo es que cada vez que nos volcamos en mejorar el rendimiento tenemos que hacer un nuevo esfuerzo por rendir.

Cada vez que queremos mejorar, tenemos que afinar más nuestra capacidad de acertar y minimizar, aún más, nuestros errores. Y es que el rendimiento continuo exige un punto más de esfuerzo cada vez, porque cada mejora cuesta más que la anterior. Y si esa mejora tiene un componente de dependencia fuera de nuestro control (como cuando mejoramos para ganar a nuestros competidores, los cuales también «juegan»), todavía cuesta aún más.

Entonces, para agudizar ese rendimiento continuo, la metodología deportiva es una opción más que contrastada. Sus tres bases principales ayudan a permanecer en ese rendimiento continuado y productivo que necesitamos en nuestros negocios:

Medir. Con el análisis y la medición de nuestros resultados de negocio podemos definir estrategias y las formas de trabajo que necesitamos para ponerlas en marcha, al mismo tiempo que vamos evaluando su impacto en nuestras empresas.

Entrenar. Las formas de trabajo no se pueden «afinar» ni con la experiencia ni con la definición de procesos. Hay que entrenar los comportamientos que nos permiten que una forma de trabajar tenga éxito. Esto significa que hay que ver en qué condiciones se usan los comportamientos que nos generan resultados, en qué momentos se aplican y cómo producen mejoras en los resultados de nuestros negocios. Tras este análisis, hay que repetirlos, repetirlos y repetirlos; y, así, hasta que su uso nos informe de que se han convertido en un hábito.

Competir. Tenemos que afinar esos hábitos en la competición y coordinarlos con otros hábitos, lo que nosotros denominamos crear comportamientos de rendimiento productivos. Estos comportamientos se ajustan cuando se utilizan para conseguir mejores resultados que nuestra competencia; básicamente, porque se ponen a prueba constantemente y sobre situaciones reales de rendimiento.

Esto es lo que ha hecho el Brentford y que tuvimos oportunidad de comentar con Héctor García Barnés en su artículo de *El Confidencial*, junto a José Luis Felipe y Juan Carlos Cubeiro. No es el único equipo que ha seguido la estela de Billy Beane de los Oakland Athletics; un poco el responsable de este gen deportivo empresarial. Lo que es seguro es que no pocos negocios, en breve, comenzarán a utilizar esta metodología deportiva para conseguir optimizar su rendimiento.

SIMONE BILES, A PROPÓSITO DEL TALENTO Y LA EMPRESA

Hace mucho tiempo cuando nuestro equipo estaba inmerso en la psicología deportiva, tan desautorizada antes y ahora (desde luego, poco ha cambiado la situación), repetía de manera cansina que el rendimiento de un deportista está vinculado al esfuerzo y la dedicación. De forma natural no se puede poner en marcha el talento; es necesario preparar las habilidades que necesita para hacerlo aparecer y tener el suficiente control mental para que esa aparición sea exitosa y equilibrada.

El caso de Simone Biles me sirve, después de tantos años, para demostrar lo que he comentado antes: olvídate del rendimiento en tu negocio, en tu deporte, en tu vida o donde quieras retarte si no tienes la capacidad de dedicarte y esforzarte y, además, de hacerlo con todo el sentido y el equilibrio del mundo, evitando sobreexplotar aquello

111

que te hace ser diferente y posicionarte como candidato a tener los mejores resultados.

La concentración del talento.

Concentrar talento y que este aparezca no es tarea fácil. El talento nace porque le gusta lo que hace, porque disfruta del entorno en el que está, porque no tiene reglas para brotar en todas las direcciones que considere oportunas.

Necesita de esa fluidez, de esa naturalidad, de estar libre para volar por el contexto en el que está en cada momento. Biles lo que necesitaba es que la dejaran hacer lo que más quería, incluso cuando podía ser peligroso para su integridad. Sin embargo, la han «exigido» desde tantas posiciones diferentes que, al final, no la han dejado seguir fluyendo.

Concentrar talento para limitarlo, para decirle qué tiene que hacer y para no escucharlo, lo único que provoca es una pérdida de impacto en el rendimiento y en los resultados que puede conseguir.

Se rompe su *timing* natural de producción y deja de aportar de forma espontánea a los retos que tiene que afrontar. Eso provoca que se aburra, que no quiera seguir, que se agobie, que no tenga ilusión por dedicarse y esforzarse.

Si solo consigues activar el talento de tu profesional o de tu equipo, entonces solo estás activando un 25 % del rendimiento que pueden conseguir y activando un 75 % de su motivación por dejar lo que sea que están haciendo.

Habilidades para facilitar el talento

Si eres capaz de mantener ese acompañamiento eficaz y eficiente que necesita el talento para desarrollarse, llegará un momento donde tendrás que trabajar en las habilidades para mantenerlo vivo.

El talento necesita «sobrevivir» y sin unas *skills* preparadas y entrenadas, eso es imposible. Las habilidades entrenadas son la fuente de energía del talento, le ofrecen la base que necesita para impulsarse y saltar todo lo lejos que pueda, cada vez que se activa. Sin ellas, le falta impulso.

Y sin ese impulso, se pierde en la carrera y se limita en el tiempo. No se sabe orientar bien y se desgasta muchísimo intentando encontrar el camino hacia su necesidad de rendimiento y resultados. Ese desgaste hace que se acorte, excesivamente, el tiempo de vida de ese talento y lo obliga a cambiar de ambiente de rendimiento o, incluso, a abandonar aquello para lo que sí está preparado y donde marca la diferencia.

«Para marcar la diferencia necesitamos un talento rodeado de skills bien entrenadas».

Lo mental existe y marca al talento

La parte mental es la última de las necesidades del talento. Si tiene que fluir, si tiene que abastecerse de habilidades, también tiene que estar fuerte mentalmente. El talento tiene un coste mental bajo: lo que nos cuesta muchísimo a los demás, el talento lo tiene automatizado y ahorra muchísima energía en su ejecución.

Y para que ese automatismo siga «en forma» necesita de un trabajo mental basado en comportamientos de rendimiento, análisis de resultados y toma de decisiones, de forma constante. La fuerza de la mentalidad del talento está íntimamente relacionada con la objetividad de sus resultados.

El trabajo mental de saberse fuerte, de tener clara la estrategia en la que tiene que aparecer, de conocer la forma de trabajar y la manera de desempeñar sus tareas es la base del entrenamiento mental necesario que requiere el talento.

Cuando no lo tiene, está demasiado expuesto a las expectativas, a los elogios, a la efervescencia del entorno donde tiene que rendir, a la gestión y a los protocolos... Y eso le hace perder su resiliencia; básicamente, su capacidad de tolerar el resultado y mejorarlo.

«LAS DOSIS DE REALIDAD MODULAN
LA EFICACIA DEL TALENTO».

El talento deportivo es talento empresarial

Con todo lo anterior, puedes tener claro que el talento que hay en tu empresa no está libre de lo que le ha ocurrido a Simone Biles.

No hay diferencia entre uno y otro. En el deporte, se lleva años trabajando con el talento de los equipos y profesionales, entrenándolo y preparándolo. En la empresa, el talento no tiene este trabajo detrás; por eso, el talento de la empresa rota más y se pierde de un proyecto a otro, buscando cada vez más nuevas empresas donde poder aparecer (es más una cuestión motivacional que generacional).

Es en el mundo del deporte y se dan estos casos como el de Simon Biles, con todo el trabajo objetivo que hay detrás. Imagina en tus equipos y profesionales, donde lo más destacado de los últimos años que hemos conseguido hacer con el talento es aprender que tenemos que fidelizarlo para retenerlo; la realidad es que al talento solo se retiene el mismo y nuestro papel es rotarlo y aprovecharlo cuando esté vinculado a nuestros retos empresariales. Que se marche no es un problema, el problema es que no quiera volver nunca más.

COMUNICACIÓN INTERNA EN TU EMPRESA PARA RENDIR MEJOR

El rendimiento implica una comunicación interna en la empresa transparente con tu equipo primero, y luego, con todos los implicados en lograr los resultados establecidos previamente. No puedes rendir sin información y sin comunicarla. Tienes que ser inteligente para abrir tu mente y compartir lo que antes, en los negocios, no se compartía. Así, tus equipos mejorarán, se coordinarán mejor, tendrán más compromiso con los objetivos del negocio y sabrán que, detrás de cada decisión que puedas tomar para mejorar, siempre habrá un espacio para comunicarla y ajustarla antes de ponerla en marcha.

¿Cómo comunicar el rendimiento?

El rendimiento se comunica siendo específico, medible, alcanzable, relevante y temporal; esto es, siendo SMART. Es un acrónimo que seguro que ya conoces de tus lecturas de *management*, pero que en el deporte se lleva utilizando desde hace años y de manera natural.

Ser específico implica en la comunicación del rendimiento no andarse con discursos y «por las ramas»: hay que ser concretos a la hora de decir lo que se tiene que decir. Por ejemplo, los entrenadores deportivos evitan los grandes discursos desde hace ya mucho tiempo; se han dado cuenta de que la clave está en «ir al grano» y ser muy concretos en lo que quieren transmitir.

Pero, transmitas lo que transmitas, que sea medible. No hables de valores, de acciones subjetivas, ni apeles a sentimientos o emociones de tus profesionales. Habla del talento necesario para realizar la actividad de tu negocio y de los comportamientos observables que necesitas para mejorar el rendimiento. Los deportistas entienden muy bien lo que tienen que hacer cuando les explicas un movimiento concreto en el entrenamiento: intenta lo mismo con tus profesionales.

Y, si vas a medir un comportamiento, que sea alcanzable. No hables de comportamientos que generan rendimiento y que son altamente difíciles de realizar en el día a día. Procura definir con ellos qué comportamientos son la base del rendimiento de tu negocio y, luego, crea el entorno adecuado para que puedan reproducirlos. En los entrenamientos deportivos todo el trabajo se vuelca en que los deportistas sean capaces de repetir comportamientos en diferentes entornos de competición; haz lo mismo con tus equipos.

En ese momento, donde hablas de comportamientos de rendimiento, céntrate en los más relevantes, en aquellos que generan más impacto. Olvídate de grandes listados de comportamientos a realizar. Ve directamente a aquellos que sabes que tienen una repercusión rápida en el resultado de tu negocio y, si tienes dudas, pregunta a tu equipo y concrétalos con ellos. Cuando tengas los primeros resultados, tu equipo ya estará «enchufado» y podrás hablar de otros comportamientos que también suman. Lo primero es ir sumando resultados positivos en las competiciones, como pasa en el deporte.

Y, una cosa más, no eternices el discurso del rendimiento. Busca comunicar las necesidades de rendimiento del negocio en el corto plazo y cuando estas estén cubiertas comunicas unas nuevas. Esa nueva comunicación interna en la empresa se basará en los objetivos que se han conseguido y permitirá que tus equipos «recarguen» su compromiso. De lo contrario, comunicaremos sobre objetivos no conseguidos y lo único que haremos es sumar presión innecesaria. Las interacciones de los deportistas y entrenadores a lo largo de la temporada están siempre rodeadas de argumentos del tipo «partido a partido» para centrar la atención en el presente más inmediato; el futuro y su rendimiento llegan después de ese «presente/pasado» en función de los resultados que se consiguen.

Si hablas, creas equipo

Y ¿sabes qué consigues de forma natural al comunicar el rendimiento de esta manera? Consigues equipo; creas una coordinación interna entre tus profesionales más natural y efectiva que si intentas hacerlo con la comunicación más tradicional (decir lo que hay que hacer) o cargada de emociones (apelando a la motivación y el esfuerzo). Los profesionales necesitan claridad de acción para sentirse unidos y esta comunicación te lo va a dar antes que cualquier otra.

Sube de nivel creando compromiso

Y no solo vas a conseguir un equipo: lo vas a sustentar en un compromiso. Todos buscamos que, en nuestros negocios, estén con nosotros aquellos que tengan el compromiso suficiente como para afrontar cualquier situación de exigencia que se nos presente. Más aún, ahora, donde el cambio constante en el entorno donde competimos es «el pan de cada día».

No lo dudes: nunca estés en silencio

La regla de oro: si te quedas callado, se apaga el rendimiento. No puedes generar equipos y compromiso manteniéndote «callado». Habla todo lo que puedas con tu equipo, siendo SMART, pero habla. Intercambia información sin miedo y abierto a todas las variaciones que se propongan, sin tener miedo al resultado que estas puedan producir. El resultado se puede cambiar, la falta de equipo y compromiso es más complicado.

RECICLAR U OFRECER TALENTO DEPORTIVO

Que el talento deportivo llegue a las empresas es mi obsesión. Pero, habiendo excelentes iniciativas, algo está fallando en este reto. Hay una pieza que no encaja. Quizás antes no estaba tan clara la cuestión, pero, ahora más que nunca, cuando las empresas están demandando para sus profesionales las habilidades que son la base del rendimiento en el deporte de competición, creo que ese «fallo» se hace más evidente y patente.

El principal problema, en mi opinión, del porqué no llega el talento deportivo a la empresa es la base desde la que parten todas las iniciativas que lo han intentado: el reciclaje de los deportistas y entrenadores.

Un deportista o un entrenador profesional no necesita un reciclaje propiamente dicho para introducirse en el entorno empresarial, necesita seguir compitiendo. Cuando entra en un programa de orientación laboral, lo introducimos en el mismo camino y con las mismas metodologías que el resto de futuros candidatos a una oferta laboral. Pero no son iguales a ellos.

El deportista o entrenador profesional parte de algo que no tienen los demás candidatos: *soft skills* entrenadas y preparadas. Estas han sido trabajadas durante años de entrenamiento y competición, siendo en la actualidad las habilidades más demandas en los perfiles de contratación por encima de los conocimientos técnicos.

La adaptación de los deportistas y entrenadores
profesionales en entornos laborales

Las empresas ya han aprendido que los conocimientos técnicos sin las habilidades que permiten usarlos aportan muy poco margen de éxito. Buscan perfiles dotados de ellas y con el hábito de usarlas. El deportista y el entrenador profesional tienen todas esas habilidades y, cuando intentamos reconducirlos a través de los programas estandarizados de inserción laboral, las pierden. Se desconectan del deporte donde las aprendieron, dejando de usarlas o poniéndolas al nivel de cualquier otro candidato.

Con esta situación, reciclar deportistas y entrenadores profesionales que parten ya con un dominio en el uso de habilidades en situaciones de alta tensión y complejidad no mejora su adaptación a las oportunidades laborales. Aquellos que han seguido una formación reglada se incorporan a puestos profesionales que no tienen en cuentan las circunstancias de rendimiento que tenían en su deporte, y los que los incorporan esperan ver en el puesto de trabajo todas esas habilidades: ¡imposible!

El cerebro del deportista y del entrenador no las «enciende» dentro de un entorno laboral donde no reconoce similitudes con las condiciones de la competición deportiva donde ha estado consiguiendo rendimiento y resultados.

La importancia de las soft skills en deportistas
y entrenadores profesionales

Por otro lado, están los deportistas y entrenadores profesionales que no tienen formación técnica y se «acercan» al mundo de la empresa. Necesitan invertir en formación reglada y esta requiere unos hábitos y un tiempo, que muchos de ellos no tienen. Podrían estar aportando rendimiento y resultados desde el «minuto uno» si ese *approach* lo hicieran con una metodología que les permitiera poner sus habilidades al servicio de cualquier empresa y en cualquier sector, evitando hablar de los valores del deporte y de contar sus éxitos deportivos como método de introducción empresarial.

Deportistas y los entrenadores profesionales necesitan saber ofrecer las *soft skills* que hoy en día requieren todas las empresas y que están priorizando en sus procesos de selección según el último informe de la consultora Michael Page. También, deben de ser capaces de mostrar su dominio en la creación y dirección de equipos de alto rendimiento que alinean a todo un grupo de profesionales en la consecución de un reto; todas las empresas demandan saber construir una cultura orientada a las personas, a su talento y a su bienestar.

Habilidades y creación de equipos de alto rendimiento, dos cuestiones fundamentales para la empresa actual, y todo deportista o entrenador profesional las domina. No es una afirmación de fe, es que todos han necesitado de ambas para rendir, sí o sí. Otra cuestión es que seamos capaces de «sacárselas» para que sigan compitiendo profesional y socialmente. Y, ahí, estamos fallando estrepitosamente.

Por eso, estoy convencido de que necesitamos cambiar la estrategia y pivotar hacia más «ofrecimiento» de talento deportivo y menos «reciclaje». No hay que eliminar los planes que se están desarrollando por tantos magníficos profesionales que están poniendo su esfuerzo en ellos, pero sí «innovarlos» con una metodología que permita, de forma equilibrada, ofrecer rendimiento y resultados a las empresas utilizando el talento deportivo, desde que el deportista o el entrenador profesional estén disponibles para hacerlo.

¿CÓMO PUEDE AYUDAR EL TALENTO DEPORTIVO A LOS NUEVOS RETOS DE RR. HH.?

Creo que es un buen momento para comentar cómo el talento deportivo puede aportar soluciones a las nuevas necesidades de los recursos humanos en las empresas.

Hoy día, aunque desgraciadamente no todas aún, las empresas intentan poner a las personas en el foco de sus resultados. Pero es muy difícil cambiar en poco tiempo el hábito de la supervisión de la forma de trabajo por el hábito de la adaptación constante para conseguir rendimiento. El talento deportivo lo hace; de lo contrario, no podría rendir, nunca.

Así que me gustaría tocar algunas cuestiones, brevemente, para ayudarte a orientar el rendimiento de tu empresa.

Atracción del talento

El talento de las empresas tiene que rotarse. No podemos aspirar a retenerlo, y tampoco a mantenerlo congelado en nuestros negocios. Necesitamos que el talento se mueva dentro de nuestras estructuras, pero, también, que salga de ellas. Tenemos que acostumbrarnos a recibir talento, a exportarlo y que vuelva de nuevo con más fuerza.

El talento que se queda por condiciones favorables se adormece, no fluye, se queda en *standby* y deja de marcar la diferencia. Creemos proyectos y entornos de rendimiento atractivos para cada estrategia que queramos desarrollar, el talento estará siempre que lo necesitemos y solo el tiempo imprescindible. Si los deportistas rotan su talento por equipos y entrenadores, ¿por qué lo queremos conservar en la empresa?

Modelos híbridos

Sin alineación, no hay sistema de juego que pueda competir. Y los modelos híbridos son un sistema de juego. Es una forma más de competir, de hacer el trabajo, de generar resultados, de ser eficaces, eficientes y productivos. Por eso, sigue dependiendo más del equipo que de las condiciones.

Tienes que conseguir un equipo comprometido con este sistema de trabajo, que «compre tu modelo de actuar», que vea beneficio en esta forma de trabajo. ¿Sabes cuántos deportistas y equipos entrenan en condiciones «poco adecuadas» o diferentes a los equipos de élite, y, sin embargo, consiguen mejoras y resultados?

El «sistema» híbrido ha sido utilizado por los deportistas desde hace mucho tiempo: cuando los entrenadores no podían desplazarse, trabajaban con *mails*, llamadas telefónicas, vídeos... El talento deportivo se basa en la acción directa, pero se conseguían resultados con un formato de trabajo indirecto, porque el deportista estaba comprometido con ese sistema para conseguir rendimiento.

Es el reto en nuestros negocios.

Habilidades de la nueva normalidad

Las *soft skills* son la base del conocimiento técnico y solo podrán funcionar cuando se conviertan en hábitos. Es imposible que una habilidad tenga capacidad de funcionar si no tiene una frecuencia de uso constante y medible. Es decir, las habilidades hay que usarlas y medirlas hasta transformarlas en un hábito.

Ningún deportista realiza un movimiento técnico, de forma individual o en grupo, sin entrenarlo mil veces y en mil situaciones distintas. Se juega un resultado en competición y no puede arriesgarse a darle esa ventaja al oponente.

Pues, en la empresa, le damos siempre ventaja al oponente. Formamos las habilidades para quedarnos tranquilos y, luego, no vigilamos su uso e impacto. Tenemos la formación por rutina y el entrenamiento por rutina no funciona. Los deportistas y equipos que entrenan por rutina no mejoran. Compiten como los demás y no ponen en juego su ventaja competitiva. Eso estamos haciendo en nuestros negocios, competir como los demás y, así, no ganamos «puntos» en el mercado.

Impulsar la productividad

La clave está en la calidad, no en la cantidad. Para ello, hay que trabajar el rendimiento y el resultado que este produce. No vamos a conseguir ser más productivos si los sistemas de trabajo se basan en horas utilizadas. El tiempo es una variable formidable para el rendimiento, pero se necesita utilizar mejor.

En los entrenamientos deportivos, hace años que los entrenadores priorizan la calidad del entrenamiento por el volumen: prefieren entrenar menos, pero al máximo rendimiento.

No entendemos bien este concepto en la empresa, donde lo que buscamos es ser productivos, realizando muchas tareas en el tiempo del que disponemos, cuando ser eficaz es realizar las tareas necesarias para conseguir rendimiento en el tiempo que sea. Incluso, los entrenadores deportivos «cortan» los entrenamientos cuando ven que se están consiguiendo los objetivos esperados y los equipos están cansados.

¿Has visto eso alguna vez en alguna empresa?

Autonomía y bienestar

Hay que establecer bases de funcionamiento para generar autonomía y bienestar, supervisándolas y reajustándolas. La autonomía tiene que estar dentro de un contexto coherente de trabajo; si no hay ciertas líneas de supervisión y control, la autonomía difumina el bienestar y el talento no se activa.

Los deportistas son libres de tomar decisiones de rendimiento en entrenamientos y en competición; de hecho, son esas las que marcan la diferencia entre ganar y perder. En la empresa no tenemos esa «filosofía» de trabajo, estamos todavía demasiado pendientes del control y, en eso, tenemos la culpa todos: profesionales y empresarios.

Los profesionales y los equipos marcan la diferencia cuando están en entornos «cómodos» para el rendimiento y autónomos para las decisiones. Encorsetados, supervisados y controlados, nunca se arriesgarán más allá de lo indispensable para realizar su trabajo.

Cultura corporativa atractiva

Lo importante es que todos tienen que remar hacia el mismo sitio, estén en la posición que estén. Eso genera, de forma automática, una cultura corporativa de rendimiento. Hacer a los profesionales partícipes de la cultura de la empresa ayuda a construirla, pero no la consolida.

Porque el talento no quiere participar de los resultados ni formar parte del negocio: el talento quiere retarse y no limitarse a participar, y recoger beneficios. Necesita siempre ir un paso más y eso implica tener una cultura de empresa abierta a la entrada y salida del talento, a la participación en los resultados, a la adaptación constante a las necesidades laborales de los proyectos.

En definitiva, una empresa con una cultura no estandarizada y sí permeable a cualquier tipo de reto empresarial. Los profesionales del deporte, aunque reciben primas por sus resultados, nunca mejoran su rendimiento por el impacto directo de estas, siempre está presente en ese rendimiento el componente de formar parte de algo que va «más allá»: formar parte del entorno de un equipo o, lo que se denomina en la empresa, cultura.

CONSEGUIR UN RENDIMIENTO ÁGIL

¿Cuántos responsables de empresa no llegan a decidir todo lo que tienen que decidir? La respuesta es la mayoría de ellos. Casi todos tenemos este problema hoy en día.

¿El teletrabajo lo ha solucionado? Solo en algunos casos, porque en otros, prácticamente, ha complicado aún más la situación. Y es que el rendimiento ágil no está en las herramientas que utilizamos para decidir, sino en los sistemas de trabajo que creamos con nuestros equipos.

Jugando ágil para ganar

Durante una competición deportiva estás tomando decisiones continuamente para «hacer» que tus acciones sean mejores que las de tu rival. Tienes un nivel de tensión muy elevado y encima este aumenta, aún más, con el resultado que tienes en cada una de tus decisiones. Además, te están juzgando continuamente, no solo tus compañeros (a los que también juzgan) y el *staff* técnico (que también es juzgado), tus seguidores también, lo cual aumenta todavía más la repercusión de tus decisiones y tu propio estrés.

¡Tienes que ser ágil con tu rendimiento si quieres sobrevivir a esta situación con éxito!

No puedes pararte a pensar si lo que estás haciendo está bien o mal. Si tu rendimiento ha sido acertado y lo celebras un «pelín» más de lo normal, tu rival te devuelve a la realidad con una decisión que mejora la tuya. Es un «toma y daca» constante y no tiene fin hasta que acaba la competición. Si no eres ágil compensando esas decisiones, estás fuera de la competición.

Piensa ahora en tu negocio: ¿cuántas veces has sido ágil en tu competición?

Tomas decisiones cada día y, a veces, tienen resultados inmediatos y otras no. Cuando tienes resultados inmediatos tienes que exigirte mejorarlos y cuando no los tienes, debes supervisar cada posible pista de lo que puede ocurrir tras esa decisión de la que no tendrás información hasta dentro de un tiempo. Si no haces esto, pierdes agilidad en tu rendimiento y como te he descrito cuando me refería al deporte, tu rival, que sí está controlando sus datos y la información continua que arroja su negocio, estará más «listo» que tú para posicionarse en vuestro sector. Básicamente, porque permanece atento a la jugada, dure el tiempo que dure.

Pierdo agilidad por saturación

¿Son muchas las decisiones que no tomas porque no tienes tiempo o son muchas las decisiones que acumulas por el mismo motivo? Realmente, da igual: ¡estás dejando de ser ágil con tu rendimiento! Y, si tienes equipos, estás bloqueando, también, su agilidad. Y, encima, en un entorno de incertidumbre, con profesionales júniors y séniors, con espacios distintos de trabajo, con culturas diferentes...

No es una cuestión de planificación del tiempo, el tiempo ya no tiene hueco para ser planificado, lo que tiene que ser es aprovechado con decisiones que generen resultados rápidos y apoyadas en los profesionales, que deben estar, obligatoriamente, alineados contigo. No puedes pensar para rendir, tienes que rendir para pensar. Es una estrategia con orientación ofensiva-defensiva: mientras estoy rindiendo ya estoy tomando (pensando) la siguiente decisión para seguir con agilidad hacia mis resultados.

¿Tienes muchas cosas que solucionar para poder tomar decisiones? Empieza a delegar en tu equipo, pero de verdad. Cuéntales lo que tienes por delante y deja que formen parte de tus decisiones más importantes, no dándoles voz y voto, sino poder para equivocarse y mejorar. No lo hagas, y seguirás bloqueando tu rendimiento y perdiendo agilidad.

¿Y las decisiones que te quedan? No lo pienses tanto

¿Crees que un deportista o un equipo deportivo profesional se van a parar a pensar lo que tienen que hacer en cada momento de la competición o entrenando? Tienen una base, el sistema que han decidido seguir y, sobre ese, deciden una y otra vez, haciéndolo flexible y exprimiéndolo hasta que tienen el rendimiento que necesitan.

A veces, no es suficiente ese rendimiento para conseguir el resultado esperado, pero tienen que seguir insistiendo porque los datos así lo demuestran: es una cuestión de «pulir» pequeños detalles. Otras, tienen que mejorar algunos detalles más concretos, entonces, y sobre la marcha, tienen que tomar decisiones que mejoran la forma de hacer las cosas para seguir aferrados a la competición. Y otras veces, que no son pocas, tienen que cambiar todo su plan, sin tiempo para pensarlo, porque, de lo contrario, pierden la competición. Es todo incertidumbre, decisiones y evaluación de resultados en segundos.

Los negocios o tu empresa, hoy día, están en las mismas condiciones. Piénsalo bien: tu gestión no factura más allá de lo que factura la forma de gestionar de tus competidores. Tu rendimiento no está en la operativa perfecta de tu negocio, está en saber decidir cuándo tu forma de actuar no arroja los resultados esperados. Y si no tienes tiempo para estas decisiones, las grandes decisiones estratégicas de tu negocio solo se quedarán en buenas intenciones.

Así que sé tan ágil con tus decisiones como un deportista de competición; la perfección en ellas no existe. Decidir es actuar sin parar, aunque no sea la ejecución ideal.

HA LLEGADO EL FIN DE LO VOLÁTIL, INCIERTO, COMPLEJO Y AMBIGUO

Bienvenidos a la era de lo rápido, inesperado, impreciso y determinante. Se queda atrás la volatilidad de los entornos de rendimiento para dejar paso a «si lo ves, tienes una oportunidad».

Ya no hay incertidumbre de si vas a poder rendir, porque va a pasar, es un hecho, vas a tener oportunidades de rendimiento; el problema es que las tendrás cuando menos te lo esperes. Y, encima, no es que sean complejas de afrontar cuando aparezcan, es que tienen un nivel de imprecisión tan elevado que tienes una alta probabilidad de no poder sacarle todo el partido que quieres, y para el que estás preparado.

Para «rematar» la situación: no van a ser oportunidades ambiguas, van a ser determinantes para tus resultados. Vamos, el día a día del entrenamiento y la competición deportiva; igual es buena idea utilizar los métodos deportivos para superar estas condiciones de rendimiento empresarial.

Rápido

Son ventanas de rendimiento lo que vas a tener por delante para mejorar los resultados de tu empresa. Sí, ventanas: si las ves, puedes mirar por ellas e intentar aprovecharlas. Si no las ves, te pasan, pero no de largo, es que no te enteras ni de que han existido.

Lo preocupante es que otro sí las ha visto y se ha metido de lleno en ellas. Ese otro es tu competencia y los resultados de esa decisión que ha tomado van a ser determinantes para posicionarte por delante de ti.

¡Es lo mismo que pasa en las carreras de Fórmula 1!

Inesperado

Cuando menos te lo esperes, te tienes que rendir. Ya está, así de sencillo.

Prácticamente, estás sometido a una situación de rendimiento constante, pudiéndose precipitar con más celeridad en cualquier momento. Tienes que tener claro que vas a tener la exigencia de rendir, que no te puedes conformar con seguir la tendencia de resultados que traías; no te va a servir para mantener vivo tu negocio. Lo único que te ayuda a mantenerte en competición en esta situación es la permanente toma de decisiones de rendimiento ágil.

¡Te vas a parecer, cada vez más, a un entrenador que está dirigiendo un partido que tiene que remontar!

Impreciso

Suma la imprecisión. No tendrás claro qué rendimiento tienes que realizar ni si podrás aprovechar toda tu formación y experiencia para hacerlo. Incluso, te costará saber si vas a tener un rendimiento «completo»: no sabrás, con exactitud, qué resultados vas a conseguir.

Los resultados ya no son un número, son una horquilla que tienes que ir superando, a medida que mejoras tus recursos y entrenas con tu equipo; todo ello siendo uno más dentro del proceso de toma de decisiones de la operativa diaria. Serás un componente más del equipo de *bobsleigh* en el que se ha convertido tu empresa: ¡nunca tomarás la curva perfecta, pero tienes que intentarlo!

Determinante

Por si todos los condicionantes anteriores no fueran suficientes: si fallas, pierdes. Ya está. Hay revancha, como en el deporte, pero tendrás que esperar a la nueva oportunidad de rendimiento, mientras sigues teniendo que rendir en desventaja.

Has perdido, pero tienes que seguir entrenando para la siguiente competición. Cuanto peores resultados acumules, más te costará afrontar las nuevas oportunidades de rendimiento; te puedes meter en un bucle del que es muy complicado salir. Los entrenadores y deportistas viven de los resultados, si no los tienen ¡pueden quedarse fuera de la competición!

Así que sí, esto se parece más a un tornado que se forma de manera repentina, del que tienes algo de idea de cuándo puede pasar, y que cuando pasa te toca tomar decisiones rápidas porque, de lo contrario, te juegas todo lo que tienes. Y, seguramente, algo perderás, no vas a salir todo lo indemne que piensas al tomar las decisiones. No va a ser un resultado completo, pero te va a ayudar a mantenerte en competición para la próxima vez que ocurra.

¿Piensas que es un símil creativo, pero que no se puede aplicar a tu negocio? Ignóralo y analiza tu entorno. Creo que te vas a sorprender.

LA INTELIGENCIA ARTIFICIAL EN LA TOMA DE DECISIONES COMPLEJAS

Si le pregunto a ChatGPT cómo puede ayudar la inteligencia artificial a tomar decisiones complejas en los equipos empresariales, esto es lo que me dice:

La inteligencia artificial (IA) puede ayudar a la toma de decisiones complejas en los equipos empresariales de varias maneras, como, por ejemplo:

— Análisis de datos: La IA puede ayudar a los equipos empresariales a analizar grandes cantidades de datos de manera rápida y precisa. Esto puede ayudar a identificar patrones, tendencias y relaciones que no son fácilmente visibles a simple vista, lo que puede informar la toma de decisiones.

— Modelado predictivo: La IA puede ser utilizada para crear modelos predictivos que pueden predecir resultados o comportamientos futuros basados en los datos históricos y en tiempo real. Esto puede ayudar a los equipos empresariales a tomar decisiones informadas y anticiparse a los problemas antes de que ocurran.

— Automatización de procesos: La IA también puede ayudar a automatizar procesos, lo que puede reducir el tiempo y el esfuerzo que los equipos empresariales deben invertir en tareas repetitivas y tediosas. Esto puede liberar tiempo y recursos para que los equipos se centren en la toma de decisiones más importantes.

— Asistentes virtuales: Los asistentes virtuales con inteligencia artificial, como chatbots y asistentes de voz, pueden ayudar a los equipos empresariales a tomar decisiones informadas en tiempo real. Por ejemplo, pueden responder preguntas de los empleados sobre políticas y procedimientos, o proporcionar información relevante para la toma de decisiones en tiempo real.

En resumen, la IA puede ayudar a los equipos empresariales a tomar decisiones más informadas y rápidas al proporcionar una mayor capacidad de análisis, predicción y automatización de procesos, así como al permitir la interacción con asistentes virtuales.

Es decir, que a pesar de todo lo escrito a favor y en contra de la IA estos días, lo que queda patente es la necesidad de que los profesionales tienen que seguir mejorando su toma de decisiones. Y esto también es válido para los equipos empresariales.

Conclusiones sobre la IA en la toma de decisiones

Vamos a tener más información y mejor analizada para utilizar los tres comportamientos claves del rendimiento en equipo: reunirnos, planificar y ejecutar. Vamos a ser más rápidos y precisos en la toma de decisiones durante nuestras reuniones, más detallistas en nuestras planificaciones y, con ellos, más precisos en nuestras ejecuciones.

Bien, pero tenemos que seguir utilizando estos comportamientos como humanos. Vamos, que el rendimiento va a seguir estando en el tejado del equipo y sus profesionales.

Sí, vamos a necesitar de profesionales con mayor cualificación, porque la información clave para el rendimiento va a estar, cada vez, más accesible y sintetizada. Pero esto va a requerir más mentalidad de equipo y compromiso que nunca porque los equipos van a tener que alinearse con decisiones cada vez menos subjetivas y con preparaciones para ejecutarlas cada vez más definidas.

Un ejemplo, la IA nos puede enfocar a tener que decidir en equipo que es necesario mejorar la carga de trabajo de nuestro despacho y que, para ello, vamos a tener que formarnos irremediablemente en un método de trabajo en equipo. Podemos, como equipo, aceptarlo o no. Pero, la realidad, será que es lo que toca: un cambio forzado hacia una evolución en equipo.

Espero equivocarme, pero serán muchos los equipos que dejen de funcionar o que su rendimiento se deteriore porque no creerán en esto, a pesar de que ya no se lo esté confirmando un especialista o una tendencia general en el trabajo con los equipos empresariales, sino los propios datos de la IA.

EQUIPOS EMPRESARIALES Y EQUIPOS DEPORTIVOS

COMPORTAMIENTOS DE EQUIPOS DE ALTO RENDIMIENTO

Decidir si hay que funcionar en equipo

Hoy en día, los equipos requieren una coordinación muy compleja y cambios constantes en su composición para adaptarse con éxito al entorno. Por eso, hay que pensar antes si, verdaderamente, hace falta un equipo.

Poner al ego en su lugar

El ego es una condición humana más, de las muchas que se dan dentro de los equipos deportivos. No hay que eliminarlo, hay que ubicarlo para que sume y mejore el rendimiento.

Decidir en equipo

Las decisiones en equipo necesitan del conflicto para que estas sean útiles para el equipo. Si no hay contraste de opiniones, a veces, puede que el comportamiento individual sea la solución más efectiva para obtener rendimiento.

Medir la objetividad

Los equipos se comprometen con la objetividad. Actuar sin objetividad abre las puertas a multitud de opiniones, las cuales pueden romper la cohesión de grupo. No es malo que estén esas opiniones, lo malo es que no tengan una base objetiva.

Actuar mucho, pensar poco

Cuando los equipos piensan demasiado, suelen perder su capacidad de respuesta y se ven obligados a reaccionar. Esto provoca un rendimiento repetitivo, porque la reacción lo que genera es la repetición de un comportamiento que en otro momento fue eficaz.

Centrarse en volver rápido

Los equipos tienen que dirigir rápido la atención a las soluciones y no centrarse en asumir las consecuencias de un mal resultado. Cuanto más tarden en hacerlo, peor será su rendimiento.

Medir y decidir

Medir el rendimiento ayuda a los equipos a decidir sobre los objetivos que son más adecuados para alcanzar los resultados, permitiendo la unidad de criterio para afrontarlos.

Preguntar al equipo

El equipo tiene información clave para mejorar el rendimiento y la productividad de cualquier situación. Esa información se consigue con el *feedback* que nos transmite, siempre que les preguntemos y estemos atentos a su forma de actuar.

Manejar la tensión del resultado

La intensidad por conseguir un resultado puede generar motivación por el éxito, pero también puede generar una ansiedad por el resultado. La objetividad y el *feedback* son determinantes para manejar con el equipo esta situación.

Gestionar la responsabilidad

Repartir la responsabilidad entre todos o señalar a un miembro del grupo puede acabar generando miedo a perder cuando lo que buscamos es ilusión por avanzar en una situación. Por eso, el objetivo debe ser responsabilizar con soluciones consensuadas.

Comunicación constante

La comunicación tiene que ser constante entre el equipo y sus miembros, para mantener la atención y el ritmo sobre el rendimiento y los resultados. Cuando la comunicación baja su frecuencia, el equipo se acomoda.

Desequilibrar para equilibrar

Los equipos siguen «frescos» cuando se confronta el equilibrio con el desequilibrio. Cuando se mantienen mucho tiempo fuera del desequilibrio, tiende a decaer su rendimiento.

Equipos dentro de los equipos

Los equipos deben tener estructuras flexibles que permitan afrontar momentos de rendimiento diferentes y que ocurren dentro de una misma situación de competición.

No siempre es fácil

Hay profesionales que influyen más que otros en el equipo. Normalmente, tienen ese poder porque poseen habilidades relevantes y lo que debemos de conseguir es cómo poner al servicio del objetivo común esas habilidades.

Seleccionar con calidad

Mantener el estándar alto en la selección de personal asegura la confianza del equipo. Si queremos profesionales de primera, tenemos que exigir decisiones en los procesos de incorporación con un alto grado de objetividad.

Evitar el desgaste

Lo importante es desgastarse en decisiones que afecten directamente al reto del equipo y no entrar en todas las situaciones del día a día. Así se mantiene el liderazgo a largo plazo y se garantiza la solidez de los proyectos.

Asumir diferencias y seguir

Poner las diferencias encima de la mesa no implica hipotecar el rendimiento. Lo importante es plantearlas, debatirlas y buscar acuerdos parciales, no totales.

Reforzar de forma diferencial

Lo importante del refuerzo es realizarlo de manera equitativa a todo el equipo, evitando caer en un refuerzo continuo e indiscriminado que acabe debilitando el rendimiento.

Discutir con decisiones

Las discusiones dentro del equipo tienen que finalizar con decisiones que ayuden a comprobar los diferentes puntos de vista. Esos puntos de vista tienen que ponerse a prueba, en los momentos adecuados, para ir confirmando su validez para el equipo.

Predicar con el ejemplo

Para que los equipos se movilicen hacia el éxito necesitan pasar de la palabra a la acción. De lo contrario, estaremos utilizando información de calidad, pero sin impacto en el rendimiento.

HIGH DIVING

High diving son dos palabras que, hasta ahora, no significaban nada en los mundiales de natación. Este es un deporte que forma parte de un circuito internacional de saltos desde acantilados y cuyos participantes se denominan *cliff divers*. A pesar de ser un deporte joven, ha dado una lección de lo que significa rendimiento deportivo en su primera aparición como modalidad FINA.

Lo que nos ha enseñado este deporte es la importancia de concentrarse en lo que controlamos. Principalmente porque si no lo hacemos, podemos tener un accidente que nos llevaría directamente al hospital. Y es que lanzarse desde un trampolín de veintinueve metros, entrando en el agua entre ochenta y noventa kilómetros/hora, no es algo que deba tomarse a la ligera. El impacto es tan fuerte que, al salir del agua, deben de informar con una señal de su estado físico a los buzos que les esperan abajo.

Es una razón de peso, pero no la única. Es imposible controlar todos los movimientos técnicos, durante tres segundos de caída, si no dejamos que nuestro cerebro reproduzca lo que hemos entrenado. Si molestamos con la conciencia al cerebro en este momento, las consecuencias pueden ser desastrosas. Nosotros aún no hemos estado allí, pero es más que evidente que el estado de *flow*, que definió el psicólogo Mihalyi Csikszentmihalyi como estar conectado al momento presente, aquí se entrena como un arma de defensa contra el agua.

Es esa defensa la que hace que cada vez que terminen un salto, todos se esperen como si fueran del mismo equipo. Que todos se saluden con una sonrisa, para confirmar que han vuelto a superar ese desafío. Lo que demuestra que lo importante no siempre es ganar la primera medalla de esta nueva disciplina, sino haber realizado un salto más.

Qué bueno sería que los equipos en las empresas se concentraran en lo que saben hacer y luego se informaran unos a otros con la intención de decirse «ya hemos terminado nuestra tarea, ¿cómo ha ido la vuestra?». Porque la competencia entre equipos de una misma empresa, los roces interdepartamentales, rara vez son una buena cosa. A menudo, el compañerismo, el saberse parte de algo mayor, con desafíos afines contribuye a la fluidez en los procedimientos de trabajo y una mejora del rendimiento, que fomentan alcanzar metas tan altas como las que se propone un *cliff diver* en cada salto.

LA PROACTIVIDAD EN EL DEPORTE, ¿SE PUEDE APLICAR AL MUNDO EMPRESARIAL?

Imaginemos un equipo de baloncesto en el que todos los jugadores tuvieran una mentalidad individualista y no apoyaran al compañero cuando fuese necesario. El resultado sería una derrota segura.

Y es que, como su propio nombre indica, los deportes que se realizan en equipo necesitan ser precisamente eso, un equipo. Para ello, es necesario ayudar al compañero que lo necesita en una determinada situación. Pensemos, por ejemplo, cuando un jugador de fútbol apoya a un compañero para ayudarle a defender a un jugador del equipo contrario. Sin esa acción en equipo, sería complicado que los jugadores de ese club tuvieran una oportunidad de alcanzar los retos que se han marcado en la competición.

A esa actitud en equipo se le llama proactividad. Se suele definir como la habilidad que permite dar más de uno mismo para ayudar al equipo. Y, también, ocurre a nivel individual cuando un deportista toma la iniciativa a la hora de entrenar o modificar un planteamiento de competición.

En el mundo del deporte, esta iniciativa o la propia acción proactiva de equipo descrita en el ejemplo del jugador de fútbol es bastante habitual. De hecho, se entrena. Pero en el mundo de la empresa ni se forma ni se promueve. Al menos no con la frecuencia que sería deseada para una habilidad que tiene un peso tan relevante.

Proactividad y estrategia empresarial

Ahora utilicemos un ejemplo de una empresa que tiene un equipo de fuerza de ventas. Imaginemos que su reto para los próximos meses se centra en conseguir nuevos clientes. Se reúnen y plantean una serie de estrategias para poder afrontar ese reto:

— Ofrecer más por el mismo precio.

— Buscar nuevos mercados y canales.

— Crear nuevos productos para llegar a diferentes segmentos.

— Aumentar el número de visitas a «puerta fría».

— Preocuparse más por los comentarios de los clientes.

— Aprender de los que lo hacen bien dentro de tu sector.

— Molestarse en ver qué hace la competencia y así captar algún «enfadado».

— Eliminar canales intermedios.

— Testar mercados emergentes.

Pues bien, todas estas estrategias no pueden llevarse a cabo sin una acción proactiva en equipo y sin iniciativas individuales. Todos y cada uno de ellos deben de contribuir, en equipo y de forma individual, a conseguir el reto. Y esto no está solo limitado a hacer lo que a cada uno le corresponde dentro del equipo. Los profesionales tienen que entender que hay que ir más allá de la zona propia de actuación que tienen definida dentro del equipo. Lo que en deporte profesional se denomina «mirar al compañero».

En el lado opuesto a la proactividad se encuentra la reactividad. Una actitud en la que el profesional se limita a realizar sus tareas y no va más allá de ellas. Los motivos pueden ser variados, pudiendo ser algunos deliberados (por ejemplo, no estar de acuerdo con el funcionamiento del equipo) o no deliberados (por ejemplo, por falta de conocimiento y habilidades). Independientemente de cuál de los dos sea, el daño es el mismo. Sí es cierto que la solución es más fácil cuando la reactividad viene de una situación no deliberada.

Por ejemplo, podemos tener profesionales que no ayuden a otros en un restaurante a la hora de servir el vino, porque no tengan la formación adecuada. La solución, formarles para que puedan realizar esas tareas de apoyo en los momentos que se determinen. Mucho más fácil de solucionar que cuando los profesionales sí tienen el conocimiento para presentar la botella de vino, pero no están de acuerdo con el funcionamiento del servicio del restaurante y, por ello, no ven la necesidad de ir más allá de sus tareas rutinarias.

En un equipo deportivo, esto se reflejaría rápidamente en la competición y en el deterioro del rendimiento del equipo. No habría duda a la hora de detectar el problema de la falta de proactividad y tampoco sería un problema identificar de dónde viene. En las empresas, se suele camuflar mejor, sobre todo cuando el nivel de interacción que se requiere entre profesionales no es necesariamente alto.

Generar algo para los demás

Phil Jackson, uno de los entrenadores más destacados de la NBA, siempre ha entrenado a sus equipos bajo el principio de entrega desinteresada, entendiendo este concepto como la capacidad de cada jugador de generar algo para los demás profesionales del equipo, partiendo del cumplimiento de sus responsabilidades. Por ejemplo, puede ocurrir que, durante un partido de baloncesto, un jugador del equipo contrario realice un tiro que no pueda evitar el jugador del otro equipo que lo defiende. Sin embargo, su compañero tiene la iniciativa de ir a ayudarle para recuperar el balón, ubicándose en una buena posición para recoger el rebote de ese tiro, pues ha visto que no iba «dentro». Luego, la jugada puede continuar, y este mismo jugador que ha recogido el rebote puede pasarle al compañero que defendía para que realice un lanzamiento y anote una canasta. Esto provocará que su compañero, cuando tenga que volver a defender, mantenga alta la confianza y la motivación para hacer una buena defensa, a pesar de que fallará en la anterior.

En la empresa, puede hacerse de la misma manera. Los profesionales pueden apoyarse entre sí, entre diferentes equipos o entre diferentes departamentos, para evitar o aminorar los posibles errores que suelen darse ante cualquier acción o situación laboral. Esos apoyos, que nacen de la iniciativa y de la acción proactiva en equipo, no solo sirven de ayuda, sino que generan mayor cohesión entre los profesionales y mejoran la confianza entre ellos a la hora de actuar. Por ejemplo, cuando dos departamentos de una organización, como pueden ser ventas y atención al cliente, se apoyan para dar una buena solución a los clientes, directamente mejoran su capacidad de respuesta ante la demanda de los clientes. Les hace actuar con mayor confianza, pues saben de la seguridad de que uno u otro van a estar atentos para apoyarse. Están generando algo para ellos y para la organización.

La cooperación lleva implícita la proactividad

Cuando se genera algo para los demás en la misma medida que cumplimos con nuestras obligaciones profesionales, porque para ser proactivo no podemos descuidar nuestras labores profesionales, estamos cooperando.

La cooperación es un comportamiento que genera una mejora de la productividad de los equipos. El intercambio de información y de formas de actuar permite a los equipos aumentar el número de acciones proactivas en equipo e iniciativas individuales, puesto que conocen mejor, y de primera mano, todos los detalles de cómo actúan el resto de los compañeros y equipos con los que se relacionan habitualmente.

Además, toda esa capacidad para compartir información y esa oportunidad de comprobar cómo se están «haciendo las cosas» mejora la capacidad de adaptación que tienen los equipos, en un entorno empresarial que requiere, precisamente, de una adaptación al cambio constante.

En resumen, la proactividad es un comportamiento que no solo permite ir más allá de nuestro rol profesional, sino que, además, potencia la confianza y la motivación en los equipos, generando algo más para los demás y activando los comportamientos de adaptación y cooperación, que son claves para los entornos empresariales actuales.

LA FALACIA DEL «SI HAY BUEN CLIMA, CONSEGUIREMOS LOS OBJETIVOS»

Uno de los esfuerzos que están haciendo las grandes corporaciones es intentar conseguir un clima laboral adecuado, tratando de conseguir unas relaciones personales satisfactorias entre los empleados. El razonamiento es que, si existe un buen clima laboral y los empleados se llevan bien, será más fácil conseguir los objetivos organizacionales. En principio esto tiene sentido. Lo que no está tan claro es si un clima laboral desajustado sea la causa de una baja productividad o es más bien la consecuencia.

Invertir en recursos para conseguir una buena relación personal entre los profesionales, que serán más felices, y como consecuencia estos serán más productivos, tiene algunos riesgos:

— Invertir demasiados recursos en que un grupo de personas, que fueron unidas «accidentalmente» por desempeño profesional y no por afinidad personal, se lleven bien entre ellas.

— Derivar recursos a un concepto difícilmente tangible como la felicidad, que no ocasiona resultados cuantificables.

— Dejar el rendimiento en manos de la gran cantidad de variables incontrolables que influyen en las relaciones humanas, pudiendo irse al traste la productividad en cualquier momento. Un correo impulsivo o una invitación olvidada puede ser causa de roce y, por tanto, de pérdida de productividad.

— Utilizar indicadores de felicidad incorrectos, ya que es perfectamente posible encontrarnos un empleado feliz con una alta puntuación en las pruebas de clima, pero que sea totalmente improductivo para su organización.

La selección española de fútbol se llevó en el último mundial de Brasil un duro varapalo por anteponer el clima del equipo al rendimiento real, objetivo y actualizado de cada jugador seleccionado. El *staff* técnico pensó que llevar jugadores con gran afinidad personal y un pasado de éxito serían motivos suficientes para rendir. El resultado ya lo conocemos y lo que aprendimos es que, tanto en el deporte como en la empresa, solo llevarse bien no genera productividad. Más aún, el mal resultado provocó que salieran a la luz pequeñas rencillas (normales en todos los equipos) que, cuando los resultados acompañaban, estuvieron totalmente eclipsadas.

Seguramente, lo que hubiera generado un mejor resultado hubiera sido analizar los parámetros de rendimiento de cada uno de los jugadores (pedidas de balón, kilómetros recorridos, minutos jugados...), así como evaluar su estado físico a final de temporada o planificar la preparación en un entorno similar al de la competición.

Sin embargo, lo ocurrido en Brasil no es la norma en el mundo de la alta competición deportiva. Los jugadores están mentalmente preparados para rendir al lado de compañeros con los que no tienen una relación amistosa y ello no supone un impedimento para conseguir el objetivo general del equipo. Incluso, entrenadores conscientes de que los equipos se dulcifican y tienden a conformarse, potencian cierto grado de acritud para evitar que ocurra esto. Este parámetro fue el que dejó a un lado Vicente del Bosque, y no así el ya fallecido Luis Aragonés que rompió el «buen clima» que mantenía a la selección, dando prioridad al rendimiento y no a relaciones personales ya establecidas.

Existen numerosos ejemplos de parejas deportivas que nunca se llevaron bien: los campeones del mundo de pádel Martín Díaz y Belasteguín lo han ganado todo durante años en esta disciplina sin ser los mejores amigos fuera de las pistas. LeBron James y Kobe Bryant no son, ni mucho menos, considerados los más simpáticos y afables dentro de su equipo. La mala relación entre Casillas y Arbeloa no les impide ganar títulos juntos.

En nuestra firma, solemos de hablar de que «primero, generar rendimiento gracias a una estructura sólida y un equipo coordinado, a partir del cual se generará un entorno laboral adecuado. De lo contrario no tendremos entorno donde rendir».

¿SE PUEDE APLICAR EL «PARTIDO A PARTIDO» AL MUNDO DE LA EMPRESA?

Últimamente es habitual escuchar en los medios de comunicación la expresión «partido a partido», no solo en líderes del ámbito deportivo, sino incluso en el político. Detrás de esta expresión hay algo más que una simple muletilla para salir al paso de los periodistas.

Partido a partido quiere decir que trabajamos con objetivos semanales e incluso diarios, lo que nos permite concentrarnos en aquello que controlamos: el rendimiento, que no es más que lo que hacemos y cómo lo hacemos.

En algunos artículos sobre productividad empresarial (como el que se adjunta), se habla de la necesidad de dirigir a los equipos de trabajo por resultados y no por objetivos, ya que en un entorno impredecible como el actual los objetivos son difíciles de concretar a largo plazo y pueden provocar desmotivación tanto por su excesiva facilidad como por su dificultad para conseguirlos: http://www.optimainfinito.com/2015/05/trabajo-del-conocimiento-de-los-objetivos-a-los-resultados.html En este artículo, José Miguel Bolívar habla de que en la gestión por resultados el foco se pone en lo realmente importante: qué cosas hay que hacer y cómo hay que hacerlas para que se produzcan los resultados.

Esto no debería implicar la eliminación de los objetivos, más bien su adecuación. Por ejemplo, los entrenadores de fútbol que han comenzado a destacar sobre sus predecesores (no solo hablamos de Simeone, sino también de Benítez, Paco Jémez, Unai Emery, Marcelino, Nuno, Javi Gracia o Guardiola) tienen un objetivo general vago, en la retina. Pero, una vez definido, se centran en cómo conseguir los resultados diarios que los llevan al mismo. Un objetivo a largo plazo sin medidas de rendimiento a corto provoca falta de dirección y disminuye drásticamente las posibilidades de conseguir buenos resultados.

Una vez más, el comportamiento deportivo nos puede orientar sobre rendimiento empresarial, ya que no hay un entorno más variable e impredecible que un entorno de alto rendimiento deportivo.

¿POR QUÉ ALGUNAS HERRAMIENTAS QUE MIDEN EL RENDIMIENTO EN EL PUESTO DE TRABAJO NO GENERAN MÁS RENDIMIENTO?

En el mundo de la empresa se utilizan herramientas de evaluación del rendimiento, con el objetivo de obtener información sensible sobre el desempeño de los profesionales: autoevaluaciones, análisis 360°, entrevistas de desempeño, encuestas de clima laboral, productividades, rotación, absentismo, consecución de objetivos...

Estas herramientas, en numerosas ocasiones, tienen un componente muy elevado de subjetividad. A veces, porque proceden de conceptos teóricos que hay que definir para cada situación (por ejemplo, ocurre con la productividad). Otras muchas veces, no proceden de fuentes con un grado adecuado de objetividad, pues no hay datos contrastados y sí muchas impresiones e interpretaciones procedentes del intercambio de información verbal entre profesionales.

Con opiniones, no se cambian hábitos de rendimiento

En el deporte de competición se procura no utilizar evaluaciones que contengan una alta carga de subjetividad. Los profesionales del deporte quieren hechos para mejorar su rendimiento. No realizan cambios en sus hábitos de trabajo con opiniones o con datos que no están muy bien trabajados. Procuran siempre tener información cuantitativa que las avale, porque incluso, con este tipo de información, es complicado para los entrenadores cambiar hábitos de rendimiento deportivo.

Buceta (1998) en su extraordinario libro *Psicología del entrenamiento deportivo* hablaba de los peligros de evaluar de manera subjetiva el rendimiento de los deportistas. La evaluación subjetiva en la alta competición genera el problema de que no se relaciona bien lo que ocurre con las soluciones que hay que implementar. Por ejemplo, si un deportista disminuye su rendimiento y se alude al cansancio físico como causa, hay que buscar información objetiva que avale ese razonamiento: definir indicadores que nos ayuden a medir el nivel de fatiga, determinar las situaciones donde está ocurriendo, revisar datos de los entrenamientos para encontrar posibles soluciones...

Pero no solo no permite no tener claro lo que pasa y las causas concretas que producen en el rendimiento, sino que, además, genera indefensión. No tener claro por qué ocurre un problema de rendimiento genera falta de confianza en los profesionales tanto del deporte como de la empresa. Cuando se presenta un motivo concreto, es mucho más fácil buscar las soluciones porque se tiene información más precisa. Pero, cuando no es así, al tener que buscar más información genérica y que tiene menor nivel de detalle, se complica más la posibilidad de tener control sobre lo que está ocurriendo.

¿Está igual de claro en el mundo de la empresa?

Sin embargo, el mundo de la empresa ha establecido de manera casi dogmática la evaluación del rendimiento a través de herramientas subjetivas, durante muchísimo tiempo. En el deporte no es así, porque desde siempre se valora mucho más el *feedback* que el entrenador ofrece antes, durante y después de las sesiones de entrenamiento y la competición. Un *feedback* con un alto volumen de información cuantitativa que permite «aterrizar» mejor el rendimiento y las soluciones a plantear para mejorarlo.

También es cierto que la irrupción del *big data* está permitiendo mejorar ese concepto subjetivo, al entenderse que hay más información después de las impresiones y opiniones de los profesionales. Y que, en muchas ocasiones, esta información se puede observar por los comportamientos reales y medibles que tienen los profesionales en sus hábitos de trabajo diarios. Por ejemplo, un profesional que utiliza un modelo de cálculo de presupuesto que cada dos meses genera un error en la contabilidad tiene un problema o de *software* o de conocimiento. Lo importante es que hay que tener esa información para poder actuar con claridad y precisión para mejorar el rendimiento de ese profesional.

Actuaciones claves para medir en la empresa

Por tanto, algunas líneas de acción generales para mejorar la evaluación del rendimiento de nuestros profesionales podrían ser:

— Medir el rendimiento de forma objetiva, al igual que ocurre con el resultado.

— Definir indicadores que informen sobre la toma de decisiones y su impacto.

— Especificar los comportamientos de rendimiento de forma clara.

— Tener en cuenta las situaciones y momentos en los que realizamos la medición.

Desde aquí, podemos ir resolviendo las situaciones de rendimiento que van apareciendo y utilizar las herramientas que mejor nos ayuden a conseguir claridad en la interpretación que hacemos sobre ese rendimiento.

Por eso, no se trata de cuántas herramientas tenemos para medir el rendimiento de los profesionales en la empresa, sino de cómo buscamos medir el rendimiento. En la medida que busquemos precisión, por encima de opinión, sabremos utilizar las herramientas que hay a nuestro alcance para medir el rendimiento.

¿QUÉ HACE FALTA ENTENDER PARA TENER A UN EQUIPO MOTIVADO?

En el mundo del *management*, la palabra motivación quizás sea la más estudiada y mencionada seguida muy de cerca de la palabra liderazgo. Pero ¿qué es realmente la motivación?, ¿nos hace falta realmente definirla para conseguirla?, ¿necesitamos saber todas las teorías sobre motivación para tener a nuestro equipo motivado?, ¿qué es mejor la motivación intrínseca o extrínseca?, ¿por qué, ante tanta bibliografía y documentación sobre el tema, el principal fracaso de un gerente, directivo o mando intermedio sigue siendo que no consigue generar y mantener la motivación de su gente de manera equilibrada y sin quemarla?

Una vez más, debemos acercarnos al mundo del deporte para entender la motivación. Para un entrenador de tenis, un jugador motivado es aquel que llega temprano al entrenamiento; que empieza a calentar sin que el entrenador le diga nada; que no deja botar la pelota dos veces durante el primer peloteo; que entrena a un 90 % de su capacidad (dicho de manera objetiva por el pulsómetro), que se queda haciendo saques cuando todos están en la ducha; que hace fisioterapia de prevención, que tiene una serie de rutinas que cumple cada día: estiramientos, masajes, ejercicios con gomas, y que descansa cuando toca descansar.

Este ejemplo me sirve para dar a entender que el principio indiscutible para motivar es más sencillo si lo primero que hago es identificar y observar qué es lo que hace alguien con una alta motivación. A partir de aquí es mucho más fácil transmitir al resto del equipo lo que tú como gerente necesitas o quieres de tu equipo para conseguir resultados.

¿Es importante saber por qué este jugador de tenis está motivado? No sé si es importante, pero lo que es seguro es que es realmente complicado saberlo. La motivación es una variable muy difusa que si no es definida en términos operativos (ejemplo del tenista) es difícil manejarla. Cada día la motivación del jugador puede ser muy diferente; incluso el motivo de por qué hace las cosas puede cambiar dentro del mismo día de entrenamiento. No sabemos si cumple con las tareas anteriores porque le gusta ganar o porque odia perder. Puede que quiera ser el número 1 del mundo o lo hace porque no quiere estudiar o trabajar de otra cosa. Es más, un día puede hacer gimnasio al 100 % porque tiene una molestia y no quiere volver a pasar por rehabilitación y otro día lo hace porque quiere lucir buen cuerpo porque estamos en mayo.

Para resumir, lo primero y más importante para que un equipo esté motivado es que los integrantes sepan cuáles son las conductas de motivación que se requieren y puedan manejar un indicador real de su nivel de motivación. A partir de aquí se le debe reconocer al empleado/jugador (de diferentes formas y momentos) cuando esos niveles de implicación sean altos y se debe intervenir (de diferentes maneras y formas) cuando los niveles sean bajos, aunque esta cuestión sería motivo de otra publicación.

NO EXISTEN EQUIPOS FELICES SIN ESFUERZO

La felicidad de nuestros profesionales es muy importante. Totalmente de acuerdo. Pero la felicidad no llega sola. Incluso teniendo un entorno bien preparado para que esta surja, podemos encontrarnos con el efecto contrario: la comodidad.

El problema es que la línea que divide una y otra es muy fina. Tan fina que podemos equivocarnos muy fácilmente.

No sería la primera vez que invertimos en espacios «facilitadores» de felicidad para luego encontrar equipos felices pero acomodados.

Es cierto que lo primero que debe tener un equipo feliz es un entorno de trabajo gratificante. Es decir, que tenga a su disposición todos los recursos relevantes para realizar su trabajo. Si Rafa Nadal no tiene las raquetas, los cordajes, las camisetas, las pistas de entrenamiento y todo lo que podamos pensar que le es necesario para su rendimiento, obviamente no será feliz entrenando. Lo mismo pasa con nuestros equipos en la empresa. Tenemos que dotarlos de las condiciones y estructuras necesarias para que puedan estar pendientes únicamente de desarrollar su trabajo. Eso les generará felicidad y tranquilidad.

Pero, si lo anterior ya lo tienen, lo más importante para no cruzar la línea que va de la felicidad a la comodidad es el estilo de dirección. No existe un estilo de dirección para hacer a los equipos felices. Se tiene que utilizar el estilo más adecuado para cada situación y esto implica que unas veces será mejor ser autoritario y otras será más idóneo delegar o adoptar una aptitud participativa, o de acompañamiento, o consultiva, o cualquier otra modalidad descrita en los manuales de liderazgo.

Si entendemos que, para tener equipos felices, tenemos que dirigir desde el refuerzo y el *feedback* continuo, junto con una comunicación constante, acabaremos cruzando la línea y acomodando al equipo. Sergio Scariolo, actual seleccionador nacional de baloncesto, no siempre puede estar ofreciendo acompañamiento al equipo; en ocasiones, tiene que tomar un rol más directivo para poder generar resultados y esto no hace más infeliz al equipo. «Cholo» Simeone, uno de los entrenadores más utilizados como referencia de dirección de equipo por las escuelas de negocio, no tiene precisamente un estilo enfocado a la felicidad, al menos aparentemente. Sin embargo, sus jugadores están infinitamente más comprometidos y felices que muchos de los equipos empresariales que tienen un entorno envidiable de trabajo.

Y no es una cuestión salarial, porque en el deporte profesional las condiciones laborales son bárbaras, pero las situaciones de sufrimiento en competición, junto al desgaste diario en los entrenamientos y vestuarios, también lo son. Es una cuestión de que la felicidad es clave para el rendimiento, pero el esfuerzo para conseguirla no se puede negociar. No va a llegar sola. La saltadora de altura Ruth Beitia no destaca precisamente por ser una profesional infeliz, sin embargo, ha vivido una retirada y vuelta a la competición, unido todo ello a una gran cantidad de resultados negativos en su carrera deportiva. No obstante, el éxito le ha llegado en su madurez, gracias a su esfuerzo por ser feliz en el atletismo.

No volvamos a cometer el error de posicionar una variable como eje del rendimiento humano, como seguimos haciendo con otras tendencias que están cerca de los RR. HH. Las personas necesitan esfuerzo y resultados para ser felices. Los deportistas y equipos profesionales lo saben bien. Un equipo con un entorno no adecuado para la felicidad, pero que trabaja duro, se suele convertir en el peor enemigo en competición para un equipo que tiene todo lo que se necesita para ser feliz y obtener rendimiento. De hecho, son los que más preocupan en una competición y los más felices celebrando los resultados.

MEJORA TUS RESULTADOS PREGUNTANDO AL EQUIPO

El equipo es más importante de lo que normalmente se piensa. No es una moda que se esté continuamente referenciando su valor dentro de la empresa. Es una realidad que está ocurriendo, y en plena era digital. Los equipos pueden dar mucha información clave de cómo mejorar una situación de bajo rendimiento empresarial.

La mayoría de nuestros clientes siempre que necesitan una mejora en sus negocios o solucionar una pérdida de resultados buscan la explicación en los modelos de negocios, en las condiciones económicas, en factores políticos, en la evolución tecnológica o en cambios sociales de consumo. No están desencaminados, pero hace falta mucha más precisión en esa búsqueda si queremos un impacto real en el negocio.

¿Qué hacen nuestros clientes?

Esto no es una mera coincidencia. Los análisis PEST referenciados por las escuelas de negocio, que identifican los factores políticos, económicos, sociales y tecnológicos que influyen en las empresas, hacen que se busquen las razones ahí. Aunque, es cierto que, en muchas ocasiones, son conclusiones demasiado alejadas del día a día de los negocios. Digamos que son difíciles de concretar en la operativa diaria.

Entonces, y siguiendo con la formación empresarial que tienen nuestros clientes, recurren de forma más o menos consciente al análisis de las cinco fuerzas de Porter. Buscan definir cómo es la relación con los proveedores en cuestión de costes y su alineación con el negocio; si los consumidores tienen capacidad para influir en el sector y en su forma de llegar a ellos; si hay productos o servicios que pueden generar el mismo valor en el mercado y por los que se pueden decidir los clientes; si existen posibles competidores que desestabilicen su cuota de mercado; y, por último, cuánto y cómo tienen que competir con el resto de los negocios que están dentro de su sector.

La realidad es que aquí tampoco encuentran un motivo concreto y claro, sino más bien una mezcla de todo, que acaba en decisiones que pretenden amortiguar los efectos que está teniendo la situación actual en la cuenta de resultados.

¿Qué ocurre con las decisiones que toman?

Cuando les preguntamos, entonces, qué están haciendo realmente para solucionarlo, siempre están ya tomando decisiones. Poniendo en marcha varias medidas. Y no están desencaminadas. De hecho, algunas consiguen cierta mejora sobre la cuenta de resultados. Incluso, estos resultados pueden hacer pensar que se está en la línea correcta.

Pero la realidad es que funcionan como «parches», que crean una especie de espejismo, que los alientan a seguir apostando por esas decisiones hasta que las agotan, ya que su impacto produce algunos cambios, pero nunca los suficientes para reconducir la situación.

Y es que el problema de esas soluciones no es que sean equivocadas. Ni mucho menos. Nuestros clientes saben y conocen sus negocios. Han trabajado muy duro para ponerlos en marcha y sostenerlos en el tiempo. Lo que ocurre es que esas decisiones carecen de suficiente información de precisión.

Por eso, nuestra pregunta inicial siempre es la misma: «¿habéis preguntado al equipo?». Preguntar al equipo por el funcionamiento de las actividades claves del negocio es fundamental y no es una moda, como decíamos al principio. Porque los equipos tienen lo que en deporte profesional se denomina información de alto rendimiento.

Los equipos conocen los pequeños detalles de funcionamiento que ya están dando pistas de que el modelo de negocio puede estar perdiendo fuerza y, además, esas mismas pistas nos pueden indicar cómo reconducirlo. Por eso es tan importante siempre estar muy cerca de los equipos de trabajo y no tenerlos como meros recursos necesarios para la operativa del negocio.

¿Cómo les ayuda nuestra metodología deportiva?

En la competición deportiva los pequeños detalles marcan la diferencia en los resultados finales. Todos los equipos compiten bien, pero solo unos cuantos consiguen buenos resultados. Y no es casualidad que aquellos que los consiguen y hacen que esos resultados se prolonguen en el tiempo tengan una especial conexión entre entrenador y deportistas. Esa relación se crea «contando» con el equipo para analizar y decidir cómo afrontar las situaciones de rendimiento.

Por eso, lo primero que debemos de hacer cuando tenemos «malos resultados» es analizarlos con el equipo y preguntarles por soluciones. Y, luego, tomarlas con ellos. Es decir, crear formas de trabajo, de manera conjunta con nuestros profesionales, que ayuden a afrontar la situación que tenemos definida como «el negocio no va bien».

Ese trabajo conjunto permite que los profesionales aporten pequeños detalles del funcionamiento diario, que en la mayoría de las situaciones no tenemos, incluso aunque poseamos un amplio conocimiento de la operativa del negocio. Son esos detalles los que facilitan la información de precisión de la que hemos hablado antes y que es tan necesaria para conseguir que las decisiones tengan el mayor efecto posible sobre la cuenta de resultados.

Nuestra metodología permite poner en el mismo camino a todos los implicados en el negocio. No importa el tamaño, el sector o el nivel de compromiso del que se parta. Lo que importa es tomar la decisión de poner a funcionar el negocio, «contando» con el equipo de profesionales que lo integran.

Esto implica no solo hacerlos partícipes, no solo comunicarse con ellos, no solo mejorar el sistema de retribución, no solo fomentar la conciliación laboral, no solo mejorar su formación. Va mucho más allá. Implica crear la estrategia y modificar el modelo de negocio con ellos. Los resultados son inmensamente más potentes. Y lo más curioso de todo, todas las mejoras descritas al inicio de este último párrafo pasan a un segundo plano y se van decidiendo realizar de forma natural.

Porque no hay nada más contundente para el rendimiento empresarial como el talento que surge de los equipos cuando estos están comprometidos con un modelo de trabajo. Y los resultados que generan permite a nuestros clientes tomar decisiones relacionadas tanto con el modelo de negocio como con la mejora de las condiciones de esos equipos. Decisiones que, sin esta forma de trabajar, serían vistas como una exigencia del equipo, que para nada estarían acorde con el momento de bajo rendimiento del negocio.

UN MÉTODO CON ORIENTACIÓN AL RESULTADO

En el mundo del deporte, la orientación al resultado es la base del rendimiento. Ningún profesional del deporte se esfuerza si no persigue un resultado. Dentro de su mente siempre está presente aquello donde quiere llegar y no precisamente en forma de sueño; tienen la fotografía de los resultados que son necesarios alcanzar para conseguir la meta que pretenden.

Las ilusiones que guían sus pasos hacia los objetivos deportivos que pretenden conseguir son alumbradas en todo momento por la realidad de los resultados, y estos les ayudan a tomar las decisiones claves para avanzar y aumentar su margen de éxito.

Precisamente, esa orientación al resultado es la que les permite mantener la concentración en la actividad diaria que tienen que realizar. Saber lo que están haciendo no es «conocer lo que tienen que hacer cada día», es «conocer el resultado de lo que hacen cada día».

Es ese conocimiento el que activa su motivación y compromiso con las tareas rutinarias diarias, que son necesarias e imprescindibles si quieren ir avanzando con seguridad y con un nivel de ensayo/error asumible dentro del entrenamiento y de la competición.

Entrenados para tomar decisiones

Esa concentración y ese saber relacionarse con la realidad diaria que arrojan los resultados facilita una toma de decisiones en su empresa deportiva que les amplía, continuamente, el margen de éxito que tienen con sus resultados. Incluso cuando los resultados no son los esperados, porque les indica el cambio necesario de camino que tienen que acometer si quieren llegar a sus objetivos deportivos.

Los deportistas consiguen esa orientación al resultado porque les pierden el respeto a los resultados. Y eso que los resultados en su entorno tienen consecuencias inmediatas y, a veces, determinantes para sus carreras deportivas.

Pero llevan tanto tiempo conviviendo con ellos que están entrenados, y de manera muy precisa pueden trabajar con las consecuencias que tienen estos sobre su rendimiento diario.

Lo viven como una parte más de su trabajo y no solo como la consecuencia de este. Y es esto, precisamente, lo que les permite acomodarse a sus efectos y les ayuda a tomar decisiones para superarlos: el verlos como algo que sirve para guiarlos y no para controlarlos.

«LOS DEPORTISTAS CONSIGUEN ESA ORIENTACIÓN
AL RESULTADO PORQUE LES PIERDEN EL RESPETO
A LOS RESULTADOS».

La empresa y sus resultados

Sin embargo, la empresa tiene que mejorar la convivencia con la orientación al resultado. Detectamos en muchos de nuestros clientes que esto es así porque entienden los resultados como la consecuencia del trabajo bien realizado.

Y, en parte, esto es cierto, pero entenderlos así limita la eficacia que los resultados tienen para el rendimiento del negocio. Los resultados son una herramienta de conexión con nuestro rendimiento y sirven para guiar los pasos que damos en nuestros negocios y empresas.

No son la consecuencia de trabajar bien o mal, son la forma de saber si vamos en el camino adecuado o tenemos que rectificarlos. Son una guía para movilizar y cuidar la energía de nuestros profesionales.

Sin embargo, como en todos los sectores empresariales, sea del tamaño, tipo u orientación que sea la organización, les tenemos un respeto muy relacionado con los costes económicos y las consecuencias estratégicas.

Actuamos como si fallar fuera un problema: hacemos del fallo un error grave. Esto hace que no podamos avanzar, que bloqueemos el talento de nuestros profesionales; ellos no van a querer aportar su valor en un entorno donde existe un alto riesgo de penalización por tener resultados no esperados y que eso delimite su valía y la eficacia del funcionamiento del negocio.

Ningún equipo o profesional tendrá orientación al logro por mucha formación en habilidades que reciba con el objetivo de mejorar su valía y la eficiencia del funcionamiento del negocio. La orientación al logro implica saber trabajar, junto a profesionales y equipos, los resultados y aquello que han hecho para conseguirlos. Si no les damos esa opción, se orientarán a la seguridad.

Por tanto, la orientación al resultado mejorará la motivación de los profesionales siempre y cuando les permitamos trabajar esa evaluación y toma de nuevas decisiones que provienen de los resultados.

Buenos y malos resultados van a darse en todo momento y ante cualquier situación de rendimiento deportivo o empresarial; lo importante es saber orientarse hacia el resultado manteniendo una orientación hacia el logro que facilite que los profesionales actúen, analicen sus resultados y decidan; y, todo ello, de forma constante y sin pausa.

Esa orientación al logro no solo conseguirá mantener a los profesionales enfocados en el rendimiento y en un análisis adecuado de los resultados, sino que de forma natural generará orden en la empresa. Permitirá que el sistema de trabajo se ajuste a los resultados que necesitamos conseguir y que los propios profesionales mejoren la forma de trabajar, volviéndose más eficientes en su ejecución.

«LOS RESULTADOS SON UNA HERRAMIENTA DE CONEXIÓN CON NUESTRO RENDIMIENTO Y SIRVEN PARA GUIAR LOS PASOS QUE DAMOS EN NUESTROS NEGOCIOS Y EMPRESAS».

La orientación al logro versus orientación al resultado

La realidad que vemos día a día con nuestros clientes es que la orientación al logro implica conseguir resultados, pero esta también se nutre de ellos para seguir motivando a los profesionales en su rendimiento.

No es una habilidad aislada (en la práctica ninguna lo es) que hace la guerra por su cuenta para mejorar el rendimiento; se nutre y tiene siempre como referencia nuestros resultados.

Utilizar la orientación al logro de forma persistente para generar orientación al resultado es un trabajo de hábito de rendimiento; en concreto, de crear hábitos de rendimiento eficientes. La orientación al logro combinada con la orientación al resultado provoca eficiencia organizacional si la supervisamos y guiamos hasta convertirla en un hábito.

No es una cuestión de formación, que también tiene su parte de importancia en su aprendizaje, sino más bien de entrenamiento y frecuencia (repetición, como ocurre en el deporte).

La orientación al logro tiene que generar margen de éxito en la orientación al resultado. Es decir, tiene que ampliar el impacto de los resultados incluso cuando estos nos indican que estamos retrocediendo en nuestro rendimiento.

En el deporte, un mal resultado no es un problema de «dejar de rendir», sino una señal de que tenemos que tomar nuevas decisiones que, con mucha probabilidad, mejorarán la tendencia de los que veníamos cosechando.

«La orientación al logro combinada con la orientación al resultado provoca eficiencia organizacional si la supervisamos y guiamos hasta convertirla en un hábito».

Organizaciones eficientes y orientación al resultado

Una cosa nos queda clara en nuestro día a día: no puede existir una organización eficiente sin la orientación al resultado. Ya lo comentamos anteriormente. La orientación al resultado provoca de forma natural orden en la empresa y en su forma de operar.

Básicamente, porque obliga a confrontar nuestra forma de trabajo con la realidad y eso nos ayuda a que no nos perdamos en nuestros ideales de funcionamiento y cuidemos las energías de nuestros equipos, evitando desgastarlos en formas de trabajo poco eficientes. Esto en el deporte es una premisa clave.

Una organización eficiente es la consecuencia de acomodar nuestro sistema a los resultados y a las decisiones que ellos nos indican que debemos tomar. Demorar cualquiera de las dos acciones anteriores creará una tendencia de funcionamiento que a la larga no nos generará ni eficacia ni eficiencia.

Quemaremos buenos sistemas de trabajo porque no darán los resultados esperados y actuaremos por experiencia, perdiendo de vista la «intuición guiada» por el dato de la realidad competitiva de nuestros negocios.

Por eso, las organizaciones eficientes se centran en mejorar su orientación al resultado apoyándose en la orientación al logro, dotando a sus equipos de aprendizaje y entrenamiento en habilidades, pero también de hábitos de trabajo orientados al resultado, de forma que sean los propios resultados quienes renueven las energías motivacionales y de compromiso de esos profesionales, evitando así que los grandes discursos, las retribuciones salariales y los beneficios sociales sean los reguladores del rendimiento, y que sí se conviertan en facilitadores de la orientación hacia el resultado.

«UNA ORGANIZACIÓN EFICIENTE ES LA CONSECUENCIA DE ACOMODAR NUESTRO SISTEMA A LOS RESULTADOS Y A LAS DECISIONES QUE ELLOS NOS INDICAN QUE DEBEMOS TOMAR».

EMOCIONES QUE GENERAN RENDIMIENTO

Las emociones tienen un papel fundamental en cualquier ámbito de la vida; en la empresa, no iba a ser diferente. Pero también es cierto que se pueden trabajar desde dos puntos de vista diferentes para que ese rendimiento acabe ocurriendo.

Nosotros, por nuestra metodología deportiva, las trabajamos utilizando el comportamiento humano. Desde ahí, movilizamos las emociones para que terminen por incidir de forma positiva en los resultados de los profesionales.

Un profesional del deporte o un equipo deportivo vive inmerso en emociones que están influenciadas por un componente de estrés muy alto y constante. Los entrenamientos deportivos, sus exigencias, unido a las tensiones de la competición y la obligación de tener que conseguir resultados han convertido a los profesionales del deporte en verdaderos expertos emocionales.

Si no fuera así, el rendimiento, los resultados y el éxito que estos profesionales consiguen alcanzar serían imposibles.

Emociones que provocan comportamientos

Cuando utilizamos la parte mental de los deportistas para ayudarles a rendir, solemos encontrarnos con un problema: la falta de confianza en el discurso. Utilizamos palabras para argumentar cómo se tienen que preparar los entrenamientos, con qué disposición tienen que afrontar la competición, qué estado mental es el que tienen que alcanzar para descansar tras los esfuerzos físicos que realizan y otras muchas más cuestiones, todas ellas relacionadas con su día a día.

Inducir o entrenar un estado mental con palabras o técnicas relacionadas con la parte cognitiva tiene una complejidad muy elevada. No es que no funcione, es que tienes que invertir un tiempo elevado en ellas y, en muchas ocasiones, no hay ese tiempo o la inversión no compensa el margen de resultado que se alcanza. Y es que, al final, se trata de tener el mejor resultado posible.

En la empresa, en numerosas ocasiones, hemos visto esta situación. Los profesionales y equipos en las empresas tienen que rendir, hoy día, a una velocidad superior a la que tenían que hacerlo hace solo unos meses atrás. Esa velocidad no puede permitirles una inversión en métodos que no generen resultados de forma inmediata y visible.

Utilizar una técnica cognitiva requiere de ese tiempo y de un nivel de rendimiento de partida que ya sea alto, para que se puedan alcanzar pronto esos resultados. Luego, cuando comienzan a tener efectos estas técnicas, su margen de resultado es muy variable porque estamos intentando rendir trabajando nuestra disposición mental; es decir, utilizando los pensamientos adecuados para generar comportamientos productivos de rendimiento. Hay que estar muy preparado y con un *backup* mental potente para que funcionen con éxito.

«Necesitamos comportamientos que mejoren el rendimiento de nuestras emociones».

Comportamientos que provocan emociones

En el deporte el comportamiento es la base para que la emoción provoque rendimiento. Los deportistas y equipos no entienden de pensamientos, pero sí de comportamientos que generan pensamientos de rendimiento. El deportista utiliza el comportamiento para crear un estado mental que le permita mantenerse concentrado y fuerte ante la adversidad.

Para ellos, el entrenamiento es la preparación de los comportamientos que tienen que utilizar si quieren conseguir resultados; si quieren ir mejorando y ampliando el rendimiento en sus competiciones.

Su objetivo es conseguir consolidar esos comportamientos de rendimiento transformándolos en hábitos que se puedan adaptar y flexibilizar cada vez que las situaciones lo requieran.

En la empresa apenas tenemos conciencia de los comportamientos que utilizamos para rendir. Hablamos de emociones, concentración, trabajo en equipo, coordinación, creatividad, resiliencia…, nunca nos paramos a pensar de dónde nacen esas habilidades, pero sí queremos inducirlas en nuestros profesionales con metodologías demasiado volcadas en el pensamiento que llevan a la acción.

Si analizáramos lo que hacen nuestros profesionales para rendir, cuáles son los comportamientos que utilizan para conseguir cumplir con su función en nuestros negocios, encontraríamos todo un elenco de posibilidades para mejorar nuestros resultados.

«Utilizar comportamientos que llevan a la acción es la base para generar emociones de rendimiento».

Lo que aporta el comportamiento al rendimiento emocional

El rendimiento emocional es más fácil alcanzarlo si utilizamos la metodología deportiva con nuestros profesionales y equipos. No se trata de salir a una pista deportiva para que nuestros profesionales mejoren su rendimiento emocional experimentando lo que vive un deportista profesional (que no es un mal recurso para algunas formaciones de empresa).

Lo que buscamos es que trabajen su estado mental tomando consciencia de sus comportamientos, porque eso les permitirá conseguir una base de realidad que mejorará su confianza a la hora de desarrollar su trabajo.

Pero ¿cómo lo hacemos? Tendremos que promover determinados hábitos en nuestros negocios para que esto ocurra:

— *No pierdas de vista la realidad.* Por mucho que nos «duela», la realidad es nuestro marco de referencia para tomar decisiones que provocan comportamientos de rendimiento. Si no la tenemos en cuenta, nuestro margen de error será mayor.

— *Analiza la frecuencia de tus comportamientos.* Saber cuántas veces utilizamos los comportamientos nos ayuda a tener una aproximación real de cuánta influencia tienen en nuestro rendimiento y en nuestros resultados.

— *Estudia las situaciones y condiciones en las que los utiliza.* Por supuesto, no basta con saber su frecuencia de uso. Hay que analizar dónde utilizamos los comportamientos y bajo qué circunstancias. Esto nos ayudará a saber aplicarlos, adaptarlos y flexibilizarlos, en función de las situaciones donde tengamos que «ponerlos en marcha».

— *Que no te importe cambiarlos.* Ningún comportamiento genera rendimiento para siempre. Hay que moldearlos continuamente, engrasarlos y darles una mano de pintura si queremos que estén listos para generar rendimiento.

Que tu equipo tenga un estado emocional adecuado para rendir en tu negocio no es una cuestión de «magia». Está más cerca de la realidad de lo que pensamos. Solo tenemos que buscar qué comportamientos son los que necesitamos, utilizarlos y hacer seguimiento de sus resultados. En definitiva, una cuestión de comenzar a trabajarlos como en la alta competición deportiva.

¡NO DESGASTES EL TALENTO DE TU EQUIPO!

Tus profesionales son la base de tus resultados; no importa el tipo de empresa o negocio que tengas. No puedes jugar sin tu equipo. Por mucho que inviertas en mejorar tu forma de trabajar y en buscar soluciones a tus problemas, nada se podrá ejecutar si tu equipo no está contigo ni cuentan con el talento desarrollado.

¿Has notado alguna vez la potencia de resultado que tiene un equipo que trabaja por un mismo objetivo? No es un mito, es una realidad, y es tan complicada de alcanzar que la mayoría de los profesionales que tienen responsabilidad sobre el rendimiento no logran conseguirla; entre ellos, están los CEO, directores, jefes, propietarios...

Y, por ese motivo, se dedican a organizar sus empresas y negocios de manera que tengan el máximo control sobre lo que realizan sus profesionales. Esto acaba bloqueando la forma de trabajar y el talento de los equipos. Sí, el talento, aquello que sabe hacer de forma sobresaliente el mejor camarero, recepcionista, electricista, albañil, programador, diseñador gráfico, docente... Para el talento, no hay sector. Solo se necesita saber activarlo.

¿Imaginas a un entrenador profesional intentando controlar todas las decisiones que toman sus deportistas para conseguir realizar con éxito una jugada durante la competición? Se desgastaría él y su equipo; es una cuestión de capacidad de concentración. Pues eso es lo que haces cuando intentas «dominar» la forma de trabajo de tu equipo en tu negocio o en tu empresa.

Compromiso con el talento de tu equipo

No desgastes el talento de tu equipo con recetas de control. Tener una gestión saneada de tu negocio no implica conseguir rendimiento. Los profesionales de tu equipo necesitan un paraguas bajo el que trabajar, y para eso estás, para dotar a tu empresa de una estructura sólida bajo la que se pueda incorporar a profesionales que utilicen su talento.

Pero una vez que la tienes y los has incorporado, tu trabajo no es «vigilar» que cumplan con lo que se supone que tienen que hacer para que el negocio funcione. Todo tu esfuerzo tiene que estar en conseguir que utilicen su talento en cada una de las tareas que tienen que realizar para que el negocio mejore su rendimiento y resultados.

Los entrenadores deportivos intentan que sus entrenamientos generen mejoras en los deportistas que quieren conseguir el mismo objetivo que él. ¿Por qué no haces tú lo mismo en tu negocio? Invierte todo el tiempo del mundo en mejorar los conocimientos técnicos, las habilidades y los hábitos de trabajo de tus profesionales. Esto los llevará a aumentar sus posibilidades de éxito al utilizar su talento en todas y cada una de las responsabilidades que tengan.

Diseña la jugada con tus profesionales

Junto a esa inversión en preparar a tus profesionales, lo que se llama «entrenarlos» en el mundo del deporte, debes trabajar, con ellos, la forma de competir. Tienes que crear un sistema con ellos y no al margen de ellos, o por encima de ellos. Tu equipo está en la operativa diaria de tu negocio y conoce cómo hacerlo funcionar y dónde buscar mejoras. Así que diseña los puestos, las funciones y la forma de trabajar de tu negocio, con tus profesionales; conseguirás que su talento se «ponga a funcionar».

Los negocios y empresas, en cualquier sector, tienen modelos de funcionamiento que vienen «de serie», bien por el éxito que han conseguido con ellos otras empresas, bien por las enseñanzas que han recibido sus responsables. ¡No te quedes ahí! Si las asumes como la forma correcta de hacer funcionar tu negocio, competirás como todos los demás de tu sector.

Esto significa que los resultados que obtendrás dependerán, en exceso, de variables externas al rendimiento de tus profesionales como son:

— Ubicación de tu negocio.
— Cartera de contactos.
— Legislación sobre el sector.
— Tendencias de consumo.

Se parecería muchísimo a la situación de un deportista que asume que el resto de los competidores de su modalidad deportiva compiten haciendo lo mismo, con lo que no incorporaría mejoras en su forma de competir, haciéndose dependiente del tipo de competición de cada momento, de los rivales que estuvieran allí presentes, de las condiciones meteorológicas, de las decisiones arbitrales y de un largo etcétera.

Comparte los resultados con el equipo

Y los resultados que consigues junto a tu equipo, sí, junto a tu equipo (tú formas partes de esos resultados y de manera muy significativa), tienes que mejorarlos con decisiones tomadas, también, junto a ellos. No puedes achacar un resultado solo a tu equipo y tomar decisiones para mejorarlos sin ellos. Tú eres tan responsable como ellos de los resultados. Los niveles de rendimiento y los resultados son responsabilidad de todos.

Cuando se consigue un resultado, debes compartirlo con tu equipo, trabajar la información que hay detrás de los datos de ese resultado, ver cómo ha influido vuestro rendimiento para alcanzarlo y decidir cómo vais a mejorar la forma de trabajar que antes habíais acordado de forma conjunta, para que ese resultado siga aumentando. Los entrenadores y deportistas están constantemente hablando con datos objetivos de su rendimiento, del resultado que han conseguido y de cómo optimizarlo.

Es la única manera que tienes para saber si has de cambiar la forma de trabajo que habías acordado con tu equipo, o si tienes que replantear toda la estrategia que venías desarrollando de forma conjunta con ellos. Es decir, si tenéis que cambiar la estrategia de juego o solo algunas cosas del sistema que estáis utilizando para competir con esa estrategia. Recuerda que está en juego el talento de tu equipo; una estrategia y el sistema de trabajo para ejecutarla, no consensuada con el equipo, deteriora el talento y, con ello, la capacidad de rendimiento de tus profesionales.

Así que no desgastes el talento de tus profesionales intentado solucionar el rendimiento de tu negocio tú solo. Activa el talento de los tuyos, comprometiéndolos con tu idea de funcionamiento, diseñando con ellos cómo se va a llevar a cabo esa idea y tomando decisiones de mejora todos juntos. ¡Te sorprenderán los resultados!

UN PLANETA DE EQUIPOS SOSTENIBLES

La sostenibilidad no es solo una cuestión relacionada con nuestro planeta, también está íntimamente ligada con los profesionales y sus necesidades de rendimiento.

Estamos contaminándolos con nuestra forma de liderar el rendimiento. Los llenamos de residuos cada día y, cuando queremos reaccionar, siempre es demasiado tarde y acabamos tomando decisiones costosas, desagradables y que nos obligan a afrontar nuevos problemas para salvaguardar la viabilidad del equipo.

Comprometernos con la sostenibilidad del equipo

Continuamente, queremos comprometer a nuestros equipos con el rendimiento. Buscamos que apliquen su talento y solucionen los retos que tenemos por delante, pero, objetivamente, no nos comprometemos con las condiciones de su entorno y que son necesarias para su rendimiento.

Nos cuesta un mundo «sintonizar» de verdad con sus necesidades y los orientamos al rendimiento, sin más y, además, generamos una presión sobre su entorno para conseguirlo. Las consecuencias las valoramos y asumimos después, pero el rendimiento es prioritario.

De esta forma, sobreexplotamos el liderazgo de nuestros responsables y estos contaminan las dinámicas de equipo de nuestros profesionales. Llenamos de sustancias corrosivas sus opciones de coordinación y de cohesión, dejándolos con menos capacidad de reacción cada vez.

No somos conscientes de que, si los equipos son sostenibles, el entorno en el que trabajan también lo será. Un equipo que equilibra el consumo de los recursos que tiene para conseguir rendimiento es un equipo sano que crea y renueva los ecosistemas de su entorno. Planta nuevas variedades de oportunidades que le permitirán avanzar consiguiendo otros resultados equilibrados.

La responsabilidad social del rendimiento

Los resultados equilibrados son resultados responsables. Producen mejoras que se consiguen gracias a la implicación y compromiso con los recursos humanos que han sido los protagonistas de alcanzarlos.

La iniciativa de cuidar, formar y unirse a esos equipos en el camino que los lleva a conseguirlos tiene como fruto la recompensa de saberse parte responsable de la forma armoniosa de funcionamiento de ese entorno.

Esa forma armónica de funcionar de manera responsable en equipo actúa como la economía circular tan necesaria para la sostenibilidad: creamos equipos que generan rendimientos que potencian la aparición de nuevos retos y que mejoran o reciclan los rendimientos anteriores.

Esto nos permite cuidar nuestra semilla más importante, nuestros equipos. Ellos se regeneran con el rendimiento sostenible porque se vuelven biodegradables y se insertan en el entorno profesional cuando el rendimiento emana de una cultura empresarial comprometida con su entorno.

Medidas para equipos sostenibles

A continuación, vamos a indicarte una serie de medidas para conseguir un equipo totalmente sostenible.

— *Busca talento de forma sostenible.* No busques consumir el talento de tu equipo como si fuera un bien limitado del planeta. Intenta hacerlo sostenible, rotándolo como si se tratara de energías renovables que hay que ir combinando para alcanzar resultados perdurables.

— *Mejora tus errores de manera responsable.* Coge la responsabilidad social de tus errores y exponla ante el resto de los profesionales. Si explicas cuál fue el error y cómo lo cometiste, entrará en juego la economía circular del proceso de trabajo en equipo: compartes con toda la enseñanza y la reciclarás en un nuevo reto.

— Evita controlar el compromiso con el rendimiento. No lle-
gues a acuerdos climáticos de largo plazo y de poco
impacto en el corto para controlar tu rendimiento. El
rendimiento ni se crea ni se destruye, se transforma
continuamente. Así que evita controlarlo y busca la
forma de que siempre tenga una vía de salida adecuada para tu empresa, en el presente o en el futuro.

No desperdicies la sostenibilidad de tus equipos, tienes
todo un mundo de rendimiento que ofrecerles.

NO TE RODEES DE LOS MEJORES

Todos queremos tener el mejor talento posible en nuestros
negocios. Que nuestros profesionales funcionen como un
«reloj» es nuestra máxima aspiración. Preocuparnos solo
de la operativa y que el tema de los recursos humanos no
sea un impedimento.

Sí, hay que reconocerlo: las «cosas» de nuestros profesionales ocupan mucho espacio en nuestras agendas. Y mira
que le dedicamos tiempo a otras cuestiones de la operativa diaria, pero a las personas, aún, nos cuesta cederle ese
espacio; tenemos unas cuantas «excusas» para ello.

Los motivos del porqué un profesional o un equipo no
tienen rendimiento son múltiples. Lo sabemos bien en la
alta competición deportiva. Hay miles de explicaciones y
quizás ese sea problema, que queremos darles explicaciones, entender qué pasa, el motivo, lo que hay detrás de una
forma de actuar por debajo del nivel esperado.

Creo que profundizar en los motivos de la falta de rendimiento nos hace perder un tiempo valioso que no tenemos.
Queremos ser ágiles en nuestras decisiones, pero nos paramos demasiado a resolver el origen de la falta de resulta-

dos, y creo, sinceramente, que es más una cuestión de avanzar con nuevas propuestas para conseguirlos.

Acumula talento

Esto es lo que defiende una organización como Netflix: la densidad de talento. ¡No puedo estar más de acuerdo! Soy un convencido de ello. Quién no quiere tener a los mejores profesionales en su equipo. Yo siempre quiero a los mejores conmigo.

Claro que, a estas alturas de la película (nunca mejor dicho), para Netflix es fácil decirlo. Tiene los recursos económicos para conseguirlos y, si no son exactamente los mejores, puede usar esos recursos para ofrecerles una salida y seguir buscando en el mercado.

¿Cómo lo hacemos nosotros, pymes y micropymes?, ¿incluyendo, también, alguna de las grandes empresas? En algún momento, Netflix tuvo que arriesgar y decidir hacer el movimiento de dejar de contar con algún buen profesional y contratar a otro mejor. Es una decisión muy relacionada con la gestión del talento deportivo (no olvidemos que Netflix entiende su empresa como un equipo deportivo, así la define su CEO Reed Hastings).

Para tener densidad de talento primero tienes que acumular ese talento, del nivel que sea. Tienes que conseguir que el talento quiera venir a jugar a tu equipo. Ojo, que quiera venir, no quedarse.

Esto último es clave. Si quieres que se quede, tendrás una «mala» densidad de talento. Ese talento se quedará en tu organización entrando, tarde o temprano, en una zona de confort. Y eso puede ser en el «mejor» de los casos, porque lo normal es que se aburra y se vaya a otra parte con todo el *know-how* aprendido y que le haya hecho evolucionar.

Cuando consigues acumular talento y este genera un resultado, tienes que buscar otro talento que «refresque» el rendimiento conseguido y ese resultado. Tienes que seguir, no acumulando talento, no rodeándote de talento, sino rotándolo en el mercado. Y en ese riesgo, puedes incorporar «mejor» talento del mismo nivel o inferior.

Ahí está el riesgo, pero tienes que asumirlo. De lo contrario, acabarás rodeado de talento y no podrás darle salida. Algo parecido a un asedio de «talentos».

Estoy pensando, por ejemplo, en equipos deportivos que, por decisiones de gestión, incorporan un elenco de estrellas. Hazte esta pregunta: ¿de verdad quiere el entrenador toda esa acumulación de talento para siempre o solo para un reto concreto?

Reta al talento

Si acumulamos talento, entonces, desde mi opinión, estamos acumulando presión sobre nuestro sistema de trabajo. Tenemos una densidad de talento alta, sí, pero hay que renovarla, porque, de lo contrario, se «vicia» y se acomoda, dejando de generar resultados. Hay que arriesgar para mejorar y refrescar el talento que ya tenemos; darle una salida a nuestro talento e incorporar nuevo talento que suba el nivel cuando sea necesario.

Para ello, aprovechemos el resultado que nos ha generado nuestro talento y los nuevos recursos con los que contamos gracias a ese resultado. Con ello, podemos optar por retar al talento que ya tenemos dentro de casa para que vuelva a comprometerse (se lo merece, para eso lo ha generado) y, si no es así, aunque sea un talento que haya conseguido buenos resultados, buscar moverlo a otro proyecto interno o externo.

En este último caso, la sensación de que estamos cediendo a nuestros competidores profesionales valiosos es un error; este talento ya no está alineado con nuestros objetivos, así que también necesita «refrescarse». Tu apuesta es por mejorar el talento que tienes, y te puedes equivocar, o subir de nivel y seguir creciendo con una densidad de talento «sana».

Pero, si decides quedarte con el talento que tienes, cuando sabes que puedes impulsarlo hacia nuevos retos fuera que sí estarán más acordes a sus inquietudes, tendrás que «plantar» un reto muy potente para volver a activarlo y que no se «acomode». Siempre podrás volver a rescatarlo si ese talento que liberas mejora fuera de tu equipo y tu reto vuelve a ser atractivo para él.

Muchos deportistas vuelven a sus equipos una vez han utilizado su talento en otros, ¿por qué no abrir esa vía en nuestras empresas? ¡Piénsalo! No dejas escapar nada que no sean tus oportunidades de crecimiento.

RENDIMIENTO CONSTANTE EN LAS EMPRESAS: DE TODOS Y PARA TODOS

Leo mucho estos días sobre la importancia de la colaboración entre equipos, la evolución hacia estructuras más líquidas y el factor humano como valor diferencial de la automatización. Y puede, como muchas veces digo, que mi visión del rendimiento, que está íntimamente conectada con el deporte profesional, me esté cegando.

Nada nuevo de lo que comento en mis *posts*, pensaréis aquellos que los leéis. Y es cierto, pero creo, también, que la frecuencia de repetirme en algunas ocasiones viene determinada porque le damos demasiadas vueltas en las empresas a algo que es muy simple: el rendimiento es de todos y para todos.

Los equipos tienen que colaborar

Si es que no queda otra, por mucha herencia de las diferentes «revoluciones industriales» que queramos asumir y con la que queremos dar sentido a nuestras formas de *management*. Me repito, y perdonadme: no eres nada sin la colaboración de tu equipo.

No es la verdad que descubrió un gurú y que, con una buena estrategia de *marketing*, comercializó en un momento determinado. Es que no se pueden solucionar problemas en la era actual sin la participación en la toma de decisiones de tu equipo para conseguir resultados. Si es que da igual el tipo de negocio y lo pequeño o grande que sea. Aunque vayas bien, aunque tu cuenta de explotación responda y tus márgenes te permitan estar acomodado en tu posición de mercado, tienes que contar con tu equipo porque, en poco tiempo, dejarás esa posición; te lo aseguro.

La rapidez de los acontecimientos en cada sector empresarial así te lo está «cantando». Sigue igual, confía en tu «pedestal» y en tus decisiones unilaterales, y estarás superado en poco tiempo por tus competidores. Si esto no suena a lo que venimos afrontando en el deporte profesional desde siempre, que me lo expliquen.

Organigramas como el agua

Me encanta oír hablar de estructuras «líquidas» donde son las habilidades de los equipos y profesionales frente a diferentes retos de la empresa los que tienen que configurar los organigramas de trabajo. A ver qué valiente, que opina esto, lo aterriza en su empresa. De verdad, no pretendo ofender a nadie, pero, con la mano en el pecho, nadie lo hace. Y quien lo hace, acaba desesperado, bien porque no lo consigue, o bien porque no tiene un equipo preparado para ello.

Realmente da igual el motivo, lo importante es conseguir ese formato de trabajo. Y esto requiere un cambio de hábitos desde todas las partes de la empresa, desde todas las esquinas del organigrama tradicional y de todos los actores que, hasta ahora, han estado viviendo dentro de él; tienen unos hábitos adquiridos con unos resultados, más o menos aceptables y, ahora, se los vamos a cambiar...

«Esto es otra moda», pensarán un alto porcentaje de empresarios. Pero no, no es otra moda, es un problema para los que están pensando así. Un problema de rendimiento, porque sí, hay que diseñar una «jugada» —una forma de hacer las cosas, con puestos y funciones en cada uno de ellos—, pero los profesionales tienen que poder tomar sus decisiones de forma autónoma, utilizando su talento y mezclándolo con el de sus compañeros; de esta forma, esa jugada evolucionará hacia la más eficaz y eficiente posible.

En el deporte es así, en un restaurante, en una tienda, en un despacho, en una industria, en una multinacional energética... también. Es la única forma de afrontar el rendimiento inesperado que tenemos que asumir en nuestros diferentes negocios.

Más allá de la automatización, personas

Y vuelvo a repetirme: necesitamos a nuestros profesionales para aportar valor más allá de la tecnología. Creo que es un error pensar que la tecnología, junto con todas sus soluciones de automatización (y otras muchas más), nos va a cambiar el rendimiento, ya que está más que comprobado que no es así.

Sin embargo, seguimos subidos en ese barco navegando hacia delante sin parar —antes hemos estado ya montados en otros barcos, como el de la calidad de procesos, por ejemplo—, sabiendo donde queremos llegar, pero sin saber cómo. Los profesionales del deporte llevan años incorporando herramientas tecnológicas y dejando «fuera de juego» grandes soluciones porque no pueden tomar mejores decisiones con ellas: facilitan su rendimiento, pero la relación coste/esfuerzo y el valor añadido en la toma de decisiones de competición no está equilibrado.

Pero eso, en nuestros negocios, no nos importa, ahora toca tecnología y datos; mañana cobrará protagonismo otra cosa. Tecnología para el turismo, para la industria pesada, para el *retail*..., para todo. Y las decisiones que marcan la diferencia, que ganan competiciones, se siguen tomando en las cabezas de nuestros profesionales, en función del margen que les dejamos para utilizar su talento.

Creo, seriamente, que es para analizarlo, con mucho mucho detenimiento.

CLIENTES Y EQUIPOS, ¡IMPOSIBLE SIN ELLOS!

Unos días atrás he tenido la ocasión de leer un *post* de *Executive Excellence* y me llamó mucho la atención las relaciones que establecían entre tecnología, experiencia de cliente y experiencia de empleado. Ningún deportista o equipo profesional podría sacar adelante sus resultados deportivos sin estar «todos» unidos y formando una pieza única. Lo comento mucho en todos los *posts* que escribo; sin embargo, parece que aún estamos lejos de conseguir esto en el entorno empresarial.

No se trata de «jugar», se trata de hacer lo que sabemos hacer

No se trata de salir ahí a competir sin más, a repetir lo que hemos hecho en los entrenamientos para ganar la competición; no podemos conformarnos con mostrar nuestros servicios y productos, y que estos impacten en nuestros clientes. Tenemos que conseguir un entorno donde podamos poner nuestro talento «a jugar» junto con el talento de nuestros clientes y que esto nos permita, a todos, hacer lo que mejor sabemos hacer.

La tecnología solo si aporta valor a las experiencias

La experiencia que creamos con nuestros clientes y empleados a la hora de desarrollar nuestras actividades hacia un mismo objetivo solo tiene que sumar tecnología si esta aporta a la causa. Parece obvio, pero para nada lo es. Muchas veces, y todavía con demasiada frecuencia, recurrimos a la incorporación de la tecnología para mejorar nuestras soluciones, pero acabamos bloqueándonos a nosotros y a nuestros clientes. Los profesionales del deporte quieren que la tecnología eleve su nivel, no que lo complique; clientes y empleados, ¡también!

Del valor del producto/servicio a la experiencia

La experiencia que tiene un deportista o un equipo deportivo con un entrenador suma más que cualquier otra variable. Los profesionales del deporte necesitan «fluir» en su actividad para conseguir resultados. Los clientes y empleados también necesitan ese *flow*; sin una experiencia que los inunde en lo que están intentando conseguir, primará la «frialdad» de un buen servicio o producto, y eso no será suficiente. No basta con entrenar y competir de forma seria y disciplinada, hay que conectarse con los cinco sentidos en los resultados que queremos alcanzar.

Crear resultados excepcionales en la empresa y en las personas

Me sale en este apartado la frase escrita en el anterior *post*: el rendimiento es de todos y para todos. Tenemos que conseguir resultados que sirvan para todos los protagonistas. Los resultados en deporte repercuten en todos los profesionales. En nuestras soluciones, con nuestros clientes y en nuestras actividades con nuestros equipos, también debe de ser así. Hay que buscar lo excepcional para todos y no solo para una de las partes, porque, de lo contrario, dejaremos de crear valor en todas las direcciones.

La responsabilidad y la alineación marcan la experiencia

Claro, lo más complicado de todo es conseguir, precisamente, que todos seamos responsables y vayamos a una con nuestras acciones. Los clientes se deben de vincular a nuestras soluciones y nuestros profesionales tienen que hacer lo mismo con ellas. Si todos se comprometen, todos se suman al éxito. Si todos los deportistas del equipo trabajan unidos bajo una misma estrategia, las oportunidades de éxito se multiplican.

Tomar decisiones en equipo, no desde un puesto

Eso requiere una toma de decisión en conjunto; clientes y equipos, todos decidiendo para conseguir el mejor resultado. La balanza no puede estar volcada solo en una de las partes: la de nuestros profesionales ofreciendo una experiencia excelente. Los clientes tienen que estar dentro de la jugada y decidir con nosotros. Solo así se consiguen experiencias únicas.

La conclusión es que tenemos que crear una forma de hacer las cosas donde clientes y equipos decidan cómo pueden contribuir a conseguir el mejor resultado posible. Suena, y muchísimo, a un deporte de alto rendimiento.

SISTEMAS DE TRABAJO EN EQUIPO

Llega uno de los momentos claves en la Costa del Sol, la temporada de verano; sí, estamos en la Semana Santa, pero eso, en deporte de alto rendimiento, se llama la pretemporada. Muchos de los establecimientos usan estos días para coger ritmo de cara a la competición clave del verano. Pero ¿vamos a jugar como todos los años?

Me explico. Podemos encarar la temporada con las previsiones en la mano, esperando que se cumplan, que no nos falte equipo para dar el servicio, que lleguen todos los visitantes esperados, que la operativa no se nos vaya de coste... O podemos añadirle a todo eso el único factor que nos hace ganar dinero de verdad si las condiciones son medio respetables: tu equipo.

Sí, seguro que ya estás pensando que ya están aquí los «insistentes» del personal: que hay que cuidarlo, dar los descansos adecuados, contrataciones bien ajustadas a la ley, ambiente de trabajo adecuado, nóminas a tiempo... Ya lo sé, pero, siento decirte que, ahora más que nunca, es otra variable que vas a tener que controlar, y cada vez más, si quieres que tu negocio pueda sostenerse.

Fíjate que ya no te hablo de mejorar, sino de sostenerse; y que lo haga de forma saludable. Ningún profesional está ya dispuesto a trabajar en el sector con los condicionantes históricos que han existido. Y, si lo encuentras, olvídate de la experiencia de cliente y de los resultados más allá de los que pasen por tu puerta ese día.

Si quieres empezar a trabajar con vistas a conseguir un negocio rentable y solvente, lejos de los condicionantes económicos de cada temporada, es decir, intentando sacarle el máximo partido a cada oportunidad, juegues con las reglas y con las limitaciones que tengas que jugar, te toca trabajar con tu equipo.

¿En qué consiste este trabajo?

Te vas a sorprender porque no va por el camino que esperas de la comunicación, el buen trato, la comprensión y demás cuestiones, que, te gusten o no, tienen que estar, hoy día, ya, de serie; vamos por otros puntos que hacen que el equipo esté comprometido con tu negocio:

Sistema de trabajo. Ya sé que nadie mejor que tú sabe cómo hacerlo... Bueno, rectifico, tu equipo sabe hacerlo mejor que tú, porque llega a un nivel de detalle diario con el cliente y la operativa que tú, por hábito y experiencia, has perdido. Pero te necesitan, así que revisa con ellos posiciones, tareas y flujo de actividad durante el servicio (las jugadas a realizar que decimos en deporte).

Comportamientos de experiencia de cliente. ¿Ya los sabes?, sí. ¿Los hace?, también. ¿Con la frecuencia necesaria durante el servicio para ofrecer la mejor experiencia a tus clientes con la subida de precio que tenemos encima? Sabes, perfectamente, que no. Así que si quieres mantener el tipo, no solo este año, sino todos los que vienen, tienes que observar, medir y comunicar resultados a tu equipo sobre los comportamientos, movimientos y tareas que consideréis claves para marcar la diferencia en «vuestro» negocio.

Ventas. Ni me imagino las veces que habrás escuchado lo del tique medio y el *cross-selling*, por nombrarte algunos términos clásicos. También sé que lo sabes. Pero esto no va de saber; esto va de estar entrenados para hacerlo con la intensidad adecuada, la frecuencia necesaria y en el momento correcto. Ofrecer alternativas a la carta, combinar productos, mejorar comandas de los clientes para que se vayan más satisfechos requiere «memoria de servicio» y concentración. Y, si tu sistema de juego no está bien automatizado y tu equipo no está entrenado en el conocimiento de tus productos, esto no va a pasar, salvo por casualidad.

La decisión de hacer algo igual pero diferente, donde nosotros controlemos las oportunidades de generar resultados que nos da el sector, está en nuestras manos y en un cambio cultural de cómo hacer las cosas. El resto es seguir a remolque o, como decimos en el deporte profesional, «salir a empatar»; y, normalmente, se pierde.

PSICOLOGÍA DEPORTIVA PARA EQUIPOS EMPRESARIALES

La psicología deportiva es un campo que se ha desarrollado principalmente en el ámbito deportivo, pero que también tiene aplicaciones en otros ámbitos, como el empresarial. De hecho, la psicología deportiva puede ser muy útil para equipos empresariales que buscan mejorar su rendimiento y su cohesión.

En el ámbito empresarial, la psicología deportiva se centra en el desarrollo de habilidades y estrategias que permiten a los miembros del equipo trabajar juntos de manera más efectiva y alcanzar objetivos comunes. Esto puede incluir técnicas de motivación, de gestión del estrés y de comunicación efectiva, entre otras.

Una de las principales ventajas de la psicología deportiva para equipos empresariales es que se enfoca en el desarrollo de habilidades prácticas y en la mejora del desempeño en situaciones reales. Por ejemplo, los miembros del equipo pueden aprender técnicas para manejar la presión y el estrés, lo que les permite mantener la calma y tomar decisiones acertadas en momentos críticos.

Otra ventaja es que la psicología deportiva se enfoca en la formación de equipos cohesionados y colaborativos. Los miembros del equipo aprenden a trabajar juntos y a valorar las fortalezas de cada uno, lo que a su vez puede mejorar la comunicación y la toma de decisiones en el equipo.

La psicología deportiva también puede ayudar a los equipos empresariales a establecer metas claras y alcanzables, lo que puede aumentar la motivación y la productividad. Los miembros del equipo aprenden a establecer objetivos realistas y a trabajar juntos para alcanzarlos, lo que a su vez puede mejorar la satisfacción laboral y reducir la rotación de personal.

La comunicación efectiva también es una parte importante de la psicología deportiva para equipos empresariales. Los miembros del equipo aprenden a escuchar activamente y a expresarse de manera clara y concisa, lo que puede mejorar la toma de decisiones y reducir la posibilidad de conflictos.

En resumen, la psicología deportiva puede ser una herramienta muy útil para equipos empresariales que buscan mejorar su rendimiento y su cohesión. Al enfocarse en el desarrollo de habilidades prácticas y en la mejora del desempeño en situaciones reales, la psicología deportiva puede ayudar a los miembros del equipo a alcanzar objetivos comunes y a trabajar juntos de manera más efectiva.

LA OTRA JUGADA DE TU EQUIPO

¿Alguna vez te has preguntado por qué, a pesar de tener un organigrama de trabajo bien definido, las cosas no salen como esperabas? ¡Te sorprendería saber que no estás solo! Muchos de nosotros nos enfrentamos a esta situación en nuestro día a día. Incluso en los momentos en los que más necesitamos un rendimiento excepcional, nos encontramos con obstáculos inesperados.

¿Cuál es la razón detrás de esto? Principalmente, se debe a que nuestros organigramas de trabajo suelen ser inflexibles como una piedra. Ya sean planos, circulares, cuadrados o en forma de rombo, todos tienen algo en común: solo funcionan en teoría. La realidad, sin embargo, es muy diferente. Existen diversos factores, como la toma de decisiones, los métodos de trabajo y los propósitos que influyen en la forma en que nos organizamos, y que van en contra de la estructura teórica que hemos establecido.

Peter Drucker solía decir que la cultura se come a la estrategia en el desayuno. Es decir, las adaptaciones que realizan los equipos para que la definición de puestos, tareas, posiciones y flujos de trabajo funcionen en la práctica son las que generan resultados tangibles. Pero es que la realidad se cena a la cultura cada día.

Podemos contar con una estrategia bien definida, pero, si los hábitos arraigados en nuestro equipo no concuerdan con ella, los resultados no serán los esperados. Y, desafortunadamente, nuestros equipos tampoco disponen del tiempo necesario para consolidar sus métodos de trabajo «reales» en base a la cultura que suele regir nuestras acciones.

Y esto ocurre porque cuando los equipos se enfrentan con la realidad esta desafía sus prácticas habituales, continuamente. Es como si un equipo deportivo quisiera jugar con un sistema de juego en una competición, pero las formas habituales de toma de decisiones de los deportistas solo se asemejarán vagamente a ese sistema con el que intentan conseguir resultados. Y, encima, estas formas habituales de funcionar solo serán efectivas durante un tiempo limitado, ya que tendrán que adaptarse rápidamente sobre la marcha para poder seguir compitiendo.

Puede parecer complicado, ¿verdad? Pero esta es una realidad innegable que debemos aprender a comprender en detalle: la estrategia se ejecuta en función de la cultura, y la cultura perdura según lo que la realidad exija. Por lo tanto, es crucial comunicarte con tu equipo para evaluar cómo está llevando a cabo realmente el plan estratégico (que deberías haber creado junto con él) y cuánto de lo que está haciendo para lograrlo deberá cambiar, adaptarse o flexibilizarse. Y, lo más importante, con qué frecuencia y eficiencia debe de hacerlo. Ahí es donde radica la clave del compromiso y el rendimiento.

LA REALIDAD DE LOS EQUIPOS EMPRESARIALES

Hagamos una pregunta a ChatGPT: ¿cuáles son las necesidades de los equipos empresariales hoy día? Y esta es su respuesta:

Las necesidades actuales de los equipos empresariales pueden variar según la industria y el tipo de organización, pero aquí hay algunas necesidades comunes que muchas empresas enfrentan en la actualidad:

Colaboración efectiva: Los equipos empresariales necesitan herramientas y plataformas que les permitan colaborar de manera eficiente y efectiva. Esto puede incluir *software* de gestión de proyectos, aplicaciones de mensajería instantánea, herramientas de videoconferencia y sistemas de gestión de documentos compartidos.

Comunicación interna: La comunicación clara y fluida dentro de los equipos es esencial para el éxito empresarial. Las organizaciones buscan soluciones que faciliten la comunicación interna, como herramientas de chat en tiempo real, intranets corporativas y sistemas de correo electrónico eficientes.

Automatización de procesos: La automatización de tareas repetitivas y tediosas puede ahorrar tiempo y recursos a las empresas. Los equipos empresariales buscan herramientas y *software* que les permitan automatizar procesos internos, como la gestión de flujo de trabajo, la generación de informes y la recopilación de datos.

Gestión eficiente de proyectos: La gestión de proyectos efectiva es fundamental para el éxito de los equipos empresariales. Las organizaciones buscan herramientas y metodologías que les ayuden a planificar, organizar y monitorear el progreso de los proyectos de manera efectiva.

Análisis de datos: La capacidad de recopilar, analizar y utilizar datos de manera efectiva se ha vuelto cada vez más importante para las empresas. Los equipos empresariales necesitan herramientas y habilidades para analizar datos y extraer información valiosa que pueda ayudar en la toma de decisiones estratégicas.

Flexibilidad y movilidad: En el entorno empresarial actual, muchos equipos trabajan de forma remota o tienen empleados distribuidos en diferentes ubicaciones geográficas. La capacidad de acceder a herramientas y recursos empresariales desde cualquier lugar y en cualquier momento es crucial. Las empresas buscan soluciones basadas en la nube y aplicaciones móviles que les permitan ser flexibles y móviles.

Seguridad de la información: La seguridad de los datos empresariales es una preocupación constante. Los equipos empresariales necesitan soluciones y políticas de seguridad que protejan la información confidencial y prevengan el acceso no autorizado.

Estas son solo algunas de las necesidades actuales de los equipos empresariales. Es fundamental tener en cuenta que las necesidades pueden variar según la industria, el tamaño de la empresa y otros factores específicos de cada organización.

Básicamente, lo que podemos leer en cualquier *post* de actualidad; todo está girando sobre la importancia de los equipos para el rendimiento de los negocios, empresas, organizaciones o cualquier otro tipo de estructura donde las personas sean necesarias para hacerlas funcionar. Bien, pues de aquí ponemos sobre la mesa otra cuestión, que lleva años sucediendo y que, aunque ahora el peso del discurso sobre la importancia de las personas es mayor, aún hoy sigue sin ocurrir: ¿realmente estamos haciendo algo efectivo y eficaz para que el talento rinda en nuestro negocio?

La respuesta es rápida: no. Por muchas iniciativas que tengamos sobre condiciones laborales (que tiene que ser un principio ineludible), salarios, incentivos, salario emocional, trabajo remoto, conciliación, reducción de jornadas..., nuestros equipos siguen estando poco comprometidos con el negocio. Y eso no puede cambiarlo ninguna metodología de trabajo ni ningún tipo de intervención; ayudan a mejorar la situación, pero son un parche ante el verdadero problema: los únicos equipos comprometidos son los que tienen resultados y disfrutan de ellos.

LOS EQUIPOS QUE TIENEN RESULTADOS SE COMPROMETEN

Javier Imbroda, que fue seleccionar nacional de baloncesto, solía decirme: «Los únicos equipos que se divierten son los que ganan». Y es que, cuando los resultados llegan y nos llenan de satisfacción, es como una chispa que enciende el compromiso en nuestros equipos.

Cuando trabajamos arduamente para alcanzar metas y objetivos, y finalmente los logramos, se crea una energía contagiosa de alegría y éxito. Es en esos momentos cuando podemos ver como el compromiso se vuelve más fuerte y los equipos se vuelven aún más entregados a su trabajo.

Pero aquí hay algo importante: no se trata solo de obtener resultados, sino de disfrutar del proceso para llegar a ellos. Cuando los equipos se divierten mientras trabajan, cuando encuentran pasión en lo que hacen, el compromiso se convierte en algo natural y duradero.

Y es cierto que podemos poner en marcha una serie de medidas que potencien este compromiso:

Además de unas buenas condiciones laborales e incentivos, también es importante promover un equilibrio adecuado entre el trabajo y la vida personal.

Promover una cultura empresarial sólida que potencie valores como la transparencia, la confianza y el reconocimiento.

Establecer metas claras y realistas para los equipos, y proporcionarles las herramientas y los recursos necesarios para alcanzar dichos objetivos.

Potenciar líderes que sean modelos para seguir, inspirando a los equipos y brindando apoyo emocional y motivacional en momentos difíciles.

Pero la realidad, y todos los sabemos, es que esto es más un discurso que medidas que se aplican con la cantidad y frecuencia adecuadas. Incluso, en aquellas empresas que se consiguen, aún existe una alta rotación de talento. Pero ¿cuál es el verdadero motivo? Sí, las nuevas generaciones son diferentes, la postpandemia ha cambiado las prioridades, la entrada del trabajo remoto... y podemos seguir buscando motivos, razones y causas en el entorno; todas aportan a la situación actual, pero no tienen el peso determinante que queremos darles.

Estamos complicando algo en los equipos empresariales que es mucho más simple: los seres humanos cuando realizan una actividad necesitan resultados para seguir realizándola con compromiso. Da igual lo bien que «vistamos» esa actividad; si no hay resultado, no hay *feeling* con lo que se hace y el cerebro humano busca compensarlo inmediatamente con otra actividad o con una adaptación de esta.

La realidad de los equipos empresariales

Hagamos una pregunta a ChatGPT: ¿cuáles son las necesidades de los equipos empresariales hoy día? Y esta es su respuesta:

Las necesidades actuales de los equipos empresariales pueden variar según la industria y el tipo de organización, pero aquí hay algunas necesidades comunes que muchas empresas enfrentan en la actualidad:

Colaboración efectiva: Los equipos empresariales necesitan herramientas y plataformas que les permitan colaborar de manera eficiente y efectiva. Esto puede incluir software de gestión de proyectos, aplicaciones de mensajería instantánea, herramientas de videoconferencia y sistemas de gestión de documentos compartidos.

Comunicación interna: La comunicación clara y fluida dentro de los equipos es esencial para el éxito empresarial. Las organizaciones buscan soluciones que faciliten la comunicación interna, como herramientas de chat en tiempo real, intranets corporativas y sistemas de correo electrónico eficientes.

Automatización de procesos: La automatización de tareas repetitivas y tediosas puede ahorrar tiempo y recursos a las empresas. Los equipos empresariales buscan herramientas y software que les permitan automatizar procesos internos, como la gestión de flujo de trabajo, la generación de informes y la recopilación de datos.

Gestión eficiente de proyectos: La gestión de proyectos efectiva es fundamental para el éxito de los equipos empresariales. Las organizaciones buscan herramientas y metodologías que les ayuden a planificar, organizar y monitorear el progreso de los proyectos de manera efectiva.

Análisis de datos: La capacidad de recopilar, analizar y utilizar datos de manera efectiva se ha vuelto cada vez más importante para las empresas. Los equipos empresariales necesitan herramientas y habilidades para analizar datos y extraer información valiosa que pueda ayudar en la toma de decisiones estratégicas.

Flexibilidad y movilidad: En el entorno empresarial actual, muchos equipos trabajan de forma remota o tienen empleados distribuidos en diferentes ubicaciones geográficas. La capacidad de acceder a herramientas y recursos empresariales desde cualquier lugar y en cualquier momento es crucial. Las empresas buscan soluciones basadas en la nube y aplicaciones móviles que les permitan ser flexibles y móviles.

Seguridad de la información: La seguridad de los datos empresariales es una preocupación constante. Los equipos empresariales necesitan soluciones y políticas de seguridad que protejan la información confidencial y prevengan el acceso no autorizado.

Estas son solo algunas de las necesidades actuales de los equipos empresariales. Es fundamental tener en cuenta que las necesidades pueden variar según la industria, el tamaño de la empresa y otros factores específicos de cada organización.

Básicamente, lo que podemos leer en cualquier *post* de actualidad; todo está girando sobre la importancia de los equipos para el rendimiento de los negocios, empresas, organizaciones u cualquier otro tipo de estructura donde las personas sean necesarias para hacerlas funcionar. Bien, pues de aquí, ponemos sobre la mesa otra cuestión, que lleva años sucediendo y que, aunque ahora el peso del discurso sobre la importancia de las personas es mayor, aún hoy sigue sin ocurrir: ¿realmente estamos haciendo algo efectivo y eficaz para que el talento rinda en nuestro negocio?

La respuesta es rápida: NO. Por muchas iniciativas que tengamos sobre condiciones laborales (que tiene que ser un principio ineludible), salarios, incentivos, salario emocional, trabajo remoto, conciliación, reducción de jornadas... nuestros equipos siguen estando poco comprometidos con el negocio. Y eso, no puede cambiarlo, ninguna metodología de trabajo, ni ningún tipo de intervención; ayudan a mejorar la situación, pero son un parche ante el verdadero problema: los únicos equipos comprometidos son los que tienen resultados y disfrutan de ellos.

SIEMPRE EL EQUIPO

Retomo los *posts* de mi sección particular esta nueva temporada pensando en el resultado de la selección femenina de fútbol; me parece que es un claro ejemplo de que los equipos están por encima de las decisiones de los gestores.

Cada vez lo tengo más claro: lo que desde «arriba» se decide sin pasar por los equipos está destinado al fracaso. Lo hemos visto en más de una ocasión, cuesta mucho entender y creer que un equipo es la base del rendimiento de cualquier actividad humana, pero esta es la realidad.

Con «motín a bordo» y una gestión muy compleja, y no pienso entrar en esos detalles, ha sido este equipo quien ha decidido poner su talento al servicio de las decisiones de un cuerpo técnico, creo que blindado en su manual de actuación. Me da la sensación por lo publicado, leído y escuchado que, al menos, plena sintonía entre cuerpo técnico y jugadoras no existía. Y eso pesa mucho en el rendimiento.

Tanto que es el equipo quien parece desde fuera el que ha decidido dar un cambio de rumbo y rendir por encima de todo. Solo con esa decisión las piezas ya encajan; se asumen los criterios técnicos, físicos y estratégicos, y esto siempre pone a funcionar la parte psicológica en modo *on fire* por el objetivo. Pero sigue siendo una decisión de equipo, por encima de...

A esta altura de la película, no deberíamos de actuar así. Deberíamos de ser capaces de darle a los equipos el espacio que necesitan y de incorporar a todos los que toman decisiones en ese espacio. El talento de los «responsables» tiene que estar dentro del equipo para que se diluya y se combine necesariamente con el talento de los que tienen que «dar la cara» para conseguir rendimiento.

LA CLAVE ES «NO LIDERAR»

Otra vez, desde la empresa tomamos ejemplos de cómo mejorar nuestros equipos utilizando el deporte. Y este es un ejemplo más que he encontrado de lo que he podido leer esta semana. Desde luego, sigo confirmando mi idea: si quieres liderar un equipo, mejor no lo hagas. Me explico.

Utilizando como guía este *post* publicado sobre Sarina Wiegman, tres cosas son fundamentales para trabajar con los equipos: detectar necesidades de rendimiento, aprovechar las oportunidades de conseguir resultados y cambiar de estrategia rápidamente cuando lo requiera la situación. Ya sé que suena un poco a tópico y el pensamiento de todos es ¿y cómo se hace eso?

Propósito compartido

Primero de todo es fundamental tener muy claro el objetivo y compartirlo con el equipo. Es imposible llegar con un equipo al máximo rendimiento de este si no creamos con ellos un propósito; no objetivos, esos vienen después. Un propósito claro y compartido de lo que queremos hacer, ese es el punto de partida. Si se te ocurre algo y quieres que el equipo lo haga, tienes que hablarlo y exponerlo con todo lujo de detalles, esperar su *feedback* e incorporar sus aportaciones para terminar de darle forma. Si no lo haces, estás liderando y tu equipo solo se comprometerá hasta el punto de que le interese profesionalmente, nada más. Y eso, hoy en día, no te da para alcanzar el mejor resultado posible.

Preparación y entrenamiento

En segundo lugar, debes prepararte con el equipo. Sí, que tienes que estar dentro de todo el sistema de formación que el equipo requiera para hacer realidad ese propósito. Podéis tener toda la fuerza para hacer realidad vuestro propósito, pero, sin entrenamiento de los conocimientos, habilidades y hábitos de trabajo necesarios para hacerlo realidad, es imposible de alcanzar el máximo rendimiento. Hablo de máximo de rendimiento, no de conseguir resultados. En el deporte, ya tenemos muy clara esta diferencia: muchos consiguen resultados, pero rendir al máximo y marcar la diferencia, solo unos pocos.

Sistema de trabajo efectivo

Y, en tercer lugar, crea un sistema de trabajo con el equipo. No puedes decirles cómo jugar y luego esperar a supervisar el trabajo que realizan, eso no aporta tu talento al equipo: tienes que crear roles, funciones y flujos de trabajo, y medirlos para tomar decisiones orientadas a mantener el sistema, mejorar o empezar desde cero de nuevo (eso es lo que hacemos en deporte con las jugadas que forman parte de una estrategia de competición). Y lo tienes que hacer con el equipo, todo con ellos. De lo contrario, tendrás un propósito, un equipo entrenado, pero no podrás aterrizar en la realidad de la competición nada de lo que quieres hacer. Porque, cuando llegan los resultados, llega el baño de la realidad y es donde hay que tomar decisiones de rendimiento que afectarán a la estabilidad del equipo, y solo si todos formáis parte activa de la creación y ejecución del trabajo podréis asumir esa realidad y hacerla mejorar.

Conclusión

Deja atrás el liderazgo y las grandes decisiones de éxito; comienza a introducirte en el equipo y crea junto a todos los profesionales un entorno de mejora continua donde todos seáis partícipes de todo. Siempre digo que el rendimiento es de todos y para todos.

DATOS Y RENDIMIENTO: ¡TRUCO O TRATO!

Utilización efectiva de datos en equipos

Los datos deben tener un sentido dentro de los equipos para que sirvan a las empresas en sus objetivos de rendimiento. No podemos acumular datos sin más; si lo hacemos, estaremos cumpliendo el expediente, simplemente, y no mejorarán ni el rendimiento de nuestros equipos ni tampoco aportarán orientación a nuestras empresas.

Los datos tienen que contribuir a conseguir una empresa que los use de forma adecuada para mejorar el rendimiento de sus equipos. Hay que conseguir el hábito de utilizarlos para orientar decisiones y aterrizarlas en estrategias. Solo así conseguiremos una «forma de hacer» de alto rendimiento en nuestras empresas.

Una vez que como empresa tenemos el hábito de utilizarlos, hay que pasar a filtrarlos con los equipos y no desde los «sillones de mando». Los datos necesitan ser revisados en equipo para darles un sentido de realidad; el equipo siempre sabrá matizarlos y «darles» el valor que tengan. Esto es básico para tomar buenas decisiones de rendimiento.

Transparencia y colaboración en la gestión de datos

Y, por supuesto, para hacer esto, tenemos que ser transparentes con los datos de rendimiento de los equipos. Ningún equipo deportivo trabaja con datos ocultos o con solo «algunos» de los datos; todos los datos están encima de la mesa, así, se ve toda la realidad. No ser transparentes con los datos es cegarnos como equipo.

Por último, que sean un hábito en la empresa, que se trabajen en equipo y que no haya ningún dato «perdido» no significa nada si no están alineados con los retos que tenemos por delante. El hábito sin «ubicación» es solo una repetición de experiencias y de forma de hacer sin sentido. Así que los datos que arrojan esos hábitos tampoco lo tendrán.

Nuestros equipos deben tener rendimiento en empresas acostumbradas a manejar datos, a plantear ese manejo en equipo de forma transparente y asumiendo lo que indican, y sin perder de vista el para qué los queremos tener con nosotros.

¿UN GRUPO O UN EQUIPO?

La correlación entre bienestar del empleado y la productividad del equipo

¿De qué depende la experiencia de los empleados y por qué tenemos que trabajarla? Muy sencillo, porque, si no lo hacemos, nos quedamos sin equipo. Los profesionales que no se sienten bien en sus empresas y que trabajan por conseguir resultados son profesionales que trabajan en grupos dentro de departamentos que se relacionan con los otros departamentos por operativa y nada más. Y esta forma de trabajar la estamos «alimentando», día tras día, con la forma de entender el trabajo en las empresas.

La importancia de incorporar y retener talento adecuado en la empresa

Para poder trabajar con equipos, debemos empezar por incorporar de forma adecuada a nuestros profesionales y cuidar las formas de hacer el trabajo en equipo cuando ya están con nosotros. ¿Quién va a poner el talento a funcionar en un equipo donde todos están «nadando y guardando la ropa»? Eso es lo que tenemos en el 90 % de las ocasiones: creemos que estamos incorporando el talento adecuado y este no aparece porque, donde entendíamos que había un equipo, solo tenemos profesionales trabajando para conseguir resultados.

Optimizando condiciones básicas del trabajo para potenciar el rendimiento del equipo

Y los motivos de que ese talento se incorpore a un grupo están muy ligados a decisiones que podemos mejorar sobre las condiciones básicas del trabajo: retribución, formación, condiciones laborales, reconocimientos… Solo con estas bien ajustadas, ya tenemos el 80 % del camino recorrido para tener equipo. El problema es que nos cuesta mucho conseguirlas por cuestiones del negocio y de los procesos para operarlo; quizás debemos replantearnos las formas de entender los negocios yendo más allá de lo establecido para cada sector y de las normativas legales. Porque, si todo lo dejamos en manos de la normativa, la estrategia, el sistema y la operativa, no vamos a conseguir equipos que jueguen a mejorar los resultados aportando su talento, aunque implantemos la última tendencia en el trabajo con personas.

JUEGA FÁCIL. EL PUNTO DE PARTIDA EN LA ORGANIZACIÓN EMPRESARIAL

El entrenamiento es la base

Mi entrenador nos lo decía constantemente. Con todo lo que entrenábamos cada día, los diseños tácticos de las jugadas, las complejidades técnicas de los movimientos y la carga física que teníamos que soportar para conseguir ejecutarlas, con todo eso, entrenado al 100 %, cada día, en cada entrenamiento, al final, la instrucción en competición era «juega fácil».

Porque si estás entrenado e intentas hacer aquello para lo que te has preparado «buscándolo» no lo vas a conseguir. Pero ni en un equipo deportivo ni en un equipo empresarial. Todo lo aprendido, entrenado y perfeccionado no ocurre en la competición o en el día a día del equipo empresarial porque hay unas condiciones externas e internas que lo impiden.

De la teoría a la práctica

Nunca podrás alcanzar en el entrenamiento el nivel de simulación adecuado para repetir una estrategia o un sistema de trabajo y que te funcione. Hay condiciones psicológicas, físicas y técnicas que están en constante cambio e impidiéndolo. No es nada nuevo en el deporte, pero en los equipos empresariales parece que hemos descubierto la pólvora con la combinación entre bienestar del equipo y la forma de organizarnos y de hacer para operar la empresa.

Porque en las empresas hemos ido a controlar esa realidad o a adaptarnos a ellas con procesos de trabajo, procedentes de crear una cultura empresarial que intente estar presente en todas las estrategias que son representadas por esos procesos. Procesos que están incorporados a organigramas de trabajo que nos ofrecen seguridad y orden para el desarrollo del trabajo diario.

Falsa realidad, en mi opinión. Los organigramas son la imagen formal de cómo deseamos que se organice la empresa, pero no es la realidad; existen roles y tareas paralelos que son los que realmente marcan el ritmo de los resultados de los equipos. Y los flujos de trabajo con los que les damos vida a esos organigramas tampoco son reales, ni con todos los procesos de calidad que queramos incorporar, hay «formas de hacer» paralelas que generan los resultados finales o, al menos, influyen en ellos de forma decisiva. Incluso en una cadena montaje.

Parece «liosa» esta descripción que he hecho de los procesos de trabajo de una empresa, pues juguemos fácil. Creemos jugadas y, luego, confirmémoslas con nuestros equipos. No quiero decir que no tengan que existir los organigramas, los sistemas de operaciones, los procesos de trabajo…, no es esa la cuestión. La idea es que una vez definidos, lo que tenemos no es la forma de operar el negocio, como siempre creemos, para nada. Es solo el inicio de cómo vamos a competir.

En la alta competición deportiva, las estrategias, las tácticas que le dan forma y las jugadas que las hacen posible solo son la base para que los deportistas y los equipos tomen decisiones de rendimiento, no para que las repitan sin más esperando un resultado. Porque, si solo repitiendo las formas de hacer y de organizarnos fuera suficiente, todos jugaríamos como Michael Jordan, ¿verdad?

LOS EQUIPOS NI SE CREAN NI SE DESTRUYEN... SOLO SE TRANSFORMAN

Dinámicas preexistentes en equipos nuevos

Cuando nos enfrentamos al liderazgo de un equipo, a menudo llegamos con la idea de aplicar las últimas metodologías y tendencias en la gestión de equipos; sin embargo, pasa desapercibido algo que he aprendido con la experiencia: antes incluso de nuestra primera interacción con el equipo, ya existe una dinámica de equipo, ya sea formal o informal, entre sus miembros. Incluso en equipos formados por personas que no se conocen entre sí, se pueden observar patrones de interacción. ¿Imposible? Déjame explicarlo.

La importancia del rol del líder en la conexión del equipo

Un líder tiene dos momentos clave de conexión con un equipo: el primero, cuando se plantea «crear un equipo», y el segundo, cuando el equipo ya existe. Estos son los únicos puntos a través de los cuales los líderes pueden «conectarse» con los equipos. Para ambos puntos de conexión, el líder utiliza su bagaje y experiencia para trabajar con el equipo, integrando las metodologías más actuales de gestión de equipos.

Aquí es donde, en mi opinión, muchas metodologías fracasan, ya que su éxito depende más de la situación en sí que de la forma en que el líder actúa; algo en lo que todas ellas se basan para generar rendimiento en un equipo.

La realidad es que unas metodologías funcionan mientras que otras no; y es que ninguna tiene en cuenta que las conexiones ya existen o están preestablecidas cuando comienzan a aplicarse.

Incluso en equipos «nuevos», compuestos por profesionales que no se conocen entre sí, ya existen dinámicas de interacción que empiezan a activarse desde el primer momento en que se presentan y hablan de sus roles. Estos patrones de conexión se activan de manera natural y automática debido a sus experiencias previas, mucho antes de que el líder pueda influir en el equipo. Los profesionales ya tienen arraigado un patrón de trabajo en equipo que aflora desde el mismo momento en que se les informa que formarán parte de uno, y el líder, solo con ser designado en su rol, queda ajeno a estos patrones porque entra en el «modo» liderar y se aleja de la conexión con el equipo, centrado en gestionar y en aplicar las mejores estrategias de dirección de equipo. Este funcionamiento es inherente al cerebro humano: los patrones ya están establecidos en los profesionales y se activan más rápido que cualquier decisión para formar, entrenar o mejorar un equipo que utilice el líder para trabajar desde el inicio.

Conectar con la energía del equipo: más allá del liderazgo tradicional

Imagina ahora este escenario en un equipo donde los profesionales ya tienen hábitos de trabajo de equipo, donde todas las conexiones ya están activadas. Transformar estas conexiones se vuelve esencial, ya que destruirlas no es una opción; no se pueden eliminar conexiones que ya generan un rendimiento entre los miembros del equipo. Solo se pueden transformar para mejorar sus resultados.

Por eso, te invito a utilizar las metodologías que consideres adecuadas y a intentar rediseñar un equipo según tu entendimiento sobre cómo liderarlo, observa como los patrones ya existentes se activan y afectan al rendimiento y los resultados obtenidos por ese equipo. De esta forma, serás más consciente de que es más importante conectar con la energía existente en el equipo, esté en el estado que esté, que liderarlo.

LA CLAVE DEL ÉXITO EN UN EQUIPO: LA TOMA DE DECISIONES CONJUNTAS

Cuando tomamos decisiones como equipo, operamos en un *timing* diferente al de las decisiones de liderazgo. Con decisiones de liderazgo me refiero a aquellas que surgen del trabajo en equipo habitual, donde los protagonistas son el líder y su equipo. Estas decisiones carecen de la versatilidad y el margen de éxito que poseen aquellas tomadas por equipos donde el líder es uno más de la estructura.

La analogía con el deporte: lecciones para el mundo empresarial

Las decisiones provenientes de un equipo y su líder tienen menos capacidad de adaptación y rapidez, ya que el punto de inflexión final proviene de una sola persona, un solo talento, que guía la acción del equipo. Imagina un equipo deportivo donde todas las decisiones pasan por el entrenador; sería imposible lograr éxito en cualquier competición. Son los deportistas quienes son los protagonistas de esas decisiones constantes que permiten adaptarse a la exigencia de cada momento.

De manera similar, el éxito es limitado cuando las decisiones están guiadas por un líder de equipo, ya que su falta de versatilidad impide mejorar las posibilidades de éxito. Los resultados en la actualidad están estrechamente relacionados con la velocidad y adaptación de aquellos que toman decisiones y las ejecutan, no con aquellos que tienen grandes ideas y las canalizan a través de los equipos para hacerlas realidad.

El rendimiento reside en la acción y las decisiones vinculadas a sus resultados, no en la ocurrencia del liderazgo propuesto para compartir en equipo, decidir y ejecutar. Este tipo de liderazgo pierde una parte determinante de la realidad para marcar la diferencia, ya que nunca tendrá el mismo nivel de contacto continuo que tiene todo el equipo.

El líder no está para proponer y guiar al equipo; el líder está para competir junto a él.

La importancia de las decisiones en equipo

El éxito de un equipo radica en la capacidad de tomar decisiones conjuntas, donde el líder es uno más de la estructura. En contraste, las decisiones lideradas por una sola persona carecen de la adaptabilidad y rapidez necesarias. Analogía deportiva: un equipo no puede prosperar si todas las decisiones dependen del entrenador. La clave está en la velocidad y adaptación de quienes deciden y ejecutan, no solo en las ideas del líder. El rendimiento se encuentra en la acción del equipo, no en la ocurrencia del liderazgo que propone decidir y ejecutar. El líder, al perder el contacto continuo con la realidad del equipo, limita las posibilidades de éxito.

RENTABLE A TRAVÉS
DEL TRABAJO EN EQUIPO

En la organización empresarial, la fuerza del trabajo en equipo es clave para alcanzar una rentabilidad sostenible. A pesar de la admiración que puedan suscitar los logros individuales, la verdadera magia se despliega cuando profesionales diversos combinan talentos y habilidades.

«No te preguntes qué pueden hacer tus compañeros por ti. Pregúntate qué puedes hacer tú por ellos», Magic Johnson.

Si bien los jugadores solitarios pueden evitar las complicaciones de la coordinación, a menudo carecen de la perspectiva completa, subestimando su impacto global.

Uniendo talentos y habilidades: las ventajas del trabajo en equipo

Las ventajas individuales son innegables, pero la grandeza se alcanza cuando un equipo opera como una unidad integrada. Las ventajas del trabajo en equipo y la coordinación entre distintas posiciones no solo permite la ejecución eficiente de tareas, sino que también habilita la toma de decisiones estratégicas que orientan al equipo hacia el éxito.

Cada miembro, como parte del equipo, aporta su valioso talento, generando no solo rendimiento en su área designada, sino también propulsando al resto del equipo a una toma de decisiones compartida que amplía los márgenes de éxito.

La coordinación: la clave para alcanzar la grandeza

En cualquier sector empresarial o actividad deportiva de élite, la clave no radica en defenestrar las tareas individuales, sino en reorientarlas constantemente hacia sobre el conjunto, esté o no directamente relacionado.

Desde el tenista que rinde en la pista de tenis hasta los roles empresariales más especializados, la atención meticulosa a cómo las acciones individuales contribuyen al panorama general marca la diferencia entre el trabajo en equipo exitoso y la mediocridad.

Así trabaja un equipo, donde cada miembro, aunque talentoso por sí mismo, encuentra su máxima expresión cuando se entrelaza con los demás.

El poder del trabajo en equipo

En última instancia, el enfoque en el trabajo en equipo no solo maximiza la eficiencia operativa, sino que también potencia los resultados en todas las áreas y profesionales. Es la creación de una coordinación empresarial que fluye con éxito y rentabilidad.

Al considerar cada tarea desde la perspectiva del conjunto, se forja una cohesión que trasciende las habilidades individuales, generando una motivación impulsora que lleva a todo el equipo hacia niveles superiores de logro.

La rentabilidad, entonces, no es solo el resultado de esfuerzos individuales exitosos, sino la coordinación productiva de un trabajo en equipo cohesionado, con orientación hacia el éxito empresarial.

LA CLAVE DEL ÉXITO LABORAL: EFICACIA, EFICIENCIA Y *TIMING*

Todos los problemas que enfrentamos en el trabajo se deben a cómo lo llevamos a cabo. Alcanzar el éxito laboral, ya sea en ambientes flexibles o superestructurados, es algo que todos buscamos al realizar nuestras tareas con eficacia, a tiempo y obteniendo resultados medibles. Se trata de jugar bien, sin agotarnos y sabiendo cuándo «darlo todo».

Si estás pensando en cómo puedes subir el nivel de rendimiento de tu equipo en MindCompanySport, te ayudamos a alcanzar tus metas.

Eficacia en el trabajo: jugar bien

La eficacia es la clave para que los procesos laborales salgan bien. Los equipos en las empresas siguen estrategias para alcanzar metas, y eso se traduce en resultados y estadísticas.

Los equipos deportivos también, pero con una diferencia: ellos ajustan esas estrategias para sacar el máximo rendimiento, no porque lo diga un jefe o un experto externo, sino porque están comprometidos con su rendimiento.

Esta mentalidad va más allá de solo mirar números. No solo se trata de hacer más, sino de hacerlo mejor, creando un entorno en donde todos se sientan importantes y su trabajo sea valorado.

Esto provoca que todos quieran seguir mejorando y adaptándose, algo que también vemos en los equipos deportivos exitosos. Es como jugar en equipo, donde cada jugada cuenta y todos trabajamos por un mismo objetivo.

La eficiencia: clave para equipos deportivos y empresariales

Otro punto para tener en cuenta es la eficiencia, algo que los equipos deportivos tienen muy presente. Si van a ejecutar una jugada, tienen que hacerlo sin gastar demasiada energía para mantener el nivel de eficiencia el mayor tiempo posible.

En cambio, en las empresas, a veces se nos olvida eso y nos lanzamos al máximo esfuerzo sin pensar en las consecuencias. Al pensar en eficiencia, es útil imaginarlo como si estuviéramos en un equipo de fútbol buscando marcar el gol perfecto sin desperdiciar energía. De la misma manera, en el trabajo, deberíamos apuntar a lograr nuestras metas de la forma más limpia y directa posible.

A veces, en el afán de hacer más, podemos perder de vista este objetivo, pero recordar la eficiencia nos ayuda a mantenernos enfocados y a usar mejor nuestra energía, asegurando que cada esfuerzo cuente y nos acerque más a nuestros objetivos.

Timing: el momento justo para la acción

Saber cuándo aplicar eficacia y eficiencia es clave en el deporte. No puedes darlo todo el tiempo; hay que dosificar y saber cuándo dar el máximo. Pero en las empresas, el *timing* es constante y sin tregua.

En muy pocas ocasiones nos paramos a pensar en esos momentos clave, siempre estamos a *full*, y ahí radica el problema del rendimiento en los equipos empresariales.

Este constante ir «a tope» puede llevar a que los momentos óptimos para la acción se diluyan en el día a día, perdiéndonos en la constante actividad sin detenernos a pensar en los momentos clave para el descanso y la reevaluación.

La habilidad para identificar cuándo acelerar y cuándo tomar un respiro no solo afecta nuestra eficiencia y eficacia, sino que también resalta la correlación entre el bienestar del empleado y la productividad del equipo, demostrando como nuestro estado de ánimo y salud física tienen un impacto directo en nuestro rendimiento laboral.

En el deporte, este balance es vital para el éxito a largo plazo; aplicar esta sabiduría en el entorno empresarial puede ser igualmente transformador, permitiéndonos alcanzar nuestros objetivos de manera más sostenida y saludable.

En MindCompanySport, queremos que vayas más allá de tus metas. Te enseñamos a usar estrategias que mejoran tu trabajo día a día, haciendo que tu equipo no solo sea más efectivo, sino también más feliz y sano. Estamos aquí para crear un ambiente donde todos puedan brillar y superarse constantemente.

DESVELANDO EL PODER DEL COMPROMISO CON EL EQUIPO SEGÚN JAVIER IMBRODA

«Los únicos equipos que se comprometen son los que ganan».

Esta es una máxima del alto rendimiento que Javier Imbroda, exseleccionador nacional de baloncesto, nos trasladaba cada día en nuestro trabajo con los equipos empresariales. No hay más secretos ni técnicas psicológicas que modifiquen el estado mental de un equipo empresarial y que lo haga cambiar de la rutina diaria (con todas las mejoras estructurales y de entorno que queramos y podamos incorporar a nuestros equipos) a la eficacia y eficiencia plena, y sostenible. Los resultados son el impulso máximo que moviliza el talento de un equipo.

La importancia del compromiso en pequeños negocios

Y, si piensas que no es para ti, porque tienes un pequeño negocio, te equivocas. Lo sabes ya, si tu pequeño equipo de operarios no está bien, aumentan las incidencias y los clientes se convierten en un ir y venir constante de «fuegos que apagar». No lo entiendes, porque está claro lo que tienen que hacer; tampoco es tan difícil.

Ya, pero esto no va de seguir pasos, sino de hablar con tu equipo todos los días para ver cómo poder hacer mejor y más cómodos para todos esos pasos. Sí, cómodos para que sientan el compromiso de hacer las tareas con compromiso. Si los pones tú porque has creado el negocio y sabes más que nadie, tú y solo tú eres el responsable de los resultados, incidencias y atascos.

No busques soluciones en tu equipo, porque ni siquiera será un equipo. Solo un grupo de profesionales que trabaja para ti e intenta «sobrellevar» lo que dices que hay que hacer. Es como si un entrenador deportivo controlara todo lo que hace su equipo: los tendría siempre sometidos y en contra; aunque ganaran pequeñas competiciones, estarían «quemados» la mayor parte del tiempo. En definitiva, un compromiso a corto plazo.

Desafíos y estrategias para mantener el compromiso en medianas empresas

Si crees que ya sabes de equipo porque tienes una mediana empresa, con más de 50 personas trabajando, y vienes de crecer desde tener un pequeño equipo, ya estás cayendo en el primer error del manual del entrenador deportivo de élite: como ya estoy rozando el «estatus» y gestiono una estructura seria, yo lidero con todas las estrategias y modas actuales disponibles en el momento para la gestión de personas.

Bien, ya te digo que invertirás en formación un montón, que hablarás de liderazgo dando consejos otro montón, y otro montón más, verás y hablarás sobre las dificultades que existen para encontrar y mantener «personal cualificado». Si fueras entrenador deportivo, estarías en un equipo de competiciones no profesionales, porque ganarías competiciones, pero nunca lo suficientemente importante para que tu equipo entrara en la élite: tendrías equipo, sí, pero con su talento asfixiado por tus decisiones finales y solo sostenido por las victorias que están rozando el éxito, pero sin alcanzar nunca el «salto de nivel»; así, no se quemarían, pero se aburrirían antes de tiempo y su compromiso sería solo a medio plazo.

El desafío del compromiso en equipos de élite

Pero, espera, si ya estás ahí y diriges o eres CEO, propietario o el cargo más alto que se te ocurra de una empresa sólida, es decir, ya eres élite, la cosa se pone peor. Tienes tanta formación técnica y de habilidades, unida a toda tu experiencia, que el factor ego «entra en juego» por todos lados. Ya no eres líder, eres «líder de líderes».

Una bomba de relojería para los equipos donde multitud de profesionales de dirección pasan por tus manos y son «exprimidos» realizando programas y planes de cultura empresarial, habilidades y dirección de equipo y de sistemas operativos basados en estrategias temporales. Todo se convierte en selección natural: si tienes éxito, te quedas y subes al máximo, tú y tu equipo. Si no, «te caes con todo el equipo». Te conviertes en un entrenador de élite que va a por todas, sin valorar que el fin no justifica los medios, en multitud de situaciones, siendo poco consciente de ello, porque esto es el rendimiento y así está montado. El compromiso tendrá «algo más del largo plazo», pero será solo una fantasía temporal.

Estrategias para fomentar el compromiso a largo plazo

Quieres que el compromiso de tu equipo sea el máximo posible sin que «quemes» su talento ni su capacidad de pensar como un equipo que genera resultados y los mejora: trabaja con tu equipo para mejorar el sistema de trabajo y ajustar los pequeños detalles que marcan la diferencia.

Esto aumentará su compromiso porque ellos no están dentro del sistema de trabajo: son el sistema y saben por qué pasan las cosas y cómo conseguir mejorarlas. Esto aumentará su compromiso con el día a día. No es fácil, pero los entrenadores deportivos que admiramos no lo son porque saben mucho, sino porque aprenden con sus equipos a «competir la competición».

ENTRE PROCESOS Y JUGADAS: CLAVES PARA LA ADAPTABILIDAD EN LA GESTIÓN EMPRESARIAL

En la gestión empresarial, así como en el deporte, comprender la distinción entre 'procesos' y 'jugadas' es esencial para alcanzar el éxito. La adaptabilidad en la gestión empresarial permite a las organizaciones responder de manera efectiva a los cambios inesperados y aprovechar las oportunidades que estos presentan, similar a cómo un equipo deportivo ajusta su estrategia en el campo.

Desde nuestra experiencia en MindCompanySport, donde nos especializamos como psicólogos deportivos para equipos empresariales, hemos observado como la adaptabilidad impulsa a los equipos a superar desafíos y a unificar sus esfuerzos hacia metas comunes, demostrando esta crucial diferencia en acción.

Procesos: los pilares de la estructura empresarial

Los procesos en una empresa son comparables a los sistemas de juego en el deporte. Proporcionan una estructura y dirección claras, fundamentales para mantener la consistencia y eficacia en las operaciones diarias. Actúan como el esqueleto sobre el cual se construyen todas las actividades empresariales, organizando y dirigiendo el comportamiento y las expectativas dentro de la organización.

Una definición clara de los procesos es crucial, similar a cómo un equipo deportivo sigue un sistema de juego preestablecido para guiar sus estrategias.

Los procesos empresariales aseguran que todas las actividades estén alineadas con los objetivos estratégicos de la organización, ayudando a mantener un enfoque coherente y unificado.

Implementación y adaptación de procesos

El verdadero desafío de los procesos radica en su implementación efectiva. Aquí es donde la psicología deportiva ofrece valiosas lecciones sobre adaptación a situaciones en tiempo real, mientras se mantienen los objetivos estratégicos. La implementación exitosa requiere que todos los miembros del equipo comprendan, acepten y sean capaces de adaptar dinámicamente estos procesos a las condiciones cambiantes del mercado y las necesidades internas.

Técnicas de psicología deportiva, como el establecimiento de metas claras y la visualización positiva, son esenciales tanto en el deporte como en los negocios para mejorar el rendimiento. Además, la capacidad de manejar la presión y la ansiedad es relevante en entornos empresariales, donde los desafíos pueden generar un estrés significativo.

Fomento de una cultura innovadora

Los procesos no deben ser vistos solo como directrices fijas, sino como componentes de una estrategia más amplia que incluye espacio para la innovación y la mejora continua.

Se debe promover una cultura donde la retroalimentación y las nuevas ideas sean bienvenidas, y donde cada empleado se sienta empoderado para contribuir al éxito colectivo.

Jugadas: claves para la adaptabilidad en la gestión empresarial

Las jugadas son adaptaciones y variaciones estratégicas sobre los procesos estándar que permiten a las empresas adaptarse eficazmente a un entorno cambiante. Este concepto, similar a la adaptabilidad en el deporte, es fundamental para el éxito empresarial, permitiendo que el talento del equipo se exprese en diversas situaciones, aumentando así las posibilidades de éxito.

Fomentar la adaptabilidad mejora la inteligencia emocional y la satisfacción laboral, y es esencial para gestionar transiciones y desafíos eficientemente.

Las organizaciones que promueven esta cualidad pueden responder más ágilmente a cambios y emergencias, optimizando la toma de decisiones y la resolución de problemas.

Incorporar técnicas de psicología deportiva para promover una cultura de mejora continua es vital. Educar a los empleados para que aprendan de los fracasos y desarrollen estrategias de afrontamiento robustece una cultura de adaptación y crecimiento continuo, incentivando la creatividad e innovación ante nuevos desafíos.

Estrategias prácticas para la implementación de jugadas

Análisis de casos reales: Realizar sesiones de análisis de casos reales en los que las jugadas hayan cambiado el curso de otras empresas puede ser muy ilustrativo. Esto ayuda a visualizar posibles escenarios y prepara al equipo para reaccionar de manera efectiva.

Simulaciones de escenarios: Implementar simulaciones de escenarios diversos permite a los empleados practicar la toma de decisiones en un entorno controlado pero dinámico. Estas actividades no solo mejoran la agilidad mental, sino que también refuerzan la capacidad de trabajo en equipo bajo presión, esenciales para la adaptabilidad en la gestión empresarial.

Retroalimentación continua: Establecer un sistema de retroalimentación continua donde los empleados puedan expresar libremente sus ideas y sugerencias sobre las jugadas y los procesos actuales. Este enfoque no solo mejora los procesos existentes, sino que también involucra a todos los miembros del equipo en el crecimiento empresarial.

Capacitación en *soft skills*: Las *soft skills* o habilidades blandas, como la comunicación efectiva, el liderazgo adaptativo y la negociación, son cruciales para implementar jugadas exitosas. Ofrecer formación regular en estas áreas puede equipar mejor al equipo para manejar situaciones imprevistas y desafiantes.

La implementación de estas estrategias prepara a la organización para el éxito a largo plazo en un mercado competitivo global. Adoptar un enfoque proactivo y estratégico en la gestión de jugadas es esencial para mantenerse relevante y avanzar en el mundo empresarial moderno.

En resumen, trabajar en jugadas con el equipo es fundamental para garantizar un rendimiento consistente y productivo. No se trata solo de seguir los procesos establecidos, sino de adaptarse continuamente a la realidad en constante cambio. Al involucrar a todo el equipo en la creación y ejecución de jugadas, podemos mejorar la capacidad de la empresa para enfrentar los desafíos y destacarse en la competencia. La clave está siempre en que todas ellas tengan una serie de indicadores que permitan medir el rendimiento.

En MindCompanySport estamos comprometidos con el éxito de tu equipo empresarial. Si buscas alcanzar la excelencia y mejorar el rendimiento de tu equipo, no dudes en contactar con nosotros. ¡Empieza a transformar el potencial de tu empresa en resultados concretos!

RECURSOS HUMANOS Y DEPORTE

AL RENDIMIENTO
NO SE LE PUEDE REGATEAR

«Al rendimiento no se le puede regatear», nos dijo en una ocasión volviendo de un viaje en coche Antonio Ruiz, *knowmad man*. Una frase que solo puede nacer entre *knowmads* que compartimos nuestro conocimiento por vicio, por ilusión, por contagio.

Precisamente con él estuvimos en el pasado II Congreso APD de RR. HH. Un evento que nos ha hecho reflexionar a todos, y muy seriamente, sobre el problema real que tenemos con los profesionales de nuestros Departamentos de RR. HH.

Entendemos que generalizar no es adecuado, pero la sensación de falta de toma de consciencia de la realidad fue demasiado acentuada. Pedimos disculpas si alguien se siente aludido en este *post*, pero, con todo el decoro posible, vamos a intentar poner algunos detalles en relevancia, con la sana intención de levantar opiniones y poner en movimiento lo que consideramos clave para el desarrollo de las personas en las organizaciones: el impacto del trabajo de los RR. HH.

En la entrada del congreso celebrado en Palau de Congresos de Catalunya y muy bien organizado por APD, nos encontramos con una cancha de baloncesto prefabricada para la ocasión, donde se buscaba ofrecer una visión del mundo del deporte para apoyar la formación de los RR. HH.: una propuesta que siempre defendemos. Más allá de consideraciones sobre cómo trasladar el deporte a la empresa de forma que no parezca algo meramente lúdico, sino algo que genera un rendimiento real, y, solo por el impacto que el deporte español ha generado en la sociedad en estos últimos años, merecería la pena pararse unos minutos tan solo para ver qué nos pueden contar. Sin embargo, este *stand* pasó completamente desapercibido. Primera pista de que el rendimiento no se contempla en los RR. HH. Puede que muy sutil, pero primera sin duda.

Ya en la sala de conferencias, comienza el congreso situándonos en «cómo está el patio» en estos días, en lo que se refiere al mercado laboral. Hay que saber en el campo donde jugamos para tener opciones de rendir y alguna oportunidad de ganar. Muy buena la aproximación que recibimos.

Seguidamente, comienza la primera piedra de toque: la educación y la empresa. Difícilmente vamos a obtener rendimiento cuando la universidad hace cosas para las que luego no existe fórmula mágica que las pueda conectar con la realidad empresarial. Conclusión, los RR. HH. tienen que compensar ese *gap* con formaciones de habilidades que puedan hacer que el conocimiento que traen los profesionales se pueda trasladar al puesto de trabajo, porque el sistema educativo está a otra cosa. Segunda pista de la importancia del rendimiento para los RR. HH. en la empresa. Esta ya más directa que la anterior.

Continuamos en la sala y llega el segundo *drive* directo a la línea de fondo, si estuviéramos hablando de un partido de tenis: la tecnología de la medición en RR. HH. Extraordinario *speech* de Mónica Maqueda, directora de PENTEO, que posteriormente fue reforzado por Alfonso Jiménez, socio director de PeopleMatters. Otra estupenda exposición, con datos a nivel mundial sobre la necesidad de no intuir y medir en RR. HH., entre otras cuestiones. Desde luego, puede que en España haya mucha pyme y no se pueda utilizar masivamente la tecnología *big data*, pero como decían ambos ponentes, al menos, evaluemos con datos observables y dejemos de utilizar encuestas que justifican subjetivamente el trabajo realizado. Tercera pista de la importancia del rendimiento de los RR. HH. en la empresa. Si no cogemos esta que es clara y directa, vamos, lo que viene siendo en baloncesto «un triple desde su casa», tenemos un problema serio.

Y, para terminar, si con una pista nada más llegar, otra justo al inicio y otra en el medio de la jornada del congreso no había sido suficiente, una al final: profesionales de otros departamentos que se trasladan a RR. HH. porque tienen una visión más cercana del negocio, y que, por ello, toman decisiones sobre los equipos que impactan directamente en la cuenta de resultados. Estamos hablando de un crecimiento del 64 % aproximadamente de este movimiento, según un dato a nivel mundial que nos presentó Silvia Baques de Deloitte. Cuarta pista, y esto ya sí, es que nos están «barriendo del terreno de juego».

Bueno, pues haciendo un estudio fácil de comportamientos conductuales, el indicador de pasar de largo del baloncesto y levantarse durante las intervenciones descritas anteriormente, en contraposición con el indicador de quedarse en la sala cuando se hablaba sobre transformación digital y los *dillenials*, perdería por «goleada» el primero de ellos. Vamos, que en RR. HH. preocupa más cómo adaptarse al futuro, que está muy bien, sin tener ni idea de cómo lo estamos haciendo en el presente. Si estuviéramos en deporte, sería que no me importa cómo estoy jugando hoy, pero sí estoy pensando en cómo voy a jugar la temporada que viene. Es decir, que me quedan cuatro días como entrenador de mi equipo. Los mismos cuatro días que le quedan a los profesionales especializados en RR. HH. si no empiezan a ver que lo importante de su trabajo es cómo influyen sus decisiones sobre los profesionales que están en el día a día del negocio, para que las personas tengan un impacto real en el mismo. Al final, las voces que dicen que va a acabar existiendo un Departamento de Rendimiento van a tener más que razón.

Y no será porque no lo dicen alto, porque el mismo Antonio Ruiz que nombraba en el inicio de este *post* tuvo que «noquear», como buen deportista de artes marciales, dos veces su mesa redonda sobre los trabajadores del futuro argumentado que sí, que todo lo relacionado con la transformacional digital, los *millennials*, la gestión del cambio, el mundo *startup* tecnológicas y los emprendedores, así como el trabajo en equipo con toboganes y futbolines, está muy bien. Pero, si eso no impacta en la empresa, «estamos promocionando una burbuja que va a explotar» dentro del Departamento de RR. HH.

Y ese riesgo es real porque en el resto de las mesas redondas y conferencias, las cuales no hemos nombrado aquí para ser críticos de forma constructiva, directores de RR. HH. de multinacionales de primer nivel argumentaban cosas como «los directivos piden gran cantidad de datos, pero, si nos centramos mucho en ellos, abandonamos los procesos de selección y desarrollo». Si esto ocurriera en un deporte como el golf, es como si el jugador dijera: «Voy a mirar por encima los datos del campo donde me juego un premio de 1 300 000 dólares, porque de todas formas voy a jugar solo los golpes con los que me siento seguro». Pensando así en el golf, te puedes olvidar de vivir de él de manera profesional. Pensando así en RR. HH., te puedes olvidar de impactar en el negocio y convertirte en un departamento estratégico.

EL CAMBIO GENERACIONAL
EN RR. HH. Y JULEN LOPETEGUI

La mejor era del fútbol español y una generación de profesionales irrepetibles. Dos entrenadores, Luis Aragonés y Vicente del Bosque, que han abierto el camino para tener una cultura de juego definida; lo que en RR. HH. venimos a llamar procesos de trabajo claros. Todo un sueño para un país como España, que vive muchísimo el deporte del fútbol.

Y como no puede ser de otra forma, sobre esos profesionales pasan los años y no pueden estar siempre en la misma línea de rendimiento. De ahí que haya que realizar cambios: dar entrada a profesionales jóvenes (júniors en RR. HH.) que aprovechen la experiencia y conocimiento de los más veteranos (séniors en RR. HH.). Y aquí viene la razón de este *post*: ¿somos capaces de realizar de manera ágil y objetiva este proceso?

La selección española de fútbol ha tardado dos años largos en realizar este cambio. Y es curioso que esto ocurra en el fútbol profesional, donde un entrenador que pierde durante cuatro jornadas en la Liga española, a la quinta ya no se sienta en el banquillo. Quizás el dato de que el propio presidente de la Federación Española de Fútbol lleve desde 1988 en el cargo tenga algo que ver con esa agilidad.

El problema es que en nuestras empresas nos encontramos con esta misma situación. Nos cuesta mucho delimitar cuándo tenemos que tomar decisiones con el talento sénior para ajustarlo con el júnior, generando problemas muy serios en nuestras estructuras de personal. Si queremos compararlo con el entorno deportivo de nuestra selección de fútbol, la tardanza ha perjudicado la imagen de un seleccionador que ha ganado lo que ningún otro y, sin embargo, un poco más y dilapida todo su crédito con dos años de aguante e intentos de cambio generacional desastrosos.

Si cada vez que vamos a reciclar nuestro talento sénior pensamos en cómo vamos a mover a ese profesional que ha hecho tanto en nuestra empresa y no pensamos cómo podemos hacer para que vuelque toda su experiencia en los júniors, tendremos el mismo problema que Vicente del Bosque ha tenido con Casillas y algún otro. Pensemos que el tema de la portería de la selección española de fútbol ha sido prácticamente un asunto de Estado, que ha costado muchos goles y desajustes dentro del equipo. En nuestras empresas, hubiera sido mucho dinero y los mismos desajustes internos en nuestros profesionales.

Podemos imaginar el «papelón» que ha tenido el nuevo seleccionador, Julen Lopetegui, a la hora de hacer la selección, máxime cuando ha seguido contando con un talento sénior como Pepe Reina. Pero ha tomado la decisión que todos debemos de tomar, independientemente de cuestiones personales, de las cuales ni la empresa ni el deporte profesional entienden: quedarse con el talento sénior que aporta rendimiento objetivo. Pepe Reina ha realizado una temporada en Italia con un coeficiente de 1,15; el coeficiente de Iker Casillas ha sido de 0,87 en el Oporto (cuanto más bajo el coeficiente, mejor rendimiento). Quizás eso miró en su momento el nuevo seleccionador para llevarlo a la convocatoria: un coeficiente superior, pero un mayor compromiso con enseñar a los jóvenes que van a entrar, sí o sí.

Seamos inteligentes con este reto que tenemos por delante en nuestras empresas. Seleccionemos bien el talento sénior que aporta valor y rendimiento tanto a la empresa como a la fuerza profesional júnior, la cual tenemos que integrar para mantener nuestros resultados. No tardemos dos años en hacerlo, porque nosotros no tenemos una federación que nos ayude a mantener la cuenta de resultados.

HISTORIA DE LA GESTIÓN DEL RENDIMIENTO

Tanto el mundo de la empresa como el mundo del deporte han dedicado una parte importante de su tiempo y esfuerzo a gestionar el rendimiento de otras personas. Sin embargo, el mundo del deporte tiene más experiencia que el de la empresa en dicha gestión. Y, para poder explicarlo, haremos una breve evolución histórica de ambos entornos.

Empecemos por la empresa y, para ello, debemos remontarnos al año 1760 en plena primera Revolución Industrial, donde las personas ya empezaban a organizarse bajo una estricta disciplina y donde existían unos tiempos de trabajo que debían cumplir. De ahí pasamos a la segunda Revolución Industrial (1840), donde se empieza a concebir la idea de que los profesionales deben formarse si quieren adaptarse a su espacio de trabajo y quieren rendir más. En 1911, se empiezan a diseñar equipos con funciones determinadas y aparece la figura del supervisor, el cual dedica su tiempo a revisar el trabajo de su equipo y no a producir de manera directa. Pero no es hasta el año 1932 cuando se entiende que el rendimiento de los individuos es clave en el proceso productivo y se toman medidas para ello, realizándose los primeros estudios sobre conductas de rendimiento y condiciones de trabajo.

Vamos ahora con la evolución histórica del rendimiento desde el ámbito del deporte, que comienza a partir del año 1846, cuando se juega el primer partido oficial profesional de béisbol. Es a partir de esta fecha donde el rendimiento se considera clave, ya que el béisbol no es solo un juego, sino que se utilizan prácticas muy definidas para mejorar el rendimiento, puesto que hay una «necesidad de ganar» y no solo de pasarlo bien. Si seguimos analizando cronológicamente, vemos que en 1863 se crea el código Cambridge el cual se considera el inicio del fútbol como deporte profesional. En 1891 el profesor universitario James Naismith es responsable de la creación del deporte del baloncesto y los elementos competitivos del mismo. En 1896 se organizan los primeros juegos olímpicos modernos con nueve disciplinas individuales entre las que se encuentran tenis, tiro, ciclismo, natación y esgrima, entre otras.

Estableciendo una comparativa entre la búsqueda del rendimiento en el mundo de la empresa con respecto al del deporte, este último lleva una ventaja de más de 80 años. Es en el año 1932 cuando el mundo de la empresa se pregunta cómo puede hacer más para que los empleados rindan más y mejor en su puesto de trabajo sin aumentarles el número de horas ni endurecer las condiciones de trabajo. En ese momento, el mundo del deporte llevaba desde el año 1846 buscando para sus equipos herramientas medibles y observables de rendimiento entre las que se encuentra la más potente de ellas: el entrenamiento.

SI QUIERES RECURSOS HUMANOS, ENTRÉNALOS

No es algo que nos hemos inventado. Puedes revisar uno de nuestros *posts* para comprobar que hay una ventaja histórica sobre el método de entrenamiento deportivo y cualquier técnica de entrenamiento de recursos humanos en la empresa.

Esta ventaja no implica eliminar el resto de las metodologías de formación para los recursos humanos. Al contrario, tienen su espacio y son necesarias para que los profesionales interioricen los aprendizajes de conocimientos y habilidades. Pero es ahí, precisamente, donde cometemos el error. Tendemos a darle a los métodos formativo-empresariales un valor de impacto en las organizaciones, en los puestos de trabajo o en los recursos humanos que sí tienen, pero no tan alto como el que subjetivamente le atribuimos.

El mero aprendizaje de un conocimiento o habilidad no conlleva su utilización en el puesto de trabajo (*master class*, PowerPoint, métodos del caso…). La sola experimentación simulada de un conocimiento o habilidad (*team building, outdoor training, mentoring, role playing…*) tampoco hace que ocurra en el puesto de trabajo. Los deportistas invierten horas y horas de entrenamiento para conseguir los mejores resultados en la competición. Y nosotros pretendemos hacerlo en las empresas solo con programas de formación y métodos indirectos (inteligencia emocional, pensamiento positivo, *mindfulness, coaching…*). Así es imposible alcanzar el mismo rendimiento que ellos. Normal que luego los alabemos. Rendir implica esfuerzos y tomas de decisiones impopulares en los Departamentos de Recursos Humanos, que lamentablemente, en muchos casos, no queremos asumir para no romper el equilibro social de la empresa.

Dejamos de ganar para estar en paz: el mayor error que puede cometer un equipo empresarial.

Y a esto, tenemos que añadirle el problema de la medición (de ahí el comentario sobre el valor subjetivo que le atribuimos a la formación). Dice nuestro socio Javier Imbroda que no se puede competir sin medir. Y nosotros en la empresa, directamente, estamos ya entrenando (formando) sin medir. Es decir, que en el paso previo a la competición que es el entrenamiento, ya nos cuesta relacionar cómo se usa lo aprendido en el puesto de trabajo y qué impacto tiene. Vamos, que estamos más tiempo «a ciegas» que viendo por dónde caminamos, y encima invirtiendo dinero sin tener idea del ROI (retorno de inversión).

Si quieres recursos humanos que tengan resultados, tendrás que entrenarlos. Tendrás que tomar la decisión de hacerlos pasar por un proceso de esfuerzo y sacrificio para generar un impacto con resultados en tu empresa. El resto de las opciones te permitirán avanzar y conseguir resultados parciales, con los que puedes conformarte y ser feliz, tanto tú como tus profesionales. Pero, si no las complementas con un método de entrenamiento eficaz, rendirás como los demás: «al compás» de la suerte, los momentos empresariales y las «ganas» de tus equipos. Y ya te garantizamos que nadie tiene más experiencia acumulada en rendimiento humano que el entrenamiento deportivo.

EQUIPOS, COOPERACIÓN Y RENDIMIENTO: CLAVES PARA RR. HH.

Que las organizaciones actuales tienen que rendir en un entorno de máxima complejidad es una realidad constatada por todos los líderes, equipos y profesionales. La competición empresarial ha cambiado. Exige más a todos los que participan en ella.

Para ser eficaces con este nuevo modelo de competición, hay dos variables que tenemos que dominar: la complejidad y la adaptabilidad. De cómo las manejemos con nuestros profesionales, dentro y fuera de nuestras organizaciones, dependerán en gran medida los resultados que obtengamos.

Nos gusta mucho la descripción que de ellas realiza el general retirado Stanley McChrystal. En parte, porque utiliza como marco de referencia para trabajarlas dentro de su libro *Team of Teams* el mundo de la alta competición deportiva, relacionándose muy cerca con nuestro método de entrenamiento deportivo organizacional. Pero vamos al grano.

La complejidad del actual entorno de competición empresarial se resuelve con comportamientos que generan respuestas rápidas e interdependientes. Pensemos como si fuéramos entrenadores de un equipo de fútbol. Nuestros jugadores, ante una situación de máxima exigencia, tomarán decisiones rápidas que requerirán de una interacción entre todos ellos. Por ejemplo, una decisión de un mediocentro implica un movimiento de un extremo, del delantero y de la defensa. Y todo ello ocurre de manera coordinada.

Esta coordinación sucede porque nuestros profesionales tienen la autonomía para decidir dentro de un esquema inicial de funcionamiento. Dicho esquema es conocido y compartido por todos. Además, se han visto entre ellos funcionar, dentro de este esquema, en diferentes momentos. Sigamos con el ejemplo del equipo de fútbol para explicarlo. Aunque el entrenador ha marcado un sistema de juego, los jugadores tienen el visto bueno para moverse por él, e incluso salirse si consideran que la situación de juego lo requiere. Y eso es compartido por todos. Todos han visto como en otras ocasiones han funcionado sus compañeros en situaciones similares. Así que saben acompañar esas decisiones para que repercutan en el rendimiento del equipo.

Tener esta consciencia colectiva de funcionamiento, enmarcarla dentro de actuaciones autónomas que permitan tomar decisiones con rapidez y de manera coordinada, participando de ellas todo un equipo, supone un reto para los Departamentos de Recursos Humanos. Desde luego, hoy en día no hay herramientas para conseguir estos niveles de trabajo, salvo en situaciones puntuales donde, de manera involuntaria, se unen varios profesionales por un objetivo común. La buena noticia es que en el deporte esto se entrena cada día. Y, además, tenemos las herramientas para hacerlo. Seguramente por eso, hoy por hoy, se nos mira tanto desde el mundo de la empresa.

«Tomar decisiones es una acción razonada y guiada por nuestra capacidad analítica consciente».

No estamos de acuerdo con dicha afirmación.

La toma de decisiones, desde nuestra experiencia en el mundo del deporte, siempre la hemos vivido como una «intuición guiada».

Los profesionales del deporte ante una situación deportiva determinada la evaluarán, obtendrán la máxima información que puedan sobre ella e intuitivamente tomarán una decisión.

A veces, y por la lógica del contexto en décimas de segundo, y otras veces, en días o semanas.

Tomar decisiones en el mundo de la empresa es similar.

Un directivo, a la hora de abordar una situación concreta, recabará toda la información necesaria antes de actuar y se dejará llevar por su experiencia en la toma de decisiones similares a la que se le presenta.

En ambos casos —deportistas y ejecutivo— esa «intuición guiada» a la que nos referimos (y que podríamos definir como la suma entre la experiencia y ese pálpito que nos impulsa a optar por una opción determinada) será la que determine en gran medida cómo abordar dicha situación.

Veamos a continuación cómo se trabaja el proceso de toma de decisiones en la empresa y el deporte.

TOMAR DECISIONES EN LA EMPRESA Y EN EL DEPORTE. ETAPAS Y APLICACIÓN

Tomar decisiones en el deporte. Etapas

Cuando decimos que el deportista evalúa la situación, nos referimos a que recogerá información en forma de datos que le ayude a conocer a qué se va a enfrentar en ese momento.

Sin esa referencia objetiva de la situación, difícilmente podrá decidir con acierto y estaría «compitiendo a ciegas», que es lo que ocurre en la empresa cuando los directivos no aciertan a buscar información objetiva y toman decisiones basadas en sesgos e impresiones.

Este modelo de decisión se paga caro en el deporte. En el mundo de la empresa donde todo lo que ocurre es menos visible, se le echa la culpa al de al lado o a la incertidumbre del entorno y santas pascuas.

Una vez evaluado y casi al mismo tiempo, los deportistas utilizan el *feedback* del entorno en el que tienen que decidir. Ese *feedback* procede del entrenador, los rivales, los compañeros o los entrenamientos, y les sirve para matizar y perfilar toda la información acumulada de la evaluación.

Finalmente, todo lo anterior consigue que el deportista tome una decisión avalada por la intuición, que no es más que todas las decisiones y resultados que ya ha vivido tanto en el entrenamiento como en la competición y que están guardadas en el «disco duro» de su cerebro.

Cómo aplicar la toma de decisiones en el deporte a la empresa

Las bases para tomar decisiones en una empresa son muy similares al ejemplo que te acabamos de explicar del deportista de élite.

Cuando se presenta una situación en vuestra organización ante la que se debe tomar una decisión es muy frecuente recurrir, de manera instintiva, a la experiencia o al modo de actuar en el pasado ante una situación similar. El directivo o personas encargadas de tomar decisiones recurrirán —de un modo automático— a su intuición para hacer frente al reto.

Por tanto, todos los parámetros tomados en cuenta por los deportistas para la toma de decisiones pueden aplicarse perfectamente a la empresa.

Para ello hazte estas dos preguntas:

1. ¿Cuál es la situación en la que tú o tu equipo queréis tomar mejores decisiones?

Existen muchos tipos de situaciones que requieren otros tantos tipos de decisiones. No es lo mismo abordar una situación de venta con un cliente habitual que tratar con un cliente nuevo; ni tampoco es lo mismo decidir una retribución previa a un ERE que posterior a la presentación de resultados positivos.

Cada situación requiere tomar decisiones específicas.

Por lo tanto, lo primero que debes hacer es acotar y definir con la máxima precisión la situación sobre la que se tomará la decisión.

2. ¿Cómo se decidió y qué resultados se consiguieron en anteriores decisiones parecidas?

Aquí es necesario hacer un esfuerzo consciente entre las personas de la empresa que tomaron esas decisiones para conocer sus resultados. Aunque lo ideal sería acudir al histórico para comprobar con mayor exactitud y rigor qué criterios se tomaron en cuenta a la hora de decidir cómo abordar esa situación y qué resultados se obtuvieron.

Por eso, en MindCompanySport ayudamos a directivos y mandos a que vinculen la decisión que tomaron con el resultado que les generó. Y eso se hace con lápiz y papel.

Anotar las acciones que se llevaron a cabo en la empresa en un momento determinado, y los resultados que estas generaron nos permitirá conocer las métricas de partida en la que basarnos a la hora de tomar o no las mismas decisiones ante situaciones similares.

Conclusión

Tomar decisiones en la empresa y el deporte no es tan diferente. Podríamos decir incluso que, en la práctica, son semejantes.

Ambas consisten en analizar la situación a la que nos enfrentamos, obtener la máxima información posible sobre ella antes de actuar y tomar una decisión guiada por nuestra intuición (esa a la que casi nunca hacemos caso y sin embargo es una de las mayores aliadas que podemos encontrar a la hora de tomar la decisión correcta).

En resumen, tres conductas medibles para mejorar la precisión y la calidad del proceso de toma de decisiones:

1. Evaluación y recogida de información lo más objetiva posible.

2. Utilizar el *feedback* del entorno (equipo, clientes, proveedores).

3. Dejar que la intuición guiada decida sin interferir.

Porque el problema principal no es tomar la decisión en tu empresa, sino convencer al cerebro de que es la mejor de las opciones posibles y pueda así comprometerse con dicha decisión.

Y tú, ¿cómo abordas la toma de decisiones en tu empresa? ¿Utilizáis un proceso similar al que os acabamos de exponer o seguís otro tipo de metodología? ¿Qué resultados os ha reportado?

GANARSE EL RESPETO EN RECURSOS HUMANOS

Ganarse el respeto para dirigir recursos humanos no es fácil. Los recursos humanos, se quiera aceptar o no, tienen mucho que ver en los resultados de cualquier proyecto. Los retos empresariales, los proyectos organizativos, las actividades profesionales, los pequeños negocios..., todos tienen recursos humanos que realizan parte de la actividad empresarial. Y sin ellos es imposible «sacarla adelante».

Y esos recursos humanos necesitan estar vinculados al proyecto de trabajo. Y no es un tema generacional. No se trata de si son *millennials*, generación Z u otra de las que están llegando y de las que llegarán. No vamos a entrar en una descripción de generaciones.

La psicología ha intentado categorizar personas desde sus inicios y se ha dado cuenta, hace mucho tiempo, que puede asociar ciertos rasgos, pero de ningún modo son definitivos para ubicar a las personas en una categoría u otra. Hacerlo con generaciones es una tarea aún más complicada.

Recursos humanos, humanos con recursos, humanos en la oficina, personas, profesionales, equipos, *millennials*... No importa el nombre ni si ese nombre empodera o no a las personas en las organizaciones. Lo que importa es si somos capaces de vincular lo humano con los modelos de trabajo donde tienen que desarrollar una actividad.

En el mundo del deporte, de donde procede toda la metodología de trabajo de nuestra firma, pasan generaciones, unas detrás de otras. El deporte nunca se ha parado a ver sus características y describirlas. Siempre ha puesto el acento en adaptar el entrenamiento a las condiciones de los deportistas y a las necesidades de la competición que eran claves en ese momento.

Porque en el deporte no existe este tipo de consideraciones, al menos de forma tan decisiva. Son las personas que tenemos en cada momento las que importan. Y lo que buscamos es que confíen en un proyecto deportivo. En un reto. Retarlas y trabajar con ellas para alcanzarlo. A esas personas las llamamos deportistas, jugadores, equipos, atletas u otras denominaciones. Y, sin embargo, se trabaja igual con todas: reto, compromiso, entrenamiento y competición.

Para retar hay que ganarse el respeto.

Pero para retar a las personas, el responsable del equipo tiene que ganarse el respeto de ellas. Sin respeto, no hay reto. No se puede buscar que los recursos humanos funcionen en un modelo de trabajo liderado por una persona no respetada. Esa persona tiene que ser respetada tanto por la forma de comportarse como por la forma de hacer que el modelo de trabajo funcione.

Esa persona es la responsable de un equipo de profesionales. Tiene unos recursos humanos asignados para desarrollar un trabajo, siguiendo un modelo concreto que es propuesto por la empresa. Y tiene que hacerlos funcionar dentro de ese modelo.

Ese modelo puede estar perfectamente definido. Puede ser el ideal. Inmejorable. Pero, si las personas no están comprometidas con ese formato de trabajo y con la persona que lo dirige, no habrá resultados. Mejor dicho, habrá resultados esperados, que son aquellos que se obtienen porque se hace lo que se tiene que hacer, no aquello en lo que se cree.

Y para creer, para que las personas crean en un modelo y en la persona que lo lidera, el respeto es fundamental. La pregunta es ¿cómo se consigue ganar ese respeto? Javier Imbroda, uno de los socios fundadores de nuestra firma, utiliza tres palabras para responder a esta pregunta: conocimiento, dedicación y actitud.

Conocimiento

El conocimiento es fundamental y es infinito. Nunca se termina de aprender. Porque cuando se deja de hacer, se pierde el respeto. Los recursos humanos, los profesionales, los equipos tienen que saber que el líder sabe. Que el líder tiene conocimiento suficiente.

El suficiente para que el equipo crea que lo que está decidiendo la persona que los guía es lo adecuado. Que lo que les comunica tiene fundamento. Hablarle a un equipo cuando no se está preparado para ello solo consigue movilizar a los recursos humanos para hacer lo que tienen que hacer. Ni más ni menos. Lo justo y lo preciso. Lo que lleva a resultados esperados.

Dedicación

Dedicarse a algo implica entregarse. Trabajar para hacerlo posible. Movilizar todos los recursos para alcanzar objetivos. Volcarse en el proyecto que se tiene que realizar.

Las personas observan y valoran a los que se entregan por una causa. Los recursos humanos valoran a los profesionales que se entregan a un proyecto. Que dedican horas de análisis para cumplir objetivos. Que dedican horas a escuchar en interactuar con los equipos. Que se vuelcan en las propuestas que los equipos les exponen para incorporarlas, en la medida de lo posible, en los proyectos.

Los recursos humanos se comprometen con los que no dejan nada al azar. Con los que están pendientes, al máximo de sus posibilidades, a los pequeños detalles. Esos pequeños detalles que marcan grandes diferencias.

Actitud

Si tienes conocimiento, si tienes dedicación plena y si tienes actitud por alcanzar los retos, tienes un equipo. Según cómo se actúa cuando se trabaja en un proyecto, así estará de comprometido un equipo.

Actuar mirando hacia delante, buscando soluciones, trabajando para superar las limitaciones o apoyando a los recursos humanos para que avancen por el camino trazado provoca compromiso por parte de los equipos con los proyectos en los que están trabajando.

Comportarse con una disposición hacia el crecimiento a cada momento, que permita superar las dificultades que aparecen siempre colaborando con el equipo, permite soldar la credibilidad de los responsables que guían y lideran proyectos.

También cuando no hay equipo

Ganarse el respeto también sirve cuando no hay equipo. Cuando uno es responsable ante un reto, también tiene que respetarse a sí mismo. Ese respeto pasa por mantener un nivel adecuado de conocimiento, esforzarse cada día dentro del rol profesional que se desempeña y mantener una actitud equilibrada ante las dificultades que se deban de superar.

En resumen, hay que ganarse el respeto cuando el objetivo es colocar en un papel importante a las personas en las organizaciones. Y no solo los profesionales que lideran equipos, las organizaciones también tienen que hacerlo. Estas tienen que ganarse el respeto de sus recursos humanos creando modelos de trabajo contrastados (conocimiento), ajustados a las personas (dedicación) y que pongan a disposición de los profesionales todos los recursos necesarios para trabajar con calidad (actitud).

LENGUAJE Y COMUNICACIÓN EN RECURSOS HUMANOS

Trabajar con personas implica comunicarnos con ellas. Utilizamos el lenguaje para poder interaccionar con los demás. Y, según lo que decimos, así nos influimos. Al menos, eso comenta el estudio que destaca nuestra firma y que ha publicado el periódico *El País*.

Las frases motivadoras

Utilizar frases motivadoras, leyéndolas y reflexionando sobre ellas, consigue un efecto de movilización positiva hacia la actividad que tenemos que desarrollar. Los estudios así están demostrándolo.

Pero el motivo de esa movilización, desde la opinión de nuestra firma, no está en el uso de lenguaje. No está en las palabras. Está en los hechos que están asociados a esas palabras.

El lenguaje moviliza

El lenguaje no cambia la realidad ni influye en nuestras capacidades. Son las acciones que están detrás de esas frases las que sí influyen en nuestro comportamiento. Si esas frases motivadoras vinieran de personas que no tienen un histórico de éxito comprobable y real, no generarían ninguna credibilidad.

Puedes contabilizar los éxitos y fracasos de Michael Jordan. Puedes estar de acuerdo, por experiencia propia y demostrable, que profesionales no cualificados no pueden alcanzar buenos resultados. De hecho, si se les pide realizar a unas personas un trabajo para el que no están cualificados, después de «comunicar» sobre la necesidad de estar cualificados para realizar tareas precisas, lo más normal es que abandonen la realización de una actividad compleja antes que aquellos que no «comunicaron» sobre la necesidad de cualificarse y sí sobre la necesidad de motivarse.

Incluso se antoja peligroso ver como profesionales que son conscientes de la falta de cualificación, solo por la influencia nacida de creer en la motivación que las palabras de otros les transmiten, apuestan por arriesgarse a realizar una actividad donde pueden tener un alto grado de insatisfacción por no conseguir superarla.

La experiencia de éxito pasada

Que se afronte una actividad compleja o tediosa no es fruto del lenguaje transmitido, sino el resultado de una búsqueda de éxito en su pasado con otras actividades para las cuales sí estaban cualificados o donde supieron «aguantar» a pesar del aburrimiento. Lo que hacemos tiene una altísima responsabilidad sobre cómo nos movilizamos.

Del mismo modo, en *El arte de la guerra*, Sun Tzu dijo: «El vencedor ya ha ganado antes la batalla». Pero lo argumentó dentro de un contexto de preparación minuciosa previa a la batalla. Es decir, se ve vencedor porque sabe que está tomando decisiones justificadas en base a los datos que tiene antes de una batalla. Se inspira en hechos, no en palabras.

Utilizar el lenguaje influye en nuestras capacidades, siempre que ese lenguaje proceda de realidades contrastadas. Es muy importante tener presente siempre, con las personas dentro de las organizaciones, este detalle. Así movilizaremos a los profesionales, de forma feliz y equilibrada.

LOS PROFESIONALES SON CLAVES EN LAS ORGANIZACIONES

AEDRH comparte hoy un *post* de Lumesse Audalia acerca de la importancia del empleado como pilar base de la empresa, expresando una opinión plenamente compartida por nuestra firma.

Sin profesionales, no hay equipos. Si no hay equipos, no hay recursos humanos. Sin recursos humanos, no hay reto empresarial. Nuestra firma repite estas afirmaciones, una y otra vez, sin parar. Por tanto, cuidar a los profesionales no es una tendencia. Es una necesidad.

Pero hay que cuidarlos

Los profesionales no se mantienen solos. Las organizaciones tienen que hacer por mantener un ajuste entre el modelo de trabajo y los profesionales que lo tienen que realizar.

Y, para ello, los profesionales deben tener salud física y mental. Y esa salud está íntimamente relacionada con el modelo de trabajo y sus exigencias. No es que tengan que disminuir, sino que tienen que ajustarse en la medida de lo posible. Tampoco se puede perder el norte del sector donde se encuentra la organización.

Sectores más exigentes.

Hay sectores más exigentes en condiciones de trabajo que otros. Estos deben tener una mayor atención sobre profesionales y equipos, pues las dosis de motivación son más vulnerables

La motivación va y viene con mucha facilidad. En sectores con condiciones de mayor exigencia aún más. Por eso, es fundamental estar cerca de los profesionales y de su realidad.

Las claves para valorar a los profesionales

Desde la opinión de nuestra firma, las claves están en la lógica. Hacer las cosas con lógica con los profesionales en las organizaciones no termina de ser una tendencia en recursos humanos.

Saber que un profesional necesita refuerzo, comunicación, capacitación, carrera profesional y retribución equilibrada tiene que ser ya una realidad en cualquier organización. Y no solo saberlo, sino defenderlo y buscar las fórmulas para alcanzarlo.

Con toda probabilidad, seguiremos escribiendo y sorprendiéndonos de que no seamos capaces de actuar con lógica en recursos humanos.

LA EXPERIENCIA DEL CLIENTE PASA POR NUESTROS RECURSOS HUMANOS

La experiencia cliente no es un mito. Pero, en muchas ocasiones, la tratamos como tal. Según los datos de un estudio de *Harvard Business Review,* un incremento del 1,3 % en el índice de experiencia cliente (índice CX) implica un aumento del 0,5 % en la facturación. No es una cifra despreciable en las grandes multinacionales, pero tampoco para las medianas y pequeñas empresas.

Que el 0,5 % de un tique de un restaurante corresponda a la satisfacción que ha tenido el cliente en un servicio tiene un valor por encima del numérico. Ese valor tiene un nombre: fidelización. Un valor fundamental en un entorno de exigencia.

Los clientes son los únicos que pueden hacer crecer o estancar el ritmo de un negocio. No importa lo ajustado que esté el modelo de trabajo. Sin clientes, no hay modelo de trabajo a desarrollar. Por tanto, si una parte de los ingresos viene complementada por el indicador CX, quiere decir que se está invirtiendo en presencia y solvencia del negocio.

Y para mantener el indicador CX son claves los recursos humanos. Porque el motor de la satisfacción de los clientes no son los productos o servicios del negocio, que tienen una parte importante de responsabilidad, sino los profesionales que los presentan a los clientes y que los trabajan junto a ellos.

Los productos o servicios deben tener una buena calidad y un precio acorde. Pero los profesionales tienen que mostrarlos y desarrollarlos con los clientes empleando una fuerte orientación hacia la experiencia cliente.

La única forma de que esto sea así es teniendo recursos humanos comprometidos con el negocio, respetados por el negocio y confiados a las personas responsables que los dirigen. De esta forma, asumirán riesgos e invertirán en el negocio con comportamientos profesionales volcados en la máxima exigencia en el trato con el cliente.

Rafael Nadal y cómo obtener resultados en recursos humanos (2018)

Rafael Nadal y sus éxitos son el mejor ejemplo de que los recursos humanos tienen un protagonismo clave en el entorno deportivo. Todo el trabajo que se realiza para alcanzar ese resultado está diseñado y ajustado al recurso humano que tiene que realizarlo: Rafa.

Tanto es así que en su discurso tras ganar la final lo primero que hace es agradecer a su equipo que le haya llevado hasta allí. Ese agradecimiento hace referencia a muchas cuestiones que ya conocemos en el mundo de la empresa:

— Estrategia diseñada para alcanzar el éxito.

— Estructura de trabajo para abordarlo con opciones.

— Organización de esa estructura para hacerla funcionar.

— Diseño de un plan de formación técnico y en habilidades para competir.

Sin embargo, seguimos sin ver a las personas en la empresa como el eje del movimiento de nuestro modelo de trabajo. Cuesta mucho en la empresa ubicar a las personas en esa posición. En ocasiones por cuestiones laborales y en la gran mayoría, en opinión de nuestra firma, por cultura empresarial.

Pero la realidad es que las empresas que se esfuerzan en hacerlo, rompiendo con la dinámica de crear estrategias y diseñar procedimientos para alcanzar objetivos sin realmente tener en cuenta a los profesionales que los tienen que ejecutar, siempre llegan más allá de los resultados que tienen previstos.

El deporte, continuamente, nos está dando pistas de que las personas sí son protagonistas de los resultados que se obtienen ante grandes retos deportivos. Tanto que, si no están preparadas y ajustadas dentro de un modelo de trabajo, esos éxitos son imposibles de afrontar.

Utilizar esta metodología deportiva, que se realiza dentro del propio puesto de trabajo y que está muy alejada de las charlas motivadoras de contenido épico deportivo, permite empoderar a las personas en las empresas, consiguiendo un mejor ajuste de los modelos de trabajo por muy estandarizados que estos estén.

Y es una realidad, no una opinión de nuestra firma. Usar, adaptando adecuadamente, una metodología que está centrada en el ajuste de personas y formas de trabajo para que estas obtengan éxito no es un brindis al sol. Es una decisión de innovación sólida.

Incluso empresas que llevan a sus espaldas años de experiencia en su sector mejoran sus modelos de trabajo y los hábitos de los profesionales que los ejecutan. Porque Rafael Nadal no lleva once Roland Garros y en los once ha realizado el mismo trabajo. Sin embargo, sí sigue siendo el mismo que consigue los éxitos.

Nuestra firma ha adaptado esa metodología deportiva al entorno empresarial. Ha conseguido pasar de la palabra a la acción. De escuchar las historias de superación y éxito, de deportistas y entrenadores, para trabajar como ellos lo hicieron cuando alcanzaron el éxito.

Y eso no se hace con una sesión deportiva o con una charla experiencial. Se hace entrenando con los modelos de trabajo y los profesionales que los integran, dentro de su entorno de competición: su empresa.

AGILE PARA RECURSOS HUMANOS

Agile en recursos humanos es una de las últimas tendencias que se están intentando implantar, con el fin de posicionar a las personas como eje de valor en las empresas. Desde luego es una idea más para tener en cuenta en este camino de posicionamiento que tienen por delante los Departamentos de Recursos Humanos.

El problema es que es una nueva idea más. Una nueva idea que intenta transformar la cultura empresarial clásica, anclada en el profesional como un recurso que tiene que producir y ser eficaz.

Este modelo tradicional pone el acento en la jerarquía, pues hay una persona que dirige, decide y controla el trabajo. Es un modelo que está muy asentado, en opinión de nuestra firma, en muchas de las formas de trabajar actuales. Tanto es así que dificulta enormemente el encaje de las personas como recurso valioso para llevar a cabo una determinada tarea con éxito.

Convencer de que es necesario cambiar a una cultura que ponga el acento en poder diseñar formas de trabajo donde los profesionales participen desde el inicio actuando en equipo, compartiendo información clave, ayudándose en las tareas, decidiendo juntos y utilizando el conflicto como punto de mejora no es nada fácil.

Puede que las grandes organizaciones vean con más facilidad que hay margen para iniciar estos cambios en el día a día. En la pequeña y mediana empresa, es mucho más complicado que se vea así.

Sin embargo, y en función de la experiencia de esta firma con sus clientes, el noventa por ciento de las soluciones de consultoría que implantamos tienen como protagonistas a las personas. Tienen como protagonistas los cambios que se producen en las formas de trabajo de los profesionales y equipos, cuando se les permite cooperar e intervenir en el modelo de trabajo. En la forma de hacer las cosas.

Mayor compromiso con la productividad, mejora de la motivación en el puesto de trabajo, aumento de la fidelización con la empresa, refuerzo de la tolerancia al error y una comunicación eficaz son algunos de los resultados que hemos podido ver en nuestros clientes.

Las pruebas están ahí y son reales. Ahora hay que decidir aplicar ese cambio en la cultura empresarial. Los deportistas y entrenadores profesionales lo hacen constantemente. Saben que la forma en la que se decide competir no es la clave. La clave es cuánto consiguen preparar y comprometer a las personas que tienen que hacerla posible.

LEALTAD Y RECURSOS HUMANOS

La palabra lealtad ha comenzado a sonar con fuerza en estos días. El problema que ha ocurrido en la selección española de fútbol la ha puesto de moda. Un entrenador que está a punto de afrontar un campeonato mundial ficha por un club importantísimo para después de finalizar este campeonato. Por tanto, cuando acabe ese reto, a pesar de seguir teniendo contrato, no seguirá.

El fichaje se anuncia cuarenta y ocho horas antes de empezar el campeonato. El entrenador ya tiene todo preparado. Lo que queda es competir bajo los criterios estratégicos trabajados hasta ese día y los que se añadan durante la competición.

Y el CEO de la selección española de fútbol se enfada. Se enfada porque va a perder a un activo importantísimo. Va a perder al entrenador porque ya no estará concentrado en su tarea mundialista.

Hasta aquí un breve resumen de la situación vivida estos días. Pero hay que ser realistas: una empresa que quiere a un directivo de otra empresa lo puede contratar cuando quiera, si puede. Aunque ese directivo tenga entre manos un trabajo fundamental para la empresa no contratante. Si las condiciones son mejores, puede decidir que acepta el fichaje. Eso sí, una vez terminado el trabajo iniciado.

Ahí está la lealtad y la ética. Terminar el trabajo importante que se está realizando por ética profesional y por la lealtad a la empresa que le ha contratado para ello. Pero, una vez finalizado, se termina. No hay una obligación de seguir vinculado sí o sí. Porque si ocurre esto último, si nos vemos obligados a mantenernos vinculados, la cosa cambia.

Ya no se está trabajando por lealtad y ética, sino por obligación y moralidad. Y, entonces, ya no se funciona igual de bien. Las personas bajan su rendimiento porque no están donde quieren estar, sino donde deben de estar. Los deberes y obligaciones son necesarios, pero siempre en equilibrio con los derechos y los retos.

Los profesionales tienen el deber de cumplir con un contrato de trabajo y sus condiciones cuando este se ha firmado. Y tienen la obligación de hacerlo con ética y lealtad profesional. Pero también la empresa o el club tiene el derecho de presentar un contrato que sea justo en sus condiciones y que los retos profesionales que lo motivan sean, por lo menos, reales.

Y si no es así, y alguna de las partes no cumple con su compromiso, se termina lo más éticamente posible el trabajo y se pone fin a la relación profesional. Aquí la lealtad ya no tiene cabida, porque una de las partes no ha cumplido. Pero qué pasa cuando ambas partes cumplen. Aquí viene la cuestión.

Cuando ambas partes cumplen y una de ellas decide cambiar de rumbo profesional, se va con lealtad (terminando su trabajo con la máxima intensidad) y ética (preparando el terreno para el cambio). Lo que no se puede hacer es dejar de creer en la parte que decide desvincularse, sin darle la oportunidad de dejar las cosas «bien hechas».

Cuando hay equilibrio en el compromiso que adoptaron ambas partes, es muy complicado que un profesional se vaya sin dejar todo bien atado. Porque es un profesional, no uno más. Un profesional que ha demostrado en su trabajo que se podía confiar en él. No va a ser distinto ahora que decide marchar por una cuestión de mejora y no por faltar al compromiso adquirido entre las partes.

Y esto va a estar a la orden del día. En un entorno VUCA (volatility, uncertainty, complexity y ambiguity), la lealtad y la ética son también VUCA, estando sometidas al atractivo de los retos y condiciones de los proyectos. Y no por materialismo, sino porque el mercado ya no pide lealtad a las empresas o a los escudos, sino lealtad a los retos y ética en la capacidad de adaptación para conseguirlos.

PRODUCTIVIDAD Y RECURSOS HUMANOS: RESULTADOS

En el deporte de competición la clave está en entrenar con eficiencia para poder competir con la máxima eficacia. No entrenar con eficiencia implica dedicarle demasiadas horas al entrenamiento con el consecuente desgaste físico y mental de los profesionales, que luego se verá reflejado en una disminución de su capacidad de rendimiento en la competición.

En la empresa, si no analizamos los tiempos y cargas de trabajo de los profesionales siguiendo el mismo criterio deportivo descrito en el párrafo anterior, nos seguiremos encontrando con el problema de la baja productividad empresarial. Actualmente, en España dedicamos unas 1695 horas en el ámbito laboral, unas 332 horas más que Alemania que es una de las economías más potentes de Europa.

Nos situamos en la parte alta de la clasificación en horas laborales empleadas en Europa y, sin embargo, estamos en la parte baja de la clasificación en relación con el partido que le sacamos a esas horas: nuestra productividad es del 31,5 %, estando por delante de Grecia y Rumanía.

Estamos trabajando mucho y con poca eficiencia en las pymes que son el 99 % de nuestro tejido empresarial. Seguimos pensando que la productividad es cosa de grandes multinacionales, cuando realmente es un indicador clave de todo reto empresarial.

El día a día nos confunde

Las tareas diarias necesarias para hacer funcionar nuestro negocio nos agotan y nos colapsan. Y, además, son inapropiadamente prioritarias. Las tareas directamente relacionadas con el cliente y la actividad operativa de los negocios tienen toda nuestra atención «desmedida». Las hacemos porque es lo que hay que hacer en nuestro sector, pero no las hacemos buscando eficiencia, sino buscando «despacharlas». De esta forma, cuanto más «despachemos», mejor estamos haciéndolo. Todo lo contrario que se busca con la productividad, donde el volumen desmedido no es síntoma de salud empresarial.

Poca flexibilidad horaria

Tenemos problemas para adaptar la libertad horaria de nuestros profesionales. Si los profesionales están sujetos a horarios donde la conciliación no es posible cuando esta es una obligación para ellos, tendremos valores de absentismo justificado e injustificado elevados. Solo el miedo a la pérdida del trabajo ajustará estos valores como ocurrió en la etapa de la crisis. Y ya hemos aprendido, que el miedo en el entorno laboral es la base para el inicio de la falta de productividad en los equipos y el inicio de la «inercia» por la supervivencia laboral.

«Más» no es sinónimo de rendimiento

La productividad aparece siempre que las tareas claves de producción de un negocio tienen indicadores que las definen adecuadamente en tiempo y resultados. Los entrenamientos deportivos se analizan así: tiempo que necesitamos, resultados que conseguimos. Seguir buscando retos empresariales con horarios «complicados» estará bien siempre que sea eficiente para el negocio y con una repercusión positiva para el equipo de profesionales que lo lidera. Si solo tiene eficacia (resultados) para el negocio, será cuestión de tiempo la falta de rendimiento del equipo y, con ello, el comienzo de la disminución de los resultados.

Desde nuestra firma, insistimos muchísimo a nuestros clientes para que cuiden este concepto de productividad, sea el tipo de negocio que sea. Porque trabajar con la productividad siempre es sinónimo de mejora de resultados empresariales y satisfacción en los profesionales. Y ambos son claves para la supervivencia de los retos empresariales, sin importar el tamaño y tampoco el sector.

ORGANIZACIONES DEL FUTURO: PILARES

En un trabajo muy interesante de ManpowerGroup se hace una reflexión sobre las necesidades que tendrán las organizaciones del futuro para sostener un empleo y profesionales de calidad. Son muchísimos los profesionales que han participado en esta reflexión y desde nuestra firma, como no podía ser de otra forma, queremos hacer referencia utilizando nuestra metodología. Es decir, analizando esa información desde el mundo del deporte profesional aplicado a los recursos humanos.

Las organizaciones tienen que atraer el talento, mantener una inquietud constante por aprender, crear espacios de interacción que generen talento y liderar digitalmente decidiendo con datos. No podemos dejar pasar la oportunidad de reforzar que, en el deporte profesional, esto es una realidad desde hace muchos años. La metodología deportiva contempla estos pilares, como mínimo desde 1846 cuando se jugó el primer partido de béisbol dentro de una competición reglada.

Talent magnet: *atraer el talento*

En el deporte profesional el imán del talento es el reto. Un club, un equipo, un jugador…, todos son capaces de ser una fuente de atracción de talento, siempre que hay un reto por medio. El reto motiva al talento deportivo. El reto motiva también al talento empresarial. Podemos definirlo con términos más elaborados, pero la realidad es que el reto es el motor del talento humano y las organizaciones, empresas, entidades, pymes o micropymes tienen que buscarlo dentro de sus estructuras de trabajo.

Pero tenemos que ser capaces de hablarles del talento con términos más cercanos y reales, porque de lo contrario corremos el riesgo de que sean cosas para «multinacionales», cuando para nada es así. Somos un país donde el 95 % de las empresas tiene menos de diez trabajadores y todos los profesionales necesitan el talento en su día a día. Un dependiente, un camarero, un administrativo, un monitor deportivo, un técnico de plagas, un responsable de eventos, un funcionario de una administración pública, un programador informático… De hecho, es el talento lo que les mantiene en sus puestos de trabajo independientemente de que el negocio en el que desarrollan su labor profesional apueste o no por ese talento.

Por eso, es tan importante hablar de talento en términos manejables y aplicables: las empresas tienen que retar a sus equipos y corresponderles en la misma medida, si estos se comprometen con el reto propuesto y alcanzan determinados resultados. De ahí nace el talento natural que cada profesional o equipo puede ofrecer a su negocio. Un talento de altísima calidad porque nace de la motivación interna por alcanzar un reto.

Skills revolution: *habilidades que se adaptan*

En deporte, imposible competir sin habilidades entrenadas y adaptadas a cada momento de la competición. No hay opciones de alcanzar resultados, es imposible. Mantenerse compitiendo en el alto nivel requiere de una iniciativa continua por el aprendizaje y perfeccionamiento. Estar en una continua revisión de habilidades y resultados que se consiguen con ellas es lo normal.

En la empresa nos cuesta muchísimo porque sobre todo tenemos que «sacar» los negocios adelante. No podemos ni tenemos tiempo para nada más que no sea cumplir con las tareas diarias. Las habilidades hay que «traerlas de casa» y ponerlas al servicio de la empresa. De lo contrario, no se está preparado y hay que buscar profesionales que cubran esas necesidades. La realidad obliga más que los deseos reales de cómo nos gustaría funcionar.

Esto obliga a los profesionales que sí se mantienen a que sus habilidades requieran una adaptación más rápida que la que exige incluso la propia digitalización. Hay negocios donde la adaptación de habilidades es diaria. Incluso «horaria»: tienen que adaptarse a situaciones comprometidas cada minuto. Profesionales de los eventos, de la telefonía móvil, de la hostelería, de la restauración, del sector de los seguros...

Si lo pensamos bien, en un entorno de competición deportiva ocurre igual. Jugando un partido de baloncesto profesional, el reto de utilizar las habilidades deportivas es constante y con un alto coste si no se realiza eficazmente. Constantemente, hay que entrenarlas y volverlas a poner a punto para la competición, si el equipo, los profesionales y el club quieren ser sostenibles.

Hybrid talent ecosystem: *un entorno donde pueda crecer el talento*

Tenemos que ayudar a los empresarios a cambiar la forma de pensar anterior. Si la prioridad está en salir adelante, el talento nunca podrá mantenerse ni tampoco evolucionar. El poco talento que sale es para solucionar el día a día, estando además muy limitado por las tareas diarias que son imprescindibles e incuestionables, por tiempo y necesidad, para sacar el negocio adelante.

Y no podemos hacerlo desde las palabras. Tenemos que ofrecer soluciones rápidas, duraderas e integradas en el ritmo laboral para que puedan ser asumidas por las empresas, mientras siguen funcionando. Crear espacios de trabajo donde se relacionan talento y necesidades empresariales es muy complicado y, además, inasumible para la mayoría de las empresas de nuestro país.

Necesitamos soluciones que generen momentos donde los profesionales, del tipo de empresa que sea, se puedan relacionar entre sí para que ese talento tenga espacio para aparecer y ocurrir. Por ejemplo, una reunión de quince minutos antes de abrir un restaurante puede ser suficiente para que se revisen los problemas del día anterior y el talento del grupo aporte soluciones de mejora inmediatas.

Son profesionales, de edades distintas, con distintos contratos, con distintas responsabilidades, de distintos sitios..., pero poniendo su talento sobre la mesa en quince minutos, para ofrecer la mejor experiencia cliente posible. Es lo mismo que ocurre en un tiempo muerto en baloncesto. Talent experience: cómo fomentar el talento.

Son los equipos deportivos, los entrenadores y los clubes que apuestan por un reto común los que generan una experiencia de talento inolvidable. Y no es por el sentimiento de equipo, no es por las emociones experimentadas, no es por lo que se habla en esos momentos de máxima exigencia, es por lo que se vive. Las personas no olvidan aquello que les marca porque lo han vivido. Porque saben que es real, y lo real se puede sentir.

Los empresarios tienen que ver la realidad de empoderar a las personas dentro de sus proyectos empresariales. Tienen que ver como ese protagonismo, ese poner en manos de sus equipos sus negocios, genera rendimiento. No podemos pedirles que el empleado sea la clave de su negocio y que se esfuerce por ofrecerles oportunidades para crecer cuando la realidad de su día a día le obliga a facturar, y para ello, sí o sí, tiene que cumplir con ciertas tareas. No lo puede convertir en el eje, sino en una nueva pieza que lo hace funcionar mejor.

Un despacho profesional puede ofrecer todas las oportunidades del mundo para que sus empleados crezcan y sean mejores. Puede intentar incorporar en sus «formas de trabajo» momentos donde se intercambie información entre compañeros de la misma oficina, de otras oficinas, encuentros con otros profesionales..., pero, si tiene que solucionar las demandas diarias de sus clientes para mantenerse, tiene que equilibrar muy bien el tiempo que le dedica a la generación de talento.

Digital leader: *liderar*

Es el último pilar y del cual todos los empresarios tienen una amplia información. Todos saben de la importancia del liderazgo. Pero ¿cómo se puede hacer llegar el liderazgo a las micropymes y pymes? Podemos hablarles de personas que han sido brillantes, que se han esforzado, que han tenido iniciativa…, ellos también. Han montado una cafetería con lo poco que tenían y no son Steve Jobs.

Hablarle a un empresario de este tipo de empresas de liderazgo debe tener un componente de proximidad con su negocio, con sus datos habituales de facturación y con las decisiones que tiene que tomar para mantenerlo. Cada día manejan ciertos datos, muchas veces inconscientemente, y deciden sobre ellos sin darse cuenta. No porque no tengan conocimiento, sino por velocidad y necesidad de respuesta.

Son como entrenadores deportivos decidiendo con datos en segundos. Si no les aterrizamos, claramente, sobre la realidad de su negocio y cómo tienen que utilizar los comportamientos de liderazgo, nunca los asumirán y seguirán pensando que son cosas para «los grandes». Cuando para nada es así.

Un empresario que tiene un concesionario de coches puede potenciar la capacidad de velocidad de respuesta de su equipo sabiendo que puede medir la capacidad de solución que tiene su equipo a los problemas que presentan sus clientes. Y que con el dato que obtenga sobre esa capacidad de solución, puede tomar decisiones relacionadas con la forma de trabajar que, si las ha medido, conociendo qué influencia han tenido en su negocio, al mismo tiempo, que genera una comunicación de credibilidad y confianza con su equipo al trasladarles la información y hacerlos partícipes de la búsqueda de nuevas soluciones. Los lidera haciéndoles aflorar su talento.

Por tanto, la situación real es que hay que hacer llegar estos pilares al tejido empresarial de nuestro país. Y que, para ello, tenemos que adaptarnos a cómo está configurado este tejido empresarial. Si no, empoderaremos solo a un 5 % de los profesionales de este país. El resto seguirá viviendo una situación de supervivencia por talento.

INDICADORES PARA LA ACTIVIDAD DE LOS RECURSOS HUMANOS

Los indicadores que miden lo que aportan las personas en las empresas son una realidad que ha llegado para quedarse. Lo que en un principio parecía altamente imposible, ahora empieza a valorarse como un factor más para tener en cuenta dentro del cuadro de mando. La información que la analítica de datos nos ofrece sobre las personas que forman nuestras organizaciones aún es muy densa y amplia, pero poco a poco se comienza a ver líneas de información claves.

La orientación que le demos a esta información marcará mucho como se vean estas herramientas de medición. Dentro de la cultura empresarial, la medición no tiene siempre una «buena prensa». Está muy asociada a la medición para controlar a los profesionales. De los responsables de cada organización depende cambiar este concepto e introducirlo nuevamente en la cultura de la empresa como una medida de lo que se puede aportar y mejorar desde el factor humano.

No hay tamaño para la medida

Usar o no la medición del comportamiento humano para ver cuánto peso tiene en las tareas que se tienen que realizar para sacar adelante un negocio no tiene que ver con el tamaño. Un restaurante puede medir cuántas veces levantan la cabeza sus camareros; un hotel cuántas veces preguntan sus recepcionistas a los clientes si quieren *room services*; una empresa de publicidad cuántas veces sus profesionales cumplen todas las tareas asignadas a cada promoción; un despacho profesional puede medir el tiempo de respuesta de sus profesionales en los problemas relacionados con la declaración de la renta; una agencia de seguros, cuántas tareas administrativas se realizan cada día y qué tiempo les quita de la atención al cliente; una tienda, cuántas veces sus vendedores le preguntan al cliente «si necesita que le ayude en algo más»; una empresa de telemarketing puede medir cuándo sí y cuándo no se mantiene la sonrisa telefónica…, y así se podría seguir. Es una cuestión de decidir hacerlo o no. Lo que ya no es es una cuestión de creer o no en ello.

El factor humano no es una cuestión de feeling

Son muchos los intentos que hay para medir con las herramientas tecnológicas actuales las emociones. Y los intentos que mejor resultado están teniendo son los que consiguen indicadores a través del comportamiento de las personas. Los comportamientos, que además se pueden observar si queremos verlos, nos indican cómo se encuentran nuestros profesionales y cuánto nos pueden aportar en cada momento. Pero no solo es una cuestión de cómo pueden rendir las personas, sino que también las tareas habituales de nuestro negocio pueden mejorar si estamos atentos a esos comportamientos, porque entonces podremos anticipar problemas de ejecución o podremos ver nuevas mejoras a implantar.

Las herramientas de medición no son complejas

Basta con un lápiz y un papel para poder anotar que, en la última semana, los clientes no han recibido las toallas del vestuario del club deportivo del cual somos responsables. Podemos comprobar que, durante una semana, nuestros profesionales han estado en las posiciones claves que definimos con ellos para atender al cliente en un campo de golf, simplemente saliendo una vez al día a la terraza de la casa club y anotando si están o no. No tenemos que implementar complejos programas, lo que debemos tener es la actitud de querer conocer cuánto aportan los profesionales que tenemos en nuestro negocio.

Las mediciones se relacionan con resultados

Si anotamos que los profesionales de una tienda han estado situados en las zonas que se han definido como sensibles para el cliente en un 90 % de las veces que hemos observado su ubicación y que las ventas esa semana han subido un 5 %, manteniéndose el resto de los valores igual a la semana anterior (paso cliente, promociones, *merchandising...*), está claro de dónde viene ese resultado. Si nuestro equipo de restauración ha vendido más tapas frías en una semana similar a la anterior y hemos observado que el 85 % de los clientes, cuando han entrado por la puerta del establecimiento, han sido informados de las tapas frías de ese día, está también claro de dónde viene ese aumento en el tique medio del cliente. Por tanto, es una cuestión de querer relacionar o no lo que hacen los profesionales de nuestros negocios con los resultados que obtenemos.

Las mediciones lideran

Liderar es decidir. Y decidir requiere credibilidad. Las mediciones permiten reforzar esa credibilidad. No es lo mismo que los responsables de los negocios decidan porque saben, porque tienen experiencia acumulada, porque es su negocio, porque ya tienen otros negocios o porque quieren innovar para ser los mejores... a decidir porque cada vez que se realiza la tarea de esa forma concreta que quieren comunicarle al equipo mejora en el despacho el número de llamadas solicitando asesoramiento fiscal, por ejemplo. A los equipos no hay que convencerlos hay que empoderarlos en el conocimiento de los resultados que tienen sus acciones y transmitirles hacia dónde se pueden dirigir con esos resultados, para que juntamente con ellos se tomen decisiones de éxito.

En resumen, las mediciones de los recursos humanos tienen que dejar de ser algo disciplinario, controlador e imposible. Están demostrando que sirven para empoderar el valor de las personas. Pero, para ello, debe de haber un cambio en la cultura de los pequeños negocios, de las empresas, de las organizaciones o de las entidades. Y eso solo se puede conseguir «haciendo».

INDICADORES *(PEOPLE ANALYTICS)* Y SU DEFINICIÓN EN EQUIPO

El valor de las personas y del trabajo que realizan en cualquier tipo de empresa, independientemente del tamaño, no se puede medir con palabras. Es imposible. Medir las aportaciones de los profesionales requiere de un indicador más numérico y menos verbal.

Además, esas aportaciones no son solo referentes al esfuerzo que hacen los profesionales para cumplir con las tareas que tienen asignadas. Los indicadores también tienen que ayudar a medir el valor que aportan las tareas que se realizan en un negocio.

En la experiencia con nuestros clientes, hemos comprobado como el equilibrio entre lo que una tarea bien definida aporta al negocio y la forma que tiene de realizarla el profesional es determinante para el resultado final. De nada sirve tener excelentes modelos de trabajo si las personas no pueden ejecutarlos.

Los indicadores se crean en equipo

Los indicadores que atañen a las personas y las tareas que estas realizan se tienen que diseñar en equipo. Si los profesionales no participan del diseño de los indicadores, entonces no se comprometerán con ellos. No son indicadores económicos, de ventas, de operaciones..., son indicadores diferentes. Los indicadores de personas (*people analytics*) buscan ver como estas realizan una tarea para mejorar su desempeño, pero también ofrecen información útil sobre el valor de la tarea realizada para el negocio.

En nuestra opinión, esa información que ofrecen los indicadores debe servir para ajustar a ambos: tareas y personas. Y nadie como los profesionales que realizan diariamente esas tareas para saber cómo hay que medirlas y ajustarlas. Por ejemplo, en un Departamento de *Marketing* no podemos buscar indicadores del impacto de una campaña sin contar con los profesionales que la han realizado, por mucho conocimiento que tengamos de *marketing* y de los indicadores que normalmente se utilizan. Si queremos información que de verdad sirva para tomar decisiones, tenemos que contar con el equipo para encontrarla.

Hay que ser específicos

Tener clara la tarea que se quiere medir es fundamental. Si vamos a diseñar un indicador, este tiene que hacer referencia a una tarea entendible por todo el equipo y para eso hay que especificar al máximo los detalles de esa tarea. Por ejemplo, si estamos hablando de la planificación de un evento, debemos tener muy bien especificadas todas las tareas que se necesitan realizar para que el evento salga bien. De esta forma, podremos decidir si necesitamos un indicador de todas las tareas para conocer cómo vamos con el evento o si necesitamos indicadores para cada una o alguna tarea en concreto por su importancia dentro del montaje del evento.

Evitar la subjetividad en los indicadores

Un indicador no mide muchas tareas. Mide una sola tarea que tiene un grado más o menos alto de subjetividad. Y hay que definirlo de manera que todo el mundo pueda interpretarlo igual, para compensar esa subjetividad en la medida de lo posible. Por ejemplo, si en un *rent a car* definimos como indicador «Número de pedidos a corto plazo», el nivel de subjetividad de ese indicador no les va a permitir encontrar información precisa a todos los profesionales del equipo, pues cada uno interpretará el concepto de tiempo «a corto plazo» de forma distinta. Por eso, la definición específica del margen de tiempo que supone «a corto plazo», por ejemplo, estableciendo ese corto plazo como la previsión de coches a entregar a tres días vista, permite a todos los miembros del equipo entender por igual las necesidades de personal y de recursos que van a ser necesarias cada vez que se utilice ese indicador.

Clasificar y contabilizar indicadores

Siempre que definamos un indicador del tipo «Número de...», si queremos ir un paso más allá de la información general que nos ofrece, tenemos que clasificar y contabilizar la información que conseguimos. Por ejemplo, el indicador «Número de incidencias en el *stock*» de una tienda ofrece información sobre problemas con el inventario de los artículos. Es una información general muy interesante para conocer qué podemos vender y qué tenemos que pedir. Pero podemos seguir profundizando, clasificando los artículos que no tenemos y contabilizando cuántos de ellos faltan. Así, tendremos información precisa de qué productos son los más vendidos en nuestra tienda, por ejemplo.

Combinar la información de los indicadores

Una vez tenemos bien definidas las tareas a las que hace referencia el indicador, hemos reducido su grado de subjetividad lo máximo posible y tenemos bien ordenada/contabilizada la información que nos ofrece; lo que nos queda es combinarla. Y, aquí, el equipo vuelve a ser determinante. Los profesionales, de forma natural, saben qué información es más sensible para su trabajo y los responsables de estos profesionales tienen que fomentar la búsqueda de esa información combinando los indicadores que se han definido entre todos.

Por ejemplo, si combinamos el indicador «Nivel de satisfacción del cliente» de un despacho de abogados con el indicador «Facturación del cliente», podremos tener una mejor aproximación a la opinión que tiene ese cliente sobre los servicios que son prestados desde el despacho. Esto es así porque el indicador «Nivel de satisfacción del cliente» tiene una carga subjetiva muy alta, que podemos ajustar mejor combinándola con información más objetiva, como es el caso de la información del indicador «Facturación del cliente». La información que obtengamos seguirá teniendo que ser interpretada, pero nos ayudará a tomar mejores decisiones sobre ese cliente, porque habremos reducido en lo posible el grado de interpretación.

TRANSFORMACIÓN DIGITAL Y EL PAPEL DE LOS RECURSOS HUMANOS

Todas las empresas tienen modelos de trabajo: formas de hacer las cosas. Y esos modelos de trabajo están dirigidos y ejecutados por personas. La transformación digital viene a aportar nuevas tecnológicas que mejoran el funcionamiento, tanto de esas formas de actuar como de las personas que están detrás de ellas. Por ejemplo, una farmacia puede utilizar un *software* para mejorar el servicio a sus clientes avisándoles de la llegada de los productos que han pedido, sin llamarlos al móvil, solo con un sencillo SMS que se genera de forma automatizada.

Pero no solo cambia la forma de actuar con los clientes o la forma de trabajar dentro del negocio, sino también cambia la forma de utilizar la información que podemos generar con la tecnología. Esa misma farmacia del ejemplo anterior, utilizando su nuevo *software*, puede analizar de qué tipo de productos se suele avisar a un cliente en particular o, lo que es lo mismo, informarnos sobre su comportamiento de consumo en nuestro negocio. Una información más que útil si decidimos aplicar la tecnología para conseguirla.

Lo primero, decidir

Efectivamente, tenemos que decidir utilizar la tecnología. Tenemos que decidir si es útil para nuestro negocio, para la forma que tenemos de hacer las cosas, para los profesionales que ejecutan nuestro modelo de trabajo o para los clientes que consumen nuestros servicios o productos. Es una decisión fundamental.

No podemos incorporar tecnología si no tenemos claro en qué puede ayudarnos y qué implicación vamos a tener a la hora de utilizarla.

El responsable de una gestoría, por ejemplo, puede pensar que su equipo necesita responder más rápido a sus clientes y busca una solución tecnológica que agilice la comunicación con ellos, invirtiendo una parte del presupuesto en esta solución. Sin embargo, el éxito de que esa inversión tecnológica sea rentable para la empresa dependerá de su implicación (liderazgo) y de cómo la trabaje con su equipo (profesionales). La herramienta tecnológica, por sí sola, no va a realizar ese trabajo de mejorar la capacidad de respuesta con los clientes.

Lo segundo, una estrategia para hacerla posible

Una vez tomada la decisión, y ya teniendo claro cómo puede ayudarnos y qué implicación requiere de todas las personas que tendrán que utilizarla en su día a día, hay que establecer la estrategia para que la tecnología se consolide. Es decir, establecer cómo vamos a introducirla de manera sólida en el negocio. Y ahí el protagonismo lo tienen, nuevamente, las personas.

Porque la tecnología no piensa ni actúa sola, piensa y actúa con las personas.

La tecnología no se introduce sola en los negocios, se introduce por aquellas personas que son las responsables de valorar cuánta utilidad aporta esa tecnología. Por tanto, requiere de comportamientos que la ayuden a «quedarse» como una herramienta útil dentro del negocio. Y para que esto ocurra hay dos comportamientos claves: adaptación e insistencia.

El comportamiento de adaptación tiene su razón de ser porque la transformación digital requiere cambiar hábitos de trabajo; puede que en su totalidad o puede que solo en pequeños detalles. No importa realmente, porque los cambios de hábitos requieren de un esfuerzo, sí o sí, de las personas que se ven afectadas por ellos. Y ya sabemos que hay que tener una mentalidad abierta y preparada para asumirlos.

Por ejemplo, los profesionales de recambios de un concesionario de coches, que siempre han trabajado buscando en el almacén o pidiendo a proveedores las piezas que necesitan los mecánicos para el taller de su servicio postventa, ahora tienen que introducir la información de si la pieza está en el almacén o hay que pedirla en un sistema informático que avisa también al mecánico de su disponibilidad para utilizarla. Puede ser una solución tecnológica maravillosa, pero solo si el equipo se adapta a ella.

Y, para adaptarse a ella, hay que insistir con empeño. Hay que buscar la manera más cómoda de que los profesionales, siempre con sus aportaciones e ideas, puedan moldear esa tecnología con las formas de trabajo habituales para que se pueda, poco a poco, ir incorporando al negocio. Habrá que probar, ver cómo funciona y volver a probar. Y eso, unido a la carga del día a día, requerirá de una gran insistencia y compromiso.

Otro ejemplo, pensemos en un equipo de mantenimiento de un hotel que comienza a trabajar con un *software* que les avisa de las revisiones periódicas y de las incidencias graves del día a día. Este equipo de profesionales tendrá que reorganizar o cambiar todo su modo de trabajo habitual para introducir la revisión de la información que este *software* les envía, debiendo dedicar tiempo y esfuerzo hasta que encuentren la forma ideal de combinarlo con su hábito de trabajo diario. Eso requiere de mucha insistencia para querer conseguirlo.

Lo tercero, la información con datos

Si hemos alcanzado un compromiso con el equipo en utilizar una herramienta tecnológica y estamos trabajando en cómo adaptarla a nuestro modelo de trabajo, en ese mismo proceso de adaptación de la herramienta, esta ya comienza a ofrecer información. Información en forma de datos.

Ahora son los datos los que nos van a contar la «historia» de lo que está ocurriendo. Y para poder trabajar con ellos, tenemos que hacer el esfuerzo de olvidarnos de las interpretaciones procedentes de nuestra experiencia profesional y poner todos los días, con pensamiento crítico, a validar esa experiencia.

Por ejemplo, puede que un responsable del servicio técnico de una empresa de distribución de equipos de oficina, por su experiencia acumulada, siga opinando que lo mejor para formar a un nuevo técnico es la formación *online*, a pesar de disponer de una solución tecnológica, que le informa de los datos de incidencias que los nuevos técnicos suelen tener con los clientes.

¿Cómo podemos conseguir que ese responsable empiece a trabajar con los datos procedentes de la transformación digital? Según la experiencia que hemos tenido con nuestros clientes y los datos que hemos obtenido de nuestras soluciones, los comportamientos para poder conseguirlo son los siguientes:

Gestión de la información

Van a ser muchos datos y estos van a generar muchas interpretaciones. Hay que estar preparados para recibirlos y «gastar» tiempo en trabajarlos. Donde antes se solucionaba con la opinión de la experiencia ahora hay que ver qué dicen los datos sobre esa manera habitual de proceder. Por ejemplo, un técnico informático puede decir: *«Esto se soluciona así normalmente y entra dentro del tiempo asignado que tenemos por la empresa»*. O ese mismo técnico puede decir: *«Solucionamos el problema, pero no bajamos el número de incidencias con los clientes, ¿por qué?*». En el primer caso es la experiencia la que guía al técnico en su reflexión mientras que en el segundo es la experiencia combinada con los datos la que guía su comportamiento.

Combinación de la información

Si ya tenemos localizada la información que nos ofrece la herramienta tecnológica, ahora toca combinarla, como se ha visto que hace el técnico del ejemplo anterior. Combinar datos supone obtener interpretaciones relevantes para el rendimiento del negocio y la productividad de los profesionales. De nuevo, hay que invertir tiempo y, además, ser creativos en esa combinación. Una empresa de montaje de puertas puede encontrar con su nuevo *software* que, al combinar la información «tipo de trabajo a realizar» y «profesional asignado a ese trabajo», hay montadores que para un mismo trabajo tardan más tiempo, y otros, menos tiempo. Pero, además, la curiosidad y el querer seguir mejorando hace que el responsable de los montadores sea creativo y combine la información de «tiempo que se tarda en realizar los tipos de trabajo» y «hora de inicio de los tipos de trabajo», encontrando que, dependiendo de esa hora de inicio, los trabajos según el montador que los realiza también tienen más o menos duración. Esa información es más que interesante para decidir qué tipo de trabajo y a quién asignarlo cuando se está repartiendo el trabajo semanal, por ejemplo.

Tomar decisiones

Es el otro comportamiento clave y que está íntimamente relacionado con los otros dos. Porque la tecnología está para ofrecernos datos y mejorar nuestras decisiones. Decisiones que impactan tanto en el negocio como en nuestros profesionales y como en nuestros clientes. Y ese impacto es para mejorar los resultados y la productividad en nuestro negocio (mejores ventas, con una mejor gestión del *stock* de una tienda, por ejemplo). Es para mejorar la satisfacción en nuestros clientes (por ejemplo, con una aplicación que permite una comunicación directa con los clientes que van a jugar ese día en nuestro campo de golf). Y es, también, para que nuestros equipos y profesionales realicen mejor su trabajo, pudiéndoles aportar más beneficios (flexibilidad horaria, trabajo desde casa, menos desplazamientos fuera…).

Y, lo último, feedback *constante y continuado*

Este proceso de decidir incorporar tecnología (liderar), de buscar la forma de hacerlo (estrategia) y de manejar la información para tomar decisiones (comprometerse) nunca se acaba. Es continuo y no tiene fin. Es más, si no lo lideramos con una estrategia clara, lo más probable es que perdamos capacidad de respuesta ante nuestros clientes, porque estaremos perdidos en la búsqueda de información clave para ayudarles.

Un ejemplo más. Una empresa de telecomunicaciones puede tener muy claro el uso de sus herramientas de tecnológicas; de hecho, son sus principales herramientas de trabajo, pero también puede retrasar la capacidad de respuesta a sus clientes por el exceso de uso de ellas: pueden existir demasiados datos que analizar y sobre los que decidir, antes de dar una respuesta precisa al cliente.

Por eso, el *feedback* del proceso de transformación digital es tan continuo como «pesado». Es decir, todas las herramientas tecnológicas ofrecen información constante y solo las personas, una vez más, que son las expertas en sus modos de trabajar con los clientes y expertas en las formas de hacer dentro de sus negocios, son las que tienen la capacidad de gestionar adecuadamente esa información constante para atenderla en su justa medida.

Desde luego, todo lo comentado sobre la transformación digital en este *post* nos recuerda mucho a la forma de actuar de un equipo deportivo: necesita de un entrenador que trabaje juntamente con su equipo en el ajuste permanente de las formas de entrenar y de competir para alcanzar el éxito, apoyado siempre en la información objetiva que consigue encontrar con la tecnología.

EMPRESA PÚBLICA, RECURSOS HUMANOS Y CÓMO COMBINARLOS

Una vez más, con uno de nuestros clientes de la firma, hemos tenido la oportunidad de comprobar lo que puede hacer nuestra metodología deportiva junto a los profesionales de las empresas. En esta ocasión, de la empresa pública Turismo y Planificación de la Costa del Sol.

Con una de las soluciones MindCompanySport donde se utiliza nuestro método, pero sin salir a la pista deportiva, hemos podido comprobar como un equipo de profesionales, después de definir más de 257 indicadores relacionados con el desempeño y el resultado de sus servicios, ha realizado una selección de aquellos que serán los más determinantes para seguir creciendo en eficacia (resultados) y eficiencia (productividad).

Este tipo de indicadores, muy utilizados por los entrenadores deportivos para tomar decisiones en la alta competición, son los que guiarán desde hoy su actividad diaria. De esta manera, y en función de la información que estos arrojen, comenzarán a tomar decisiones para consolidar, aún más si cabe ya, el impacto de sus servicios y las aportaciones que estos suponen a la llegada de turistas a la Costa del Sol.

Pero no solo eso, sino que además tendrán la posibilidad de tener datos más objetivos sobre cómo se realiza y qué resultados genera su «forma de hacer las cosas», lo que les va a permitir buscar una innovación constante que repercuta directamente en presentar, siempre, el mejor servicio posible en su ámbito de influencia.

El liderazgo es clave para definir indicadores

No se puede buscar rendimiento y productividad sin un liderazgo convencido.

Ha sido un trabajo que ha requerido una altísima dedicación y una revisión completa de los hábitos de funcionamiento instaurados en la realización de los servicios. Volver a revisarlos y cuestionarlos para analizar por qué y cómo funcionan todos ellos no es nada fácil. Este esfuerzo requiere de un liderazgo sólido que mantenga en el tiempo esta inercia de análisis, sin descuidar la actividad diaria. Ese liderazgo está cimentado en la figura de su director de equipo, Manuel Lara. Imprescindible para alcanzar los resultados a los que se han llegado.

El equipo, la base del compromiso

Todas las personas quieren retarse en su puesto de trabajo, solo hay que saber retarlas.

Liderar este tipo de trabajo que requiere de un cambio de hábitos de funcionamiento no es fácil. Pero, cuando se sabe generar «hambre de reto» en un equipo, ya no importa el sector ni tampoco el tipo de empresa. Las personas toman el protagonismo, poniendo «a funcionar» su valor para la organización y para su crecimiento profesional. Así ha sido el caso del equipo del Departamento de Promoción de esta empresa pública de la Diputación de

Málaga. Verlos en funcionamiento ha sido igual que ver a un equipo de alto rendimiento deportivo en competición.

La información que se obtiene es ilimitada

Un equipo que busca combinaciones con la información que tiene consigue siempre ser más productivo.

Ilimitada en la calidad de esa información que empieza a surgir cuando se comienzan a definir indicadores que pueden ayudar a entender por qué funciona un servicio y cómo puede ser la mejor manera de realizarlo. Y, también, ilimitada en la cantidad de información relevante que se produce acerca de esos servicios. Toda esa información de calidad, al compartirla y combinarla, tiene como resultado que se pueda funcionar de una forma más precisa y detallada, lo que permite tomar decisiones que producirán mejoras e innovación en los servicios que ofrece nuestro cliente.

Sirva esta noticia de nuestra firma para felicitar a todo el equipo y apoyarles en el nuevo reto que ahora tienen por delante: empezar a utilizar y «pulir» todos esos indicadores para seguir innovando en unos servicios que ya son de una altísima calidad. Enhorabuena por el trabajo realizado.

ERE Y RECURSOS HUMANOS: CONSECUENCIAS

Los expedientes de regulación de empleo, los conocidos como ERE, no solo tienen consecuencias dramáticas para los profesionales de la empresa, sino que también las tienen para la propia empresa.

Retomar la línea de resultados y productividad no es nada fácil. Y uno de los objetivos de la empresa es, precisamente, ese: seguir funcionando. Seguir funcionando cuando las causas por las que se puede presentar este proceso están relacionadas con problemas técnicos, económicos, organizativos y de producción.

Esto quiere decir que la empresa no ha sabido relacionar su modelo de negocio, por una parte, con el mercado donde tiene que competir y, por otra parte, con sus empleados que son quienes finalmente hacen posible esa competición.

Por ejemplo, si hablamos de problemas de organización, estamos refiriéndonos a la capacidad de tener formas de trabajar que generen resultados. Si hablamos de problemas técnicos, pueden estar referidos a la adquisición de una tecnología clave para conseguir rendimiento y a la necesidad de formar a los profesionales para utilizarla. Si hablamos de problemas de producción, las incidencias en la parte técnica y organizativa están íntimamente ligadas a los resultados de la capacidad de producir servicios o productos competentes. Y, por último, si hablamos de la parte económica, está plenamente relacionada a las tres anteriores, más las situaciones de mercado y las decisiones estratégicas que se requieran para afrontarlas.

Esto implica que los profesionales que forman la empresa, y que han estado trabajando bajo los criterios y decisiones de sus directivos y de sus mandos, ya no tengan la misma confianza en ellos, ya que son una parte importante responsable de los ejemplos antes descritos. Además, se une a que, con un ERE, son los profesionales de a pie aquellos que se relacionan con los clientes y los que están en el día a día de los productos y servicios quienes suelen salir más perjudicados.

Desplazados y poco considerados

Esa es la primera sensación que tienen los profesionales que se quedan, porque los que se marchan hacen una labor de desgaste de la imagen de la marca, ya desde fuera. Pero suma a la sensación de los de dentro de no haber formado parte de todo lo que ha ocurrido, por no haber sido considerados, en ningún momento, en las decisiones que se han tomado. Y no nos referimos a la participación de los comités de empresa en las negociaciones, sino en todo lo que ocurre antes y donde los equipos suelen tener información sensible de formas de trabajo, que, en numerosas ocasiones, no son tenidas en cuenta y podrían ayudar a la mejora de la situación.

Por ejemplo, en una fábrica se puede decidir recortar el personal por la falta de productividad de la cadena de montaje. Se informa al comité de empresa y se inician las negociaciones. Pero nadie ha preguntado, de forma clara y con intención de análisis, a los equipos el porqué de esa falta de productividad: ¿se puede mejorar algún proceso?, ¿están fallando los pedidos?, ¿hay un problema de herramientas útiles para mantener en funcionamiento la cadena?, ¿hay alguna idea de cómo mejorar la productividad de cada empleado?

Prestarles atención ahora es una obligación

Pero ya llegados a esta situación, esos profesionales que se quedan deben tener un papel distinto en la empresa. Deben tener no una atención especial, pero sí una atención sólida. Una atención que les permita aportar a la estrategia de funcionamiento decidida, para que se sientan protagonistas y parte implicada de la vuelta al rendimiento de la empresa. Mantenerlos solo como aquellos que se han salvado y que, ahora más que nunca, deben de cumplir con lo que se les imponga es el comienzo del fin de la vuelta al rendimiento.

Por ejemplo, en una cadena de tiendas que acaba de sufrir un ERTE se realizan varias reuniones con los equipos, para poner en común los procedimientos de trabajo y cómo los ejecutan los vendedores, con el objetivo de reconstruirlos y hacerlos más reales a las necesidades de los clientes. Para ello, se decide incorporar toda la información sensible de los profesionales que se quedan en las tiendas, realizando una prueba piloto con ellos, antes de la reincorporación del resto de la plantilla afectada.

Pierden motivación y confianza

Un equipo con falta de motivación ya es un problema. Si además se le une la falta de confianza, se agrava aún más la situación. En deporte, pedirle a un equipo que se motive para realizar tareas después de perder una competición es muy complicado. Cuando esa pérdida de motivación está relacionada con una situación que ha conllevado consecuencias graves, la falta de confianza se apodera de los comportamientos de rendimiento, y provoca que estos aparezcan con menor frecuencia en el día a día.

Por ejemplo, un servicio de centro de atención telefónica reúne al equipo que ha quedado tras un ERE para diseñar un nuevo protocolo de aproximación y relación con sus clientes. Analizan los comportamientos que utilizan los profesionales que mejor funcionan y crean un equipo de entrenamiento, con esos profesionales destacados, para que actúen de entrenadores con el resto del equipo, y les puedan transmitir comportamientos eficaces que les sirvan para recuperar la confianza en la venta.

Se quedan sin razones para esforzarse

Pero no es suficiente con prestarles atención, hacerlos partícipes, motivarles y generarles confianza. Hay que explicar los motivos que han llevado a la situación y el porqué se tienen que desvincular ciertos profesionales del equipo, para volver a crear razones por las que el equipo pueda querer, nuevamente, sacrificarse para salir de la situación. Aquí la gestión de la información que se realiza es clave: información clara, precisa y actualizada, si queremos renovar las razones que tienen los equipos de «luchar» por la empresa.

Por ejemplo, una empresa tecnológica que ha perdido competitividad porque su producto ya no es el único en el mercado considera actualizar a su equipo reducido tras un ERE para girar a un nuevo producto. Presenta todo el plan estratégico y comunican al equipo que han considerado que los profesionales que se han quedado son los indicados para este nuevo ciclo.

En resumen, el equipo que se queda tras un ERE pierde eficacia operativa: se debilita la comunicación, baja la productividad, hay menos confianza en el trabajo de equipo, más intentos individuales de salvarse de la situación y se marchan tanto el compromiso como el talento.

Por eso, basándonos en la experiencia de nuestra firma en proyectos de reorganización empresarial, la reorientación hacia el cliente, el no generar expectativas irreales, ser concretos en los indicadores de rendimiento que se necesitan y reforzar al equipo en los pequeños avances que se produzcan son algunas de las cuestiones claves que se deben de priorizar en este tipo de situaciones.

HUMANOS EN LAS ORGANIZACIONES

Lo importante no es el término que utilicemos. Hay una verdadera tormenta de palabras para hacer referencias a las personas en las organizaciones. De buscar un término que sea afín a la necesidad de considerarlas «personas» dentro de la organización.

Creo que seguimos perdiendo demasiado tiempo en esto, cuando lo importante es trabajar con ellas, no buscar un nombre que consiga cambiar el concepto empresarial que se tiene del papel que juegan las personas en el entramado empresarial. Ninguna palabra va a cambiar nada. Solo las formas de trabajar con las personas y las acciones que se realizan conseguirán hacerlo.

Al final, diferenciar entre recursos humanos o humanos con recursos, como últimamente estoy leyendo, no es tan importante. Todos son esfuerzos muy válidos y que tienen toda la intención del mundo. Pero la realidad es que lo que hay que hacer es comportarse como «humanos» que trabajan juntos.

Las empresas son el entorno

La responsabilidad de los negocios, empresas, organizaciones o entidades es crear un entorno donde se pueda desarrollar una actividad humana y no una actividad, exclusivamente, laboral. Hacerlo solo desde la perspectiva laboral «saca» a las personas de la ecuación. Toda actividad profesional tiene que estar orientada hacia los resultados. Bien, pero la cuestión es que, para poner ese rumbo, las personas son necesarias.

Tom Peters, autor de *En busca de la excelencia,* habla de que los empresarios son los responsables de crear entornos que contribuyan al bienestar de las personas. No estoy de acuerdo. Son responsables de que los entornos empresariales cuenten con las personas para ser creados. No se puede cargar de toda la responsabilidad a quien crea un entorno donde las personas tienen la oportunidad de afrontar sus retos profesionales obteniendo un salario a cambio de utilizar su talento.

Esos entornos (negocios, empresas, organizaciones, entidades…) requieren un ejercicio de emprendimiento y riesgo que no puede ser menospreciado. Otra cuestión es la forma en la que se conciben. Y, nuevamente, vuelvo a repetirme, no es una cuestión exclusiva de los accionistas, juntas directivas, directivos, CEO… Es una cuestión de ambas partes. El entorno es responsabilidad de todas las partes que conviven dentro de él.

«Dirigir es la cima del saber humano», Tom Peters.

Liderar es muy complicado. Esto me comenta siempre Javier Imbroda (exseleccionador nacional de baloncesto). Dirigir requiere un conocimiento muy delicado, según palabras de Tom Peters. John Maxwell, Raymond B. Catell, Peter Senge, Idalberto Chiavenato, Gibb, John Kotter, David Archer, Konrad Fiedler, Alberto Santos, Keith Davis… Todos ellos hablan de persuadir, de influir, de convencer, de unir, de influenciar, de impulsar, de participar, de generar o de dirigir.

Sin embargo, en deporte profesional, donde los resultados son la clave para seguir o no en una competición, todos «colaboran». Y son los entrenadores y los deportistas las personas que utilizamos como referencia para motivar a nuestros profesionales «humanos». Sin embargo, los gurús del *management*, los líderes de opinión en temas de liderazgo o los expertos en recursos humanos apenas recurren a este concepto.

Para ser justo, uno sí que lo hace. Y, además, curiosamente, lo utiliza explicándolo con una prueba de atletismo: la carrera de relevos. Su nombre es Yves Morieux, es un consultor de The Boston Group. Él habla de «cooperación». De la diferencia que marca utilizar las métricas y la cooperación para generar humanos que marquen la diferencia, en entornos complejos. Hay otro más, pero no está relacionado con los recursos humanos. Es un militar y se llama Stanley A. McChrystal. Ha sido comandante en jefe de la Fuerza Internacional de Asistencia para la Seguridad en Afganistán y es autor del libro *Team of Teams*. Habla de la importancia de compartir entre equipos y no entre estructuras jerárquicas. Casualmente, también pone como ejemplo el formato de funcionamiento de los jugadores de fútbol americano.

El entrenamiento como herramienta colaborativa

Es la base de nuestra firma MindCompanySport. El entrenamiento deportivo puede que sea el método de trabajo más cooperativo que existe. Entrenadores y deportistas colaboran para conseguir poner en marcha una estrategia que acabe superando un reto que todos se han propuesto superar.

En los entrenamientos todos participan, todos influyen, todos dirigen, todos convencen… en algún momento. Por muy dirigido que esté, durante las sesiones de entrenamiento, se toman tantas decisiones para ajustar la estrategia, dentro de un entorno donde todos los humanos están juntos y actuando al mismo tiempo, que es imposible no colaborar en la construcción de la forma de funcionamiento final, y que será la que se lleva a la competición. Por eso, los profesionales que trabajan de cerca con los equipos saben y hablan de la importancia de la colaboración. De la importancia de contar con las personas para construir una estrategia dentro de entorno profesional. Se responsabilizan de su función de preparar ese entorno para que surja el talento, pero, también, responsabilizan a sus profesionales de formar parte de ese entorno y de cómo hacerlo más eficiente.

En este sentido se orienta nuestro nuevo libro con editorial Planeta *Entrenar para dirigir*. Nace de la colaboración entre humanos, filosofía de The Knowmads Hub. No hay otra forma de que una idea crezca y se pueda convertir en una estrategia ejecutable por personas que no actúan, sino que ponen su talento de forma cooperativa para afrontar retos comunes. Curiosamente, esta es la base del deporte profesional.

EL FOMENTO DEL BIENESTAR EN LOS RECURSOS HUMANOS

Siguen creciendo las empresas que apuestan por el bienestar de sus profesionales. Las empresas, de cualquier tamaño, empiezan a velar, seriamente, por su principal recurso: los profesionales.

Proponer espacios para que estos puedan recuperarse y prepararse para los retos diarios que existen en las organizaciones es algo que siempre hemos hecho en el deporte y que faltaba por llegar a las empresas. Todas las organizaciones que trabajan con el método MindCompanySport ya tienen esta filosofía implantada en su ADN corporativo, algunas de ellas incluso ya están planteando dedicar espacios, del tipo que sea, para potenciar el bienestar de sus profesionales.

Para todos esos espacios, además de las tendencias que ya están en escena (*mindfulness, coaching*, meditación, masajes...), aparece el deporte y la actividad física.

Realizar alguna actividad deportiva durante la jornada laboral tiene más que demostrado la mejora en los niveles de concentración y motivación (salud mental), junto a todos los efectos físicos que ya son conocidos (salud física). Si lo hacemos en un entorno preparado para ello, mejor aún.

El deporte no es solo deporte

La actividad deportiva no es practicar un deporte solamente. Puede ser también el simple hecho de caminar, realizar estiramientos u otras actividades, donde la exigencia es mínima y, sin embargo, los efectos directos sobre la salud física de nuestros profesionales son inmejorables y medibles (absentismo, rotación de puestos, prevención de enfermedades y dolores propios del puesto de trabajo, mejora de los niveles de productividad…).

También practicar un deporte formal es beneficio. La clave cuando se quiere realizar una actividad deportiva reglada dentro de la organización es buscar una adecuada planificación, que se adapte a los profesionales que van a realizarla. Podemos jugar al baloncesto o al *ping-pong*. Podemos jugar al pádel o al vóley playa. No importa. Lo que importa es que los profesionales puedan realizarla con pleno control físico y mental, para luego retornar al puesto de trabajo dispuestos a desempeñar sus funciones, sin problemas añadidos.

Pero el deporte puede ser algo más

Con el método MindCompanySport lo hemos conseguido hacer realidad. Hemos conseguido que el deporte se convierta en una herramienta de formación potente, directa y eficaz. Los resultados de uso en el puesto de trabajo de las habilidades entrenadas con nuestro método deportivo y su repercusión en indicadores medibles en la empresa son extraordinarios.

Pero más extraordinario aún es que las empresas que están volcando su esfuerzo para conseguir un «bienestar» en sus profesionales puedan conseguir al mismo tiempo que sus profesionales «estén bien» cuando tengan que desarrollar sus funciones. Es decir, cuando tengan que rendir.

Me explico. De nada nos sirve un profesional que viene de realizar *mindfulness* si cuando tiene que ponerse «manos a la obra» no sabe liderar a su equipo, o comunicarse con ellos, o planificar las tareas... Todo lo que conseguimos es ganar tiempo, para que no se desespere mucho hasta la siguiente sesión.

Porque la tranquilidad o disposición que trae no le sirve de nada cuando tiene que poner en marcha algo para lo que no está preparado y que requiere un rendimiento.

Es como si le enseñamos a relajarse a un jugador de baloncesto antes de tirar un tiro libre y, cuando va a realizarlo, resulta que no tiene bien entrenada la técnica de tiro. Nos quedamos sin resultados y con una nueva frustración para el profesional. Ni todo un vestuario preparado para darle el máximo bienestar va a conseguir cambiar esa dinámica. Tendrá que entrenarse.

Conseguir «estar bien» junto al «bienestar»

El método MindCompanySport es un sistema que mejora las habilidades de los profesionales de la empresa, utilizando la actividad deportiva. Consigue que estén bien para funcionar en su trabajo.

No es que haciendo deporte consigamos una mejora indirecta de las habilidades. Es que trabajamos directamente las habilidades, pero con una metodología deportiva que nos permite incorporar a las acciones formativas lo que denominamos carga de entrenamiento.

La carga de entrenamiento nos permite, usando un deporte reglado y eliminando de este toda la exigencia física, repetir con una alta frecuencia y en un entorno real las habilidades que necesitan los recursos humanos de nuestra empresa.

Conseguimos que los Departamentos de Recursos Humanos sean más efectivos para las organizaciones. Que, de verdad, marquen la diferencia.

Si a todo esto le añadimos que las organizaciones ya tienen la disposición a utilizar el deporte, y en algunos casos los recursos y espacios, la fórmula se completa.

Los profesionales vuelven sanos y preparados para rendir, gracias a los efectos indirectos de las zonas de bienestar, y directos por la formación real del método MindCompanySport. Llegan al puesto de trabajo con las pilas cargadas y con las habilidades para desempeñar su trabajo «en forma».

Se amortiza doblemente la inversión en las políticas y acciones del bienestar, con la herramienta del deporte. Y lo más importante, el deporte viene para darle más fuerza al Departamento de Recursos Humanos. Es la herramienta definitiva para poner en valor su aportación a la organización. El método MindCompanySport es el primer e innovador ejemplo de ello.

INDICADORES: LA VISIÓN DEL DEPORTE Y LA EMPRESA

Los indicadores de rendimiento no son una amenaza para los recursos humanos. Tampoco son una tendencia nueva que hay que incorporar dentro de todo lo que está llegando. Son una consecuencia de una realidad que en el entorno empresarial no hemos sabido manejar por la herencia formativa que hemos tenido como directivos: primero la estrategia, luego la estructura necesaria para implementarla y por último la optimización de los procesos de trabajo. Esas son nuestras bases de formación empresarial.

«Sin el factor humano todo sería previsible». Paolo Vasile, CEO de Mediaset.

Esta afirmación de un CEO representativo en el panorama nacional, realizada ante directores de Recursos Humanos de empresas con presencia nacional e internacional, en el Círculo de Recursos Humanos, refuerza la idea de que estamos años luz en la empresa de conocer el valor que aportan las personas.

Pero miramos al deporte

Sin embargo, nos fijamos en los éxitos deportivos para pedirles a nuestros profesionales la misma exigencia en resultados, cuando la realidad es que, en el deporte, el factor humano por impredecible que parezca se mide. Con más o menos margen de subjetividad, pero se mide.

Es más, cada día el objetivo de los entrenamientos deportivos está encaminado a que las decisiones que tomen los profesionales del deporte en las competiciones sean predecibles y más eficaces en su realización que la de los otros competidores. Y, si son impredecibles, que esa intuición que les nace de tomar una decisión diferente a la esperada, eso que llamamos innovación, creatividad o iniciativa, provenga de una base de decisiones de éxito que les haya servido como guía (intuición guiada). Así, el margen de tomar una decisión errónea se reduce. Y, además, lo que un principio ha sido impredecible, al estar sustentando en una base de acciones predecibles y que han sido medidas para verificar su éxito en competición, se convierte nuevamente en predecible, entrenable y medible.

Lo aclaramos aún más. Si durante la realización de las tareas asignadas a los profesionales de una empresa, no se les mide la eficacia que tienen al realizarlas y solo se mide si funciona o no el procedimiento, entonces no sabremos qué aportan las personas. Solo sabremos que aportan los procedimientos. Si medimos lo más objetivamente posible, lo que las personas hacen para realizar un procedimiento y combinamos los resultados de esa medida con la medida del resultado de la ejecución de ese procedimiento, tendremos información sobre qué han hecho las personas para que esa tarea tenga éxito. Tendremos información sobre el valor que aporta esa persona y podremos predecir con ella futuras decisiones.

Ejemplo de la alta competición

Un ejemplo del deporte. Cuando se entrena un sistema táctico se mide la eficacia del sistema en competición y la aportación que cada profesional ha tenido en la ejecución del sistema táctico.

Luego, en los entrenamientos, se trabajan las decisiones que cada uno de los profesionales ha aportado al sistema táctico durante la competición para que estas sean lo más eficaces posibles y se consigan cometer los menores errores posibles.

De esta manera, si hay que decidir algo distinto a lo preparado durante la competición, con una alta probabilidad el factor de creatividad, de iniciativa, de personalidad, de competitividad o de como queramos llamarlo del ser humano tendrá una base guiada que le permitirá aflorar una decisión con un alto margen de éxito. Una decisión sorprendente, decisiva, genial, mágica..., pero más predecible de lo que parece, porque básicamente es provocada por el trabajo que se realiza en el entrenamiento.

En la empresa nos cuesta más

En la empresa seguimos sin verlo. Seguimos pensando en el *feeling* del liderazgo para dirigir a las personas. Seguimos buscando provocar profesionales felices en sus trabajos con medidas de actuación sobre el entorno donde trabajan y sus condiciones laborales. Seguimos formándolos en herramientas y métodos que los doten de capacidad de realizar su trabajo controlando sus emociones y pensamientos. Seguimos pensando en que las personas son una maraña de emociones que no podemos predecir, así que mejor controlemos los indicadores financieros, de ventas, de operaciones, de logística, de *marketing*... Esos son los que son y no hay más.

Sin embargo, los comportamientos que tienen esas personas a la hora de realizar su trabajo, que son acciones objetivas y observables para los líderes que quieran «mirarlos», pasan desapercibidos cuando son la clave de la medición de las emociones y de las actitudes de las personas. En deporte lo tenemos claro: si hay alguien que no realiza a la velocidad habitual un movimiento técnico, es que algo pasa.

Entonces, preguntamos y entrenamos para que esto cambie, independientemente de que sea una cuestión deportiva o personal. Porque hace tiempo que descubrimos que los grandes problemas personales y vitales se solucionan con comportamientos que generan resultados de éxito rápidamente, pues mejoran inmediatamente la confianza y la motivación en los seres humanos. Hacer entrenamientos donde las personas se sientan, nuevamente, «vencedoras» los habilita para afrontar cualquier problema personal. Los grandes deportistas también tienen problemas, pero están ahí por la capacidad que el entrenamiento les ha dado de saber que se pueden afrontar todos los retos, unas veces con más capacidad de éxito y otras con menos. Pero siempre se afrontan. No están ahí porque saben controlar sus emociones y no les afecta su entorno vital y profesional. No tienen un don especial. Son personas entrenadas en comportamientos de éxito.

¿Empezamos a cambiar en la empresa?

Por suerte, en la empresa esto empieza a cambiar. Ya hay muchos intentos tecnológicos de medir cómo, por ejemplo, un cliente de un hotel está más o menos predispuesto ante una publicidad o información que recibe: detectores faciales, indicadores de lenguaje no verbal... Esto empieza a ser un hecho. Y no hay que complicarse tanto la vida. Si cuando uno de nuestros procedimientos de trabajo que suele funcionar bien no arroja un buen resultado, igual antes de echarle la culpa al factor humano que lo realiza, debemos de analizar qué comportamientos ha realizado diferentes o en qué medida no han sido iguales a los que venía haciendo.

Igual ha tomado una decisión distinta porque buscaba innovar y no sería mala idea que siguiera haciéndolo, aunque el resultado inicialmente no sea el esperado. Igual tiene un problema personal que le afecta a su rendimiento y debemos hacer cambios como líderes para que ese proceso que tiene que realizar tenga más opciones de éxito y vuelva a sentirse fuerte para afrontar las situaciones profesionales y vitales. O puede que descubramos que ya no quiere seguir haciendo ese trabajo porque sus motivaciones han cambiado.

Todo muy impredecible, pero, al mismo tiempo, altamente predecible y solucionable si lo tenemos medido a tiempo. Porque, si es así, lo impredecible del factor humano «se verá venir» antes de que ocurra, y no solo por cuestiones de *feeling*, sino porque sabemos mirar y medir aquello que puede hacer más fuerte a las personas de nuestra organización.

VALORACIÓN DE PUESTOS, UNA
PROPUESTA DIFERENTE

Los puestos de trabajo, tradicionalmente, han tenido una retribución acorde a sus funciones y nivel de responsabilidad. Las funciones similares se agrupan en puestos de la misma categoría y responsabilidades jerárquicas. Y, teniendo en cuenta esa agrupación, se les asigna una retribución económica. Por tanto, la clave para establecer el salario está en la similitud de funciones y en el nivel de responsabilidad.

En la valoración de puestos se utilizan métodos que están relacionados con indicadores; con encuestas sobre la capacidad de dar servicios de los departamentos y puestos a las necesidades de la empresa; métodos más analíticos que establecen el valor que producen en la empresa las actividades de los departamentos y puestos; y, por último, métodos más estratégicos que buscan conocer cómo se ajustan los departamentos, puestos y funciones a la estrategia de la empresa.

Cuando se analizan, específicamente, las funciones y responsabilidades de los diferentes departamentos y puestos para crear categorías, se definen cuadros de distribución de cargas de trabajo (CDCT), cuadros de líneas de responsabilidad (CLR), coeficientes de encuadramiento (CE), coeficientes de supervisión (AS) y niveles jerárquicos (NJ).

Por tanto, hay un buen cuerpo de conocimiento detrás del proceso de valoración de puestos, que ayuda al establecimiento de los niveles retributivos de las empresas. Entonces, ¿por qué tenemos tantos problemas cuando se establecen diferencias salariales en puestos que, teóricamente, están bien valorados?

Un caso real

En estos días pasados, uno de los clientes de nuestra firma nos planteó una situación donde quería estudiar una diferencia salarial entre dos puestos de dos departamentos diferentes que, por convenio, debían de estar en el mismo nivel retributivo. Y, de hecho, así era. Pero uno de los puestos tenía aplicado además un incremento, decidido por la empresa, debido a la alta rotación de profesionales que sufría ese puesto por la competitividad del mercado laboral por ese perfil.

De ahí, nos planteamos la siguiente pregunta: ¿se puede valorar un puesto o departamento más allá de su nivel jerárquico y sus funciones? Es una propuesta muy interesante, ya que en los equipos deportivos los puestos están valorados en función de lo que necesitan para aportar al equipo, además de por los resultados que producen, y no lo están por la posición que tienen dentro del sistema con el que compiten.

Y volvimos a plantearnos otra pregunta: ¿podemos hacerlo en el mundo de la empresa? Podemos separar las funciones y su jerarquía de lo que ese puesto necesita para aportar al flujo de trabajo y a las actividades claves del negocio. Y nos hicimos otra pregunta más: ¿cuánto valor tiene un departamento o un puesto, antes de producir rendimiento, independientemente de su posición y de las similitudes de las funciones que realiza con otros puestos de igual categoría?

El valor no está solo en lo que se hace

Lo normal es valorar los departamentos atendiendo a los puestos que los componen, a las funciones que tienen que realizar y al nivel de responsabilidad jerárquica que requieren en relación con el organigrama de la empresa.

Y, cuando existen similitudes en esta valoración con otras posiciones del organigrama, se suelen agrupar en la misma categoría tanto a los departamentos como a los puestos.

Esas similitudes se establecen desde diferentes metodologías que permiten asignar las cargas de trabajo, los niveles de responsabilidad y las habilidades necesarias para ejecutar las funciones de los departamentos y puestos. Partiendo de los resultados de ellas, se agrupan y se combinan con la estructura jerárquica.

Tras este análisis se establece un sistema retributivo para los profesionales, que se distribuye a lo largo de toda la empresa, siguiendo el criterio de lo que se hace y la posición que se ocupa en la estructura. Lo que necesita un departamento o un puesto para hacer las funciones queda más como una cuestión descriptiva. Es decir, se describe la función y el tiempo que, supuestamente, se le debería de dedicar a cada función o, en caso de un análisis con puestos ya establecidos, el tiempo que se le está dedicando a cada función en ese mismo momento donde se realiza el estudio.

Sin embargo, en el deporte profesional de equipo los puestos tienen un análisis previo diferente: lo que percibe económicamente un deportista no se basa en la posición que ocupa antes de generar rendimiento. Por ejemplo, un delantero de un equipo de fútbol, de inicio, sin tener en cuenta su rendimiento, parte de una base de salario algo más alta que una posición de centrocampista, por las necesidades que requiere su puesto para sumar su valor al equipo.

¿Quiere decir que un delantero de fútbol es más importante que un centrocampista? No. Pero, de partida, su nivel retributivo es más alto porque requieren necesidades diferentes para cumplir con su rol dentro del sistema de juego. La cuestión es que aportan el mismo valor, sin tener en cuenta el rendimiento, al resultado final que consigue el equipo, porque, si no le llegan los balones que aportan los centrocampistas a los delanteros, estos no pueden disparar a portería y tener la oportunidad de anotar un gol. Por tanto, ambos puestos aportan un valor clave a la forma de jugar del equipo y no se puede diferenciar su retribución por jugar más cerca de la portería (de hecho, el centrocampista suele estar más alejado de ella), pero sí por lo que requieren para aportar sus funciones al equipo.

En la empresa, podemos hacerlo de la misma forma. ¿Un camarero de un hotel aporta más que una camarera de pisos o que un recepcionista? O ¿un CEO aporta más que el *staff* técnico que tiene que ejecutar sus líneas estratégicas con los clientes?

La realidad es que no. Todos aportan a las actividades claves del negocio. Incluso la carga de análisis y toma de decisiones que tiene un *staff* técnico es superior y de mayor dificultad de la que tienen mandos intermedios y directivos, en muchas ocasiones.

Así que podemos pensar que valorar los puestos por las funciones que realizan y por su posición jerárquica, agrupándolos por categorías, no parece una opción muy precisa. Todos aportan y, cada vez más, el resultado de una empresa depende de la aportación común, sea la que sea y en la medida que ocurra, y no de la suma de las aportaciones separadas de diferentes categorías de puestos y de responsabilidades.

Lo que se necesita para aportar

Con la ayuda de nuestro cliente, decidimos entonces explorar la idea de analizar lo que se necesita para aportar desde los departamentos y desde los puestos de trabajo. Es decir, partimos de que el valor de un departamento o puesto está en lo que se necesita para movilizar los recursos que son necesarios para que ese departamento sume al flujo de trabajo de los servicios de la empresa.

Y el primer problema que nos encontramos fue que se confunde rendimiento con el valor de un departamento o un puesto. Por ejemplo, en baloncesto el puesto de base, independientemente de su rendimiento, tiene ya un valor de salida por el esfuerzo de lo que tiene que hacer para sumar valor al equipo. El rendimiento que tiene el jugador lo que hace es matizar su valor en el mercado, y en la empresa, posteriormente. Pero el valor como puesto dentro del sistema de equipo se define por los recursos que tiene que emplear para poner a «funcionar» sus funciones dentro del esquema de juego.

Siguiendo este argumento, trabajamos para ver qué valor tenían los departamentos y los puestos de trabajo por lo que tenían que hacer para sumar al flujo de trabajo y a las actividades del negocio, independientemente de que luego el rendimiento fuera uno u otro. Descubrimos que lo que se tiene que hacer para aportar implica tres puntos clave: dificultad, esfuerzo y complejidad.

Los puntos claves

Cuando un departamento o puesto tiene que ejecutar sus funciones existe una dificultad para hacerlo. Y lo que hicimos fue definir un indicador que nos ayudara a medir esa dificultad. El indicador lo denominamos Dirección de Equipo.

El indicador de Dirección de Equipo mide la dificultad que tiene un departamento o puesto para coordinar y liderar las acciones que se tienen que sumar al flujo de trabajo de la empresa. Lo que nos viene a decir este indicador es cuánta más dificultad tiene un departamento o puesto, en comparación con otros, para poner sus funciones dentro del flujo de trabajo del negocio.

Junto a este indicador, definimos otro que le ayuda a precisar esa dificultad: el indicador de Densidad de Dirección de Equipo. Este indicador informaba de cuánto esfuerzo tiene que realizar el departamento o puesto para introducir con éxito esas funciones en el flujo de trabajo. La dificultad puede ser la misma entre departamentos y puestos, pero los esfuerzos que tienen que realizar para poner en marcha las funciones con eficacia y eficiencia pueden ser muy distintos.

Y, por último, para terminar nuestro análisis definimos el indicador de Dinamicidad. Este indicador informa de la variabilidad que tienen las funciones cada vez que se ejecutan, diferenciándolas entre funciones que pueden tener un protocolo de trabajo estandarizable y con alta probabilidad de repetir sin que sufra variaciones significativas, y funciones que requieren de una alta carga de análisis con toma de decisiones, es decir, que tienen mayor complejidad en su ejecución.

¿Qué conseguimos?

Pudimos ver los departamentos y puestos desde un nivel diferente a la valoración de puestos habitual. Lo que conseguimos fue conocer qué departamentos y puestos tienen un valor mayor por los requerimientos que tienen para aportar su valor al flujo de trabajo y a las actividades claves del negocio.

Podían tener funciones y niveles de responsabilidad similares, pero la dificultad y el esfuerzo para realizar sus funciones, así como la complejidad de estas para llegar al flujo de trabajo, no eran las mismas. Y esto no podía tener una valoración económica similar. Entre otras cuestiones, porque el propio mercado laboral hace a estos departamentos y puestos más susceptibles de incrementos salariales por encima de convenio, debido al valor que tienen los perfiles profesionales que los ocupan, precisamente por esa dificultad y complejidad de llevar su funcionamiento a las actividades claves de la empresa.

Por tanto, deberíamos valorar los departamentos y puestos como en la alta competición deportiva. Primero, por la dificultad y por el esfuerzo que tienen para poner su parte del trabajo al servicio del negocio. Y, segundo, por la complejidad que requiere esa parte de su trabajo para hacerlo con éxito. Tener funciones y responsabilidades similares no es suficiente para establecer con precisión ratios de retribución salarial.

DISEÑO ORGANIZATIVO: ALGUNAS CLAVES

La estructura de la empresa, actualmente, es lo más parecido a un sistema de juego de cualquier deporte de equipo. No es solo básica para conseguir resultados, sino que, además, es altamente volátil por el tipo de entorno competitivo en el que nos encontramos.

El sistema de juego de un equipo deportivo también está diseñado para interactuar con su entorno de competición con el mayor margen de éxito posible. La estructura de una organización está diseñada, igualmente, para competir en su entorno y conseguir la mejor interacción posible entre ella misma, sus clientes y el mercado.

Si un entrenador deportivo no puede faltar a la responsabilidad de diseñar y ajustar el sistema de juego de su equipo para competir, tampoco puede hacerlo cualquier tipo de profesional que esté en cualquier posición de la estructura de una empresa.

¿Por qué es importante la estructura?

Sin estructura, no podemos buscar objetivos. Estaríamos moviendo nuestra empresa en una dirección adecuada, pero sin certeza de cómo estamos haciendo para llegar al final del camino. «Andamos» bien, pero sin saber cómo.

Este es un problema real de muchas empresas, porque se considera por parte de los responsables que se sabe lo suficiente para llegar a los objetivos y que marcando algunas líneas de trabajo, que ya están contrastadas en los modelos de negocio, ya es suficiente para alcanzarlos. Y no es cierto.

Todos los objetivos que alcancemos sin conocer cómo hemos trabajado para llegar a ellos tendrán un mínimo impacto en la estrategia futura de la empresa. No aportarán información de valor para seguir mejorando nuestras decisiones estratégicas.

Por eso es tan importante la estructura. Porque permite construir o ajustar el diseño de la empresa a sus objetivos. Y esas dos acciones, construir y ajustar, nos permiten saber «a qué estamos jugando», en todo momento. Es por lo que, para los entrenadores deportivos, los sistemas de juego tienen tanta importancia. Sin ellos, sería imposible organizar los recursos que sirven para competir en el entorno de la alta competición.

La adaptabilidad de la estructura

El problema no es que le demos importancia a la estructura, y que la construyamos o la ajustemos bien para conseguir resultados empresariales. Hay muchos modelos de estructuras empresariales que funcionan y consiguen resultados, de forma estándar, y en diferentes modelos de negocios. Por ejemplo, las tiendas, en el sector *retail*, suelen tener un diseño organizativo similar: gerencia, jefes de sección, vendedores especializados... Y todos ellos interaccionan entre sí reportándose información e instrucciones relacionadas con la forma trabajo más adecuada para conseguir la excelencia en la experiencia cliente, al mismo tiempo que se busca alcanzar los objetivos de facturación.

Entonces, ¿a qué problema nos estamos refiriendo si ya podemos conseguir resultados con diseños organizativos, de «copia y pega»? Pues ese problema es que no existe una sola estructura de trabajo que no mute en un corto plazo de tiempo. A veces, incluso, demasiado corto.

La capacidad que tiene nuestra estructura de trabajo, en un momento dado, para impactar sobre nuestros clientes y sobre el mercado, puede «saltar por los aires» en cualquier instante ante cualquier cambio tecnológico, modificación del entorno donde competimos o por nuestras propias decisiones y formas de comunicarlas.

En deporte de competición, los sistemas de juegos que se plantean estratégicamente para afrontar un desafío deportivo no permanecen mucho tiempo estables. Más bien es al contrario, se trabajó mucho tiempo sobre ellos sabiendo que lo más probable es que sufran cambios, desde el mismo momento que se ponen en marcha.

Lo que tenemos que saber antes de diseñar

Queda claro que tenemos que atender, con especial atención, al diseño organizacional. Pero esa atención debe estar guiada por unas premisas. Estas permitirán que antes de tomar la decisión de destinar recursos al proceso de diseño podamos calibrar si es oportuno hacerlo.

Amplio consenso

Es fundamental que haya un alto nivel de compromiso en el equipo para que se pueda afrontar un proceso de diseño organizacional. Sin este compromiso, es imposible llevarlo a cabo con éxito, por mucho que nos empeñemos en ello.

Pistas del motivo

Si el compromiso es importante, no menos lo es argumentarlo con objetividad. La base de la comunicación al equipo de una decisión tan importante, la cual está acompañada de una petición al mismo, de implicación y motivación, está íntimamente relacionada con los datos y de cómo estos consiguen validar dicha decisión.

No interrumpir el día a día

El proceso de diseño organizacional no puede paralizar, bajo ningún concepto, las actividades claves del negocio. El ritmo tiene que continuar. Los flujos de trabajo, aunque estén en plena transformación, deben de seguir ofreciendo el máximo rendimiento posible para que la empresa mantenga su facturación. Por eso, planificar el trabajo de diseño organizacional y prever su posible impacto, mientras se realiza, es fundamental para una transición cómoda del sistema de funcionamiento.

Simulación y mapeado

Para que esa transición sea efectiva, las simulaciones progresivas de los flujos de trabajo son fundamentales. Con ellas, se pueden calibrar las construcciones y ajustes que se tienen que realizar y cómo afectan a la operativa diaria. Esto facilita muchísimo no solo la transferencia a la nueva forma de trabajo, sino también la motivación del equipo para asumir todo el plan de trabajo, ya que permite no sobreexponerle a un desgaste innecesario.

El diseño organizacional no acaba cuando se termina su implantación. Es un trabajo continuado. Y lo es por obligación. El cambio constante en la tecnología, las variaciones de los entornos empresariales y las consecuencias de las decisiones estratégicas que se toman para afrontar ambas situaciones así lo requiere. Óbvialo, es un grave error.

Queda claro que el diseño organizacional es un proceso determinante para el funcionamiento diferencial de la empresa. En la alta competición deportiva, aunque dos equipos o deportistas trabajen bajo un mismo sistema, solo uno de ellos consigue la victoria final. En las empresas, aunque se funcione con el mismo diseño organizacional, ocurre igual. Y esto es así porque lo que parece, inicialmente, un mismo diseño realmente no lo es. El nivel de ajuste sistemático probablemente sea el responsable de marcar dicha diferencia en el resultado final.

LAS PERSONAS GENERAN RESULTADOS

Las personas generan resultados. Sí que lo hacen. No es una fantasía. Las personas generan un retorno económico en las organizaciones. Tenemos que empezar a ser muy conscientes ya, de una vez por todas, de este hecho que, además, es medible y observable.

Hay una realidad delante y no queremos verla. Seguimos perdidos en la necesidad de mantener a las personas en un estado de «felicidad» y «plenitud» profesional, cuando lo que tenemos que facilitarles es el camino hacia el éxito de la estrategia que, en cada momento, se esté desarrollando en nuestras organizaciones.

Cuando trabajamos con nuestros clientes, gran parte de nuestra tarea es recordarles que todo lo que están pensando en llevar a cabo en sus negocios depende de sus profesionales. Que no pueden estar en todas partes ni saber de todo. Que la decisión final depende y la toma una persona, aunque esta tenga las instrucciones claras y precisas de cómo actuar.

Personas y procedimientos

Por mucho que definamos procedimientos de trabajo, si estos no están vinculados a nuestros profesionales, su influencia en el resultado final del negocio seguirá siendo similar a la del resto de competidores del mercado. Los resultados seguirán siendo un reflejo del modelo de negocio que hemos decidido y no del talento de nuestros equipos para llevarlo a cabo.

Ahí es donde radica la diferencia. En el deporte profesional, son los deportistas y no sus entrenadores los que vuelcan la balanza hacia el éxito o la derrota en la competición. Ellos, con sus decisiones sobre el terreno y durante el momento presente de la competición, llevan las estrategias y tácticas deportivas al triunfo o al fracaso. El entrenador ya realizó su trabajo. Puede puntualizar durante la competición, pero no puede cambiar la toma de decisiones de sus deportistas cuando están actuando. Puede guiarla en una parte, pero sigue habiendo otra, muy importante y decisiva, que está en sus manos y que corresponde, principalmente, al momento en el que están actuando.

Por eso, nuestro trabajo está volcado en conseguir que responsables y equipos estén situados en la posición que sea dentro de los organigramas, entiendan que unos y otros son complementarios, necesarios e inseparables. Que no puede haber rendimiento sin ambas partes. Que cada decisión que tomamos afecta al equipo que consigue que las cosas ocurran. Por tanto, no es una cuestión de imponer, sino de colaborar.

Necesitamos colaborar con los equipos

Ahora, más que nunca, en una situación donde los profesionales tienen un margen de decisión más amplio sobre cómo y dónde quieren trabajar, el integrar esta forma de saber entender los modelos de negocio y los equipos en la cultura de la empresa se hace más necesaria. Podemos decir, sin temor a equivocarnos, que hasta es una pieza clave para aquellas empresas que quieren conseguir consolidar su misión en el mercado.

Si queremos estabilidad empresarial, tenemos que fomentar la estabilidad en el equipo. Y, si queremos equipos estables, tenemos que dotarlos de vinculación con nuestras estrategias. No podemos encajarlos en los sistemas de trabajo como si fueran las piezas de un puzle. Eso solo nos va a dar el resultado estándar del modelo de negocio que hayamos implantado. Y, con un resultado estándar, no hay garantía de éxito.

Solo podemos sobrevivir empresarialmente con adaptación y toma de decisiones, rápidas y eficaces. Y eso solo lo pueden hacer los profesionales. Los que están en el día a día del caballo de batalla de nuestro sector. Los que tienen miles de horas de experiencia acumuladas en situaciones que les permiten discriminar, con detalle, qué pasa con la forma de trabajar que hemos decidido instaurar en nuestros negocios.

Si los perdemos a ellos, a los profesionales, perdemos la información de detalle. Esa que nos dice lo que pasa en el día a día, «a pie de campo» que diría un entrenador de fútbol. Ahí es donde están las pistas del rendimiento y de la toma de decisiones eficaces. Y, de ahí, tenemos que extraer la información necesaria para combinarla con nuestras estrategias de negocio y con las formas de trabajo que permitirán poder implantarlas.

Con esta información de detalle, ajustamos mejor esas estrategias, nuestros procesos de trabajo, nuestros indicadores de resultado y comprometemos a nuestros equipos con las ideas que tenemos. Y, todo ello, de una forma natural. Sin tener que imponer ni forzar nada. Porque ellos tienen la realidad del día a día y los responsables de las tendencias del sector. Mejor combinación ganadora no existe.

Repartir la responsabilidad

Pero hay que estar dispuesto a sentir que se está «perdiendo» control y liderazgo. Porque, en la realidad actual, el equipo pesa igual que un responsable, y un desajuste en cualquiera de las dos partes supone una bajada de rendimiento general. El entrenador no es el único responsable: es el entrenador y su equipo. Por tanto, tener el poder de liderar ya no es estar arriba de la pirámide organizativa, sino es estar en todas sus partes. Y acompañados. Sí, acompañados.

Acompañados por nuestro equipo. Las canas y la soledad del poder ya no tienen sentido. Porque no pesa sobre uno solo la responsabilidad de tener rendimiento y tampoco de decidir. Esa responsabilidad pesa sobre todos y está presente en cada uno de los momentos donde tengamos que intervenir. Haciéndolo así, se gana en compenetración, en coordinación, en cohesión, en competitividad y en resultados, pero también se reparte el poder y control de las actividades claves del negocio.

Digamos que el éxito actual de una organización está en la capacidad de saber cómo repartir el control y el poder de decisión acumulado en los mandos para que este se distribuya en toda la cadena de producción o de ejecución de servicios, de forma controlada y medida, actuando más como una consciencia colectiva, como un equipo de equipos, que como profesionales guiados e influenciados por un líder.

En deporte profesional, los entrenadores quieren conocer cómo funcionan sus jugadores y por eso entrenan junto a ellos. Reflexionan con ellos sobre lo que sucede en los entrenamientos y en la competición, para generar una identidad de equipo. Hablan con ellos, constantemente, sobre los hechos objetivos que están relacionados con el rendimiento y los resultados de sus acciones. Comparten las planificaciones del trabajo y la forma de orientarlo de cara a las competiciones claves. Refuerzan los comportamientos de equipo que generan resultados en las situaciones de competición y en los entrenamientos.

Si esto es lo que se hace en el deporte profesional y en la empresa estamos, constantemente, haciendo referencia a ello para mejorar el rendimiento de nuestros profesionales, deberíamos de preguntarnos a qué estamos esperando para hacerlo realidad en nuestros negocios. Máxime en la situación actual de necesidad de rendimiento, adaptación y colaboración con nuestros equipos. Sin duda, hay que «ponerse las pilas» ya, porque lo que antes eran palabras y una posible «moda» ahora es una realidad necesaria e incontestable.

PROCESOS DE TRABAJO

Los procedimientos de trabajo están para conseguir que las estrategias tengan éxito. Son la forma que tenemos de hacer que estas se lleven a cabo. Si los complicamos demasiado, no nos ayudarán a conseguir nuestros objetivos.

Simples

Los procesos de trabajo tienen que ser simples. Cuanto más complejos sean, más complicados son de realizar. Según el sector de nuestro negocio, es cierto que pueden ser, más o menos, complejos. Pero la complejidad no está reñida con la simplicidad.

Complejidad significa mayor nivel de detalle en la definición de los procedimientos. Tenemos que ser más exhaustivos a la hora de definirlos. Fijarnos más en todo lo que necesitamos hacer. Pero eso no implica que los compliquemos de tal forma que ni nosotros mismos seamos capaces de realizarlos con garantías.

Flexibles

Los procesos de trabajo deben tener margen de acción. Si los procesos de trabajo están muy encorsetados, nos referimos a que son muy rígidos, no podremos tomar decisiones estratégicas. Tomaremos decisiones, sí, pero serán las mismas que pueda tomar cualquier otro competidor que utilice nuestro mismo modelo de negocio.

Además, perderemos nuestra capacidad de adaptarnos a las necesidades del mercado. Estaremos más pendientes de cumplir con esos procesos, y con toda la normativa que tengan asociada (calidad, prevención de riesgos...), que del resultado que tienen para nuestro negocio. No pondremos el foco en lo que nos hacen ganar y perder cuando los utilizamos para llevar a cabo nuestros productos o servicios.

Eficaces

Que se realicen como están diseñados no es suficiente. Hacer nuestro trabajo siguiendo los procesos que hemos definido no garantiza resultados. Solo garantiza que estamos siguiendo lo que hemos decidido. Nada más.

Seguir lo acordado permite que sigamos un camino hacia nuestros resultados, pero, este camino hay que ir haciéndolo, sobre la marcha, también. No es que estemos improvisando nuestra forma de trabajo, es que estamos adaptándola, continuamente, a las necesidades de nuestros negocios. Lo que buscamos es ampliar nuestro margen de éxito, constantemente.

Eficientes

No pueden llevarnos más tiempo que el que necesitamos para hacer funcionar cada día nuestro negocio. Los procesos se tienen que realizar en tiempo y forma adecuados a lo que demanda el sector en el que estamos compitiendo.

Cuando los procesos requieren más tiempo de análisis y ejecución que el que dedicamos a valorar sus resultados, estamos perdiendo «ritmo» de trabajo. Los procesos tienen que funcionar de forma ágil, de manera que podamos tomar decisiones rápidas y precisas sobre ellos. Así, siempre podremos hacerlos trabajar según las necesidades del momento.

Metodologías de procesos

Si hacemos una revisión de todas las metodologías que hay para que los procesos sean ágiles y eficaces, desde el punto de vista de nuestra consultora, pensamos lo siguiente:

Todas las metodologías intentan sumar de las anteriores y añadir una mejora más, y esta mejora es la que las diferencia de las demás.

El objetivo es el mismo para todas: procesos que sean exactos, que eviten errores y que tengan en cuenta a todos los profesionales que participan en ellos.

Coinciden en que es una cuestión estratégica que tiene que estar dentro de la cultura de la empresa. Todos los profesionales, independientemente del puesto, tienen que estar concienciados en implantar la metodología de procesos que sea elegida.

Las personas soportan los procesos. En eso están todas de acuerdo. Son las personas las que deciden, en última instancia, la forma de ejecutarlos. Estén o no bien definidos, y por muy estandarizados que estos sean. Por tanto, hay que contar con ellas cuando se diseñan e implantan.

Conclusión

Tenemos que ser conscientes en nuestros negocios de que los procesos de trabajo no son una carga: definen la forma que tenemos de trabajar. No importa el tipo de negocio que tengamos: los necesitamos para funcionar. No podemos «ordenarnos» sin ellos, pero no podemos «esclavizarnos» a ellos.

No tenerlos implica no controlar nuestro trabajo. Si tampoco los medimos, los estaremos realizando por rutina, sin más intención que cumplir con ellos, sin saber sus consecuencias reales sobre nuestros negocios. Hacerlos rígidos no ayuda a que nuestros profesionales, que son en última instancia quienes los realizan, sean eficaces en su ejecución. Y, lo más importante, la suma de todo lo anterior no genera resultados en nuestros negocios.

Entonces, ¿cómo podemos diseñar unos procesos eficaces y eficientes?; ¿cómo podemos ordenar nuestro día a día? El primer paso, para que todo lo que hemos comentado pueda ocurrir, es sencillo: preguntar a nuestros equipos. Analizar, con todos ellos, desde el primero hasta el último, la forma de trabajo que tenemos y cómo esta afecta a nuestro modelo de negocio. Desde nuestra experiencia, esa es la mejor forma de crear procesos de trabajo que permitan que una estrategia tenga éxito.

ANÁLISIS DE DATOS: DEPORTE Y EMPRESA

El resultado es la consecuencia de una acción. En deporte tenemos claro que cualquier acción genera una consecuencia y que tenemos que asumirla haciendo un análisis de datos. De esta forma, entendemos qué supone y cómo nos orienta hacia el logro.

Esto replantea ciertas formas de hacer las cosas; si estamos siendo eficientes o si estamos empleando demasiada energía. Y es que el saber gestionar la información que nos arroja es una de las claves del éxito en la estrategia para el mundo del deporte. La cuestión es que para el mundo de la empresa también; «pese lo que nos pese» en muchas ocasiones.

Perdón por la expresión anterior, pero es una cuestión que trabajamos muy a menudo con nuestros clientes. Un resultado evidente debe permitir tomar una decisión, aunque esa decisión sea contraria a nuestra forma de entender el negocio. No importa nuestro recorrido en un negocio si cuando tenemos una información concisa delante la reconvertimos en una verdad que nos devuelve a nuestra zona de confort.

El análisis de datos tiene que ser el aval para tomar decisiones que van en contra de nuestra idea inicial (también, para cuando no es así). La experiencia no es buena compañera si no se la rodea de referencias de precisión que nos permita adaptarla a las circunstancias inmediatas.

¿Imaginas a Rafa Nadal jugando con una serie de golpes sabiendo que disminuyen la probabilidad de ganar el punto? Es lo que ocurre cada vez que tomamos una decisión en nuestros negocios sin usar datos. Rafa perdería bastantes partidos y nuestra empresa no sería tan exitosa.

«SI NO TOMAMOS DECISIONES CON LOS DATOS ESTAMOS COMPITIENDO EN INFERIORIDAD».

El análisis de datos ayuda al resultado

Para poder gestionar el dato con eficacia tenemos que utilizar la analística. La idea es decidir rápido y con precisión, por eso la clave es buscar los que más nos ayuden a ello. Para ello, a veces y sobre todo al comienzo, el lápiz y papel o unas anotaciones en tablas Excel son suficientes.

Eso sí, y damos fe de ello, cuando comenzamos a soltarnos con el manejo de ellos, ya no queremos avanzar de otra forma. Y es tanta la información que nos puede generar un simple resultado que necesitamos herramientas de análisis de datos.

En el mercado hay *software* preparado para ello. Seleccionar uno u otro dependerá de tener claro qué estamos buscando y qué queremos conseguir. Es decir, saber los objetivos y los resultados claves que necesitamos para alcanzarlos.

En el deporte se utilizan todo tipo de herramientas de analítica, pero la que mejor funciona es la que necesita el entrenador para decidir. En la empresa ocurre igual; necesitamos querer incorporar el hábito de medir nuestras acciones y, luego, buscaremos qué herramienta es la más adecuada.

«EL USO DEL DATO ES UNA CUESTIÓN DE HÁBITO Y CULTURA EMPRESARIAL, PARA NADA LO ES DEL TIPO DE EMPRESA».

Quizás el dato ha estado algo demonizado en nuestros negocios porque lo hemos utilizado de forma «poco sana». Ha tenido demasiado uso para cuestiones de control y de rendimiento «puro» con consecuencias negativas cuando este no se alcanzaba. Ahora, tenemos que reconducir esa tendencia.

Utilizarlo para verificar qué hemos hecho para conseguir algo o constatar que no hemos conseguido ese algo no ha puesto las bases para un buen punto de partida. Todo lo contrario, ha hecho que los profesionales de la empresa tengan una aproximación negativa de él.

No nos imaginamos a un jugador de baloncesto defendiéndose porque no alcanzó el porcentaje de acierto en tiros tras una buena semana de entrenamiento. Buscan explicaciones a lo ocurrido con la información que tienen, de forma que puedan plantear escenarios de entrenamiento para mejorar.

En la empresa, los utilizamos con demasiada frecuencia como arma arrojadiza, consciente o inconscientemente, y eso tiene repercusiones directas sobre el rendimiento, pero también sobre la incorporación de estos al modelo de negocio.

Hemos sido demasiado «todo o nada», «hecho o no hecho» con los datos; nunca se ha visto como «hemos alcanzado este nivel, ¿cómo seguimos mejorando?». Y es que ser transparentes con el error y el acierto es clave si queremos conseguir mejorar nuestro rendimiento y nuestros resultados.

«LOS DATOS TIENEN QUE SER USADOS PARA TOMAR MEJORES DECISIONES, SEAN LAS QUE SEAN».

Esa relación con los datos nos ha provocado que perdamos capacidad de. No saber interpretarlos ha generado problemas de rendimiento. Para rehacer de nuevo este hábito tenemos que plantear objetivos a corto plazo y consensuando resultados claves que nos ayudarán a tomar decisiones.

En todos nuestros clientes, cuando comenzamos a utilizarlos de forma adecuada, se produce mejora sin más. Nuestros profesionales tienen un nivel de conocimiento tan preciso del negocio que, cuando tienen la oportunidad de manejarlos, aumentan su eficacia y eficiencia.

Utilicemos un ejemplo deportivo. Cuando un profesional del deporte está trabajando en un entrenamiento sin datos (lo cual es muy poco probable), su rendimiento puede ser inferior al que tiene una vez se le presentan.

Los nadadores de competición, por ejemplo, cuando están realizando series en las que tienen que cumplir con unos tiempos de nado, tienen un rendimiento inferior cuando no miran el cronómetro durante el nado. La falta de referencias y nadar por sensaciones nos les favorece.

Lo mismo ocurre en los negocios; tomar decisiones y actuar anotando lo que hacemos ya tiene por sí mismo una mejora de la situación: los vendedores de una tienda mejoran si al comenzar el día tienen una reunión para explicar el rendimiento de venta del día anterior y concretar el objetivo de tique medio de ese día.

Lo hemos podido comprobar con nuestros clientes de *retail* y hostelería; no falla, otra cuestión es cómo conseguir mantenerlo en el tiempo.

«EL EFECTO NATURAL DEL DATO ES AUMENTAR EL COMPROMISO CON EL RENDIMIENTO Y CON EL RESULTADO».

Organizaciones líquidas con resultados

La realidad es que los cambios en los modelos organizacionales están asentando mucho más rápido su llegada. Sin datos, sería muy complicado hacer funcionar los modelos de negocio actuales, que tienen que dar respuestas rápidas y eficientes al entorno empresarial.

Una estrategia deportiva nunca se puede iniciar si no se tiene algo que la avale o permita ir midiendo el impacto que tiene su realización. En la empresa, todavía compramos demasiadas «recetas para todos», principalmente en los casos en los que tenemos que rendir en situaciones adversas.

Organizarse de forma que todo gire alrededor de un propósito necesita de una gestión adecuada de los resultados. El trabajo propio de cada profesional necesita el análisis de datos para poder valorar en qué forma se están consiguiendo los objetivos.

Crear menos silos y más equipos de trabajo para buscar alcanzar un propósito común requiere de información de precisión y al alcance de todos los implicados. En deportes de equipos aparecen formas de interacción entre los profesionales que suelen ser las que generan la ventaja ganadora.

En el negocio, si queremos que nuestros equipos estén definidos, pero con capacidad de interacción dinámica entre ellos, tenemos que rodearlos de datos y de la capacidad de interpretarlos. Por ejemplo, nuestros clientes del sector salud empiezan la mañana con una configuración de equipo determinada, pero esta puede cambiar en cualquier momento en función de las necesidades de los pacientes; para eso utilizan nuestra información, para cambiar con seguridad y así ofrecer la mejor experiencia posible a los pacientes.

Metodología OKR: compromiso con el resultado

En el deporte profesional siempre hemos trabajado con un objetivo, que es un propósito que queremos alcanzar. Cuando los planteamos, definimos qué resultados son los que nos indicarán que estamos en el buen camino.

En la empresa utilizamos la metodología OKR para superar las limitaciones de las metodologías de la APO (administración por objetivos, Peter Drucker), los SMART y los KPI (años ochenta). Buscamos que nuestros profesionales estén rodeados de una filosofía de trabajo de equipo, de propósito y que en todo momento sepan hacia dónde están dirigiéndose sus actuaciones, como podrás leer en nuestro *post* sobre nuestro método orientado a resultados.

En muchas pymes, todavía esto del dato sigue siendo ciencia ficción. Cuesta mucho decirle a un pequeño restaurante que con ellos mejorará su capacidad de experiencia de cliente. Pero, cuanto más se tarde en ver esta realidad, menor será la capacidad de competición del negocio.

En nuestras manos está que esto no sea así, tengamos la empresa que tengamos.

«SOMOS LOS RESPONSABLES DE SI QUEREMOS QUE LOS DATOS NOS HAGAN COMPETIR EN MEJORES CONDICIONES».

SECTORES EMPRESARIALES Y PSICOLOGÍA DEPORTIVA

LOS RESTAURANTES QUE USAN LA FORMACIÓN PARA SATISFACER A SUS CLIENTES

La situación del sector restauración continúa en pleno crecimiento. Frente a una disminución del 3,6 % del sector comercial entre 2017 y lo que llevamos de 2018, el de hostelería ha crecido un 7,9 %. Sin embargo, los datos de formación no indican que este crecimiento esté siendo acompañado de forma paralela con la formación de sus equipos.

La variedad está sobre la mesa. La cantidad de restaurantes es altísima. La competencia, máxima. Entonces, ¿qué se puede hacer para diferenciarnos? La respuesta está en la experiencia del cliente.

El cliente satisfecho de un servicio, independientemente de las circunstancias que hayan rodeado al mismo, será quien lo posicione para bien o para mal. Los equipos y sus habilidades serán determinantes en su decisión.

Y para liderar a esos equipos de forma adecuada, están los jefes de Sala. Son los responsables de que todo ruede de manera ordenada durante cada servicio. Para ello tienen que usar una serie de habilidades, que, como ocurre en el entorno deportivo, se pueden entrenar, como son:

— Tener una comunicación cercana con el equipo.

— Colaborar con el equipo en las tareas más sensibles del día.

— Preparar la motivación de su equipo con reuniones previas al servicio.

— Saber estar y comunicarse con el equipo en presencia de los clientes.

— Tener capacidad para solucionar las quejas de los clientes en situaciones de tensión.

— Delegar tareas en su equipo, haciendo que todos ofrezcan su «mejor versión».

— Y, por último, ser un espejo para el equipo en la realización de los comportamientos claves para alcanzar una experiencia cliente de éxito: personalizar la atención, realizar un buen contacto visual, mantener una sonrisa natural, preguntar por su satisfacción al cliente y tomar nota con la iniciativa de mejorar el deseo inicial del cliente.

En resumen, necesitamos de una experiencia cliente excelente para marcar diferencias con nuestra competencia y aprovechar el momento en el que se encuentra la hostelería. Pero, sin equipos y responsables entrenados, todo queda al azar de cada momento. Una decisión que merece una reflexión, aunque se tenga mucha experiencia.

VENDER TIENE COMPORTAMIENTOS PREVIOS CLAVES PARA EL ÉXITO

De cómo entrenar comportamientos de venta, tiene una amplia experiencia nuestra firma. Restaurantes, hoteles, concesionarios de automoción, equipos comerciales de telemarketing o el sector de los seguros son ejemplos de donde hemos desarrollado nuestras soluciones.

Todo ello ha permitido que nuestra firma publicara con la editorial Almuzara nuestro primer libro *Entrenar para vender*. Son veintiuna situaciones reales de ventas que se pueden entrenar, con nuestra metodología deportiva, dentro o fuera de la empresa.

Se publicó en 2015 y hemos realizado desde entonces más de cien entrenamientos en ventas. De todos ellos, y con la experiencia acumulada desde entonces, nos queda claro una cosa: los comportamientos para vender están más en la parte previa a la venta que en la venta en sí.

Esto quiere decir que hay unos comportamientos no negociables que ocurren antes del momento de la venta. Y no importa la situación de venta *offline* u *online*, porque, si estos comportamientos no están, el momento de la venta será más complicado.

Tener claro el funcionamiento diario

Parece algo obvio, pero no lo es. La mayoría de los equipos de ventas, independientemente del sector, dicen que tienen claro el funcionamiento y sus tareas. Pero la realidad, cuando nuestra firma entra en detalle, no es así. Normalmente, encontramos una acumulación mal entendida de tareas. Y en muchas ocasiones, esas tareas no son tantas como parecen y quitan muchísimo tiempo, cuando no debería ser así.

Planificar el trabajo diario

No se puede vender con desorden. Es imposible. Y el desorden se arregla con planificación. Pero, normalmente, nos hemos encontrado con una semiplanificación. Esto es, planificar a medias. Se tiene claro, más o menos, lo que hay que hacer y siempre en la cabeza. Y eso no es suficiente. Hay que tenerlo por escrito para después poder aplicarlo con flexibilidad, además de poder medir los resultados.

Flexibilidad

No hay un plan de trabajo que no se tuerza a los cinco minutos de empezarlo. Y, si no es así, es el día ideal que se repite una vez al año. Los cambios y la necesidad de adaptación, a cada minuto, son una realidad, porque hoy en día se compite mientras se trabaja. Al competir, el número de situaciones que pueden desvirtuar nuestro plan inicial es altísimo y tenemos que hacer del binomio adaptación/cambio de un hábito, no un problema que bloquee al equipo.

Medir buscando el dato

Hay que conseguir el dato que nos ayude a decidir, no el dato clave para decidir. Ese no siempre va a estar disponible. Pero tenemos que basarnos en algo. No podemos competir sin medir, porque hay que «hacer mejor» lo que normalmente antes bastaba con «hacer bien». De lo contrario, alguien va a estar más preparado para la venta que nosotros. Y, obviamente, se llevará al cliente.

Comunicar

Hablar con el equipo es algo que hemos encontrado que no se suele hacer. Todas las conversaciones giran sobre los procedimientos de trabajo, la facturación, los precios..., y vuelta a empezar. Si solo hablamos de las consecuencias de las ventas, estamos reforzando la importancia del resultado sobre lo que hacemos para conseguirlo. Así es imposible generar iniciativas que mejoren la situación de venta antes de que esta llegue. Así, solo conseguimos forzar a vender y no forzar a estar preparados para vender.

Desde nuestra firma, tenemos muy claro que estos comportamientos, con los que nos encontramos diariamente con nuestros clientes, son la clave para llegar bien al momento de la venta. Básicamente, porque, cuando se realizan, los comportamientos que están más relacionados con el momento directo de la venta ocurren de manera natural y suelen generar buenos resultados.

¿CUÁLES SON LOS COMPORTAMIENTOS CLAVES PARA VENDER?

Si en nuestro anterior *post* hablamos de los comportamientos previos a la venta que hemos podido trabajar con nuestros clientes, en este queremos traer aquellos que están relacionados con el momento exacto de la venta.

Los comportamientos del momento de la venta tienen que ser una consecuencia de la preparación para el momento de realizar una venta. No pueden hacerse «en frío» en el momento de la venta. De lo contrario se desnaturaliza ese momento con el cliente y este entenderá que estamos «buscando» vender. Y a nadie le gusta que le vendan.

Detectar necesidades, no ofrecer servicios o productos

Cuando ofrecemos servicios o productos, estamos vendiendo sin más. No hay una base detrás de este comportamiento, solo hay una base de vender. Vender para cumplir.

Vender para facturar. Vender para mantener el trabajo. Y eso no vende. Eso bloquea cualquier oportunidad que se tenga con un cliente, salvo que sea un bien de primera necesidad a un precio espectacular.

Ni despachar ni vender: solucionar

Lo que ofrezcamos tiene que solucionar al cliente su necesidad, no «despacharlo». Y esto vale desde una entrada de cine hasta un servicio de asesoramiento legal. Ningún servicio soluciona por lo que es, sino por lo que satisface la necesidad que tiene el cliente. Si el servicio o producto soluciona por lo que es (precio, diseño, pago...), tendrá pronto otro servicio o producto con el que competir. Si lo hace por lo bien que soluciona la necesidad del cliente, tendrá que competir también, pero ya entramos en una competición de calidad y confianza, que no es tan variable e incontrolable como la de los precios y el diseño.

La solución de hoy puede ser la venta de mañana

Lo vemos cada día con nuestros clientes y, en miles de ocasiones, no detectan esta circunstancia. Lo que hacemos hoy por solucionar la necesidad del cliente genera muchas posibilidades de venta mañana. Igual ese día no, pero mañana sí. Es un trabajo a largo plazo que ofrece resultados. Porque cuando se le soluciona algo a un cliente, vuelve para que le soluciones otra cosa. Utilizando de nuevo el cine como ejemplo, puede que queramos ver nuestra película favorita y no tengamos entradas para ese día. Nuestro enfado o nuestra decepción delante de la taquilla es enorme. Pero, si nos dicen que podemos sacar la entrada para el día siguiente y nos recomiendan una sala donde verla con mejores prestaciones, ubicándonos en un asiento mejor que el que podíamos conseguir ese día, lo más probable es que decidamos

316

comprar la entrada. No hemos perdido la venta y, además, hemos ofrecido una solución perfecta.

En situaciones difíciles también

En una situación complicada, donde el cliente tiene un problema serio y está en una situación de alteración importante, también se puede vender. A veces, como decíamos en el anterior apartado, la solución adecuada produce una venta posteriormente. Pero podemos encontrar ventas en situaciones conflictivas si solucionamos y detectamos necesidades. Si en una llamada por un accidente de coche, el seguro de un cliente no contempla coche de sustitución y le decimos que si lo necesita tiene que mejorar su póliza, puede que no vuelva a renovar con esa compañía de seguros. Pero, si le decimos que le facilitamos el vehículo y que debería tener en cuenta en su próxima renovación la opción de incorporar por un mínimo precio esta cobertura, puede que lo fidelicemos a través de una solución, en un momento complicado, donde ha experimentado de primera mano el problema de no tener esa cobertura.

Por tanto, en el momento de la venta cubrir una necesidad con una solución adecuada o solucionar de manera eficiente una necesidad, sin pretender nada más, son los dos comportamientos que mejor fidelizan a los clientes y abren el camino para futuras ventas. Estos comportamientos son los más efectivos, pero requieren de mucho tiempo. Por eso, es importante ir midiendo cuánto lo hacemos y el retorno que vamos obteniendo, para no utilizar en exceso comportamientos que pueden generar resultados a corto plazo (despechar, ofrecer servicios o productos), pero que a largo plazo nos dejará sin cartera de clientes.

CALL CENTERS, CONTACT CENTERS Y RECURSOS HUMANOS

Las soluciones de formación en habilidades de nuestra firma, que son el origen de nuestra metodología, siguen creciendo entre nuestros clientes. Diferentes sectores se están uniendo a una metodología formativa que necesita poco tiempo para realizarse, tiene un impacto medible y duradero en el negocio y se integra fácilmente en la jornada laboral.

En esta línea, los *call centers* vuelven a estar entre los negocios que más solicitan los servicios de la firma para preparar a sus equipos y profesionales. Estos centros de llamadas o su evolución, los denominados *contact centers*, preparan a sus profesionales y equipos en una serie de habilidades claves para que puedan tener éxito en el desempeño de sus tareas. Describimos las más importantes, en función de nuestra experiencia.

Adaptar el lenguaje y el tono al perfil del cliente.

Son la voz de la empresa y el contacto directo con el cliente en muchas ocasiones. Que el cliente entienda lo que se transmite es fundamental. No se puede cometer el error de no explicar y de no expresarse con la suficiente claridad, pues mediante la voz se están presentando todos los valores y formas de hacer del negocio al que representan. No ver al cliente es un hándicap y solo se puede superar con un lenguaje claro y reconociendo el perfil del cliente que está al otro lado (edad, ubicación...).

Escuchar al cliente y tener iniciativa

Escuchar es comprender al cliente, no solo recibir lo que dice. Escuchar implica una participación en la comunicación que se tiene con el cliente. Implica comprometerse con aquello que nos dice, por muy poco que sea, para ayudarle en la medida de lo posible con nuestras soluciones, o, en el caso de situaciones de venta, para ofrecerle la mejor característica que tiene nuestro producto/servicio para su necesidad actual. Escuchar al cliente, así, implica que podamos encontrar una necesidad, un deseo, un punto de partida, donde en principio hay poca inquietud por nuestros productos/servicios.

Ser creativos utilizando el conocimiento propio

No hay nada más potente en la interacción con un cliente que un profesional con conocimiento propio, creado desde la experiencia obtenida con el producto/servicio y de la interacción con sus compañeros. Dominan tanto el producto, se encuentran tan cómodos, saben tan bien qué es lo que están ofreciendo que el cliente los ubica en una posición de credibilidad y confianza. De esa interacción nacen las mejores adaptaciones de productos y servicios. De ahí, nacen los mejores clientes. Los que son fieles a la marca que hay detrás de la llamada.

Los comportamientos que hacen posibles las habilidades

Para que estas habilidades ocurran en las interacciones telefónicas o multicanal con los clientes, hay que usar una serie de comportamientos que facilitan su aparición:

La sonrisa telefónica, para que el cliente sienta la voz de la marca en una persona, no en un robot que tiene que cumplir un protocolo de llamada.

Preguntar y dejar hablar. El cliente tiene que hablar si queremos detectar necesidades, para poner en marcha nuestra creatividad y comunicarle de forma acertada la mejor característica de nuestro servicio o producto. Si no lo hace, hay que preguntarle para saber y para ver hasta dónde está dispuesto hablar. Porque igual ese no es un buen momento para que el cliente decida, pero la huella que se le crea puede derivar en una próxima decisión más favorable.

Utilizar el nombre del cliente y preocuparse por él son dos cuestiones que personalizan y hacen más cercana una interacción que no lo es, ya que no tenemos al cliente delante, lo que despersonaliza aún más el proceso de comunicación. Utilizar su nombre cuando nos dirigimos directamente para ofrecerle la información clave de nuestro servicio o producto, preocupándonos de que de verdad tenga una excelente experiencia si lo contrata o acepta, son comportamientos básicos cuando estamos lejos de relacionarlos personalmente con los clientes.

En resumen, el entrenamiento de las habilidades comentadas y su utilización apoyada en los comportamientos descritos, con personas que no conocemos (aunque nuestro CRM esté cargado de información sobre ellas), que no tenemos delante de nosotros y en las que queremos provocar una decisión favorable hacia nuestros servicios o productos, genera toma de decisiones con un alto margen de éxito para los *call centers* y *contact centers*.

La cuestión es superar el argumento que solemos encontrarnos cuando nos llaman muchos de nuestros clientes: «no creía que una formación fuera a mejorar tanto mis ventas, hasta que lo comprobé en la competencia». Y es que, para tener un equipo preparado, hay que entrenarlo y la metodología deportiva sabe mucho de eso.

RESTAURACIÓN: HABLAN NUESTROS CLIENTES

El entrenamiento de los comportamientos de los equipos de restauración es un clásico en nuestra firma. Estos equipos tienen una actividad con un alto grado de desgaste y ese desgaste es un factor de riesgo en lo que se refiere al deterioro de la relación directa con el cliente.

Dependiendo de la estructura del restaurante, la forma de trabajarlo y la preparación de los profesionales, se puede reducir este factor de desgaste de los equipos. Eso sí, para conseguirlo hemos observado en el trabajo diario con nuestros clientes que es imprescindible ajustar la experiencia que en el sector tiene el restaurador con la idea que tiene este del modelo de servicio que quiere ofrecer, la forma de trabajar que va a utilizar para hacerlo llegar al cliente y los profesionales que necesita para que los clientes lo reciban con la máxima excelencia.

La estructura del restaurante

Restaurantes hay muchos y de muchos tipos. La variabilidad no es el problema, pues el cliente puede ver satisfecha su demanda con una amplia oferta. Pero no todos los restaurantes funcionan igual. Los restaurantes franquiciados sí tienen más puntos en común por su propio origen empresarial, pero, del mismo modo, esos puntos comunes no garantizan que haya una estructura que repercuta de manera positiva en el equipo. Es más, normalmente, repercute de manera positiva en el cliente que es para quien está pensada esa estructura.

Pero una estructura de restauración diseñada únicamente para el cliente, o para la idea de servicio que se le quiere ofrecer, es una estructura que normalmente conlleva un alto coste empresarial y laboral. La estructura de trabajo tiene que facilitar que se pueda hacer llegar al cliente la propuesta de servicio, pero también tiene que poder encajar bien a los profesionales que hacen posible que esa propuesta ocurra con calidad.

Así nuestra firma suele trabajar con los clientes el diseño, evaluación y perfeccionamiento del organigrama del restaurante, con el objetivo de que este sirva para llevar a cabo el modelo de servicio que se pretende. Por otro lado, ayuda a los clientes a preparar la llegada de nuevas incorporaciones de profesionales, que no conocen el organigrama de trabajo y que deben rápidamente asumir sus responsabilidades para que la experiencia del cliente no se vea perjudicada. Y, finalmente, ayudamos a nuestros clientes en la medida que su posición dentro del organigrama de trabajo se lo permite, a diseñar cuadros de mandos e indicadores.

La forma de trabajo del restaurante

La estructura está soportada por una definición adecuada de puestos y tareas dentro del restaurante. Las tareas y puestos bien definidos son la clave para que la idea del servicio que se quiere ofrecer al cliente pueda ocurrir. Por eso, las tareas tienen que diseñarse para hacer posible el servicio y, en muchas ocasiones, lo que ocurre es que lo hacen imposible.

Esto ocurre porque en muchas ocasiones se replican formas de hacer de anteriores experiencias en restauración, se copian formas de otros negocios cercanos o, sencillamente, no se ha analizado realmente si las tareas creadas sirven para que el cliente alcance una excelente experiencia de servicio.

La forma de trabajar para que una idea de negocio pueda funcionar tiene más implicaciones que la mera ordenación de las tareas y puestos necesarios para afrontar un servicio de restauración. No es una descripción de tareas y puestos, sino una combinación de ellas que produce una experiencia cliente única. Y las combinaciones hay que probarlas y perfeccionarlas, no basta con hacerlas. Aquí el *feedback* de los clientes tiene mucho que decir.

En este sentido, MindCompanySport suele trabajar en el ajuste de los horarios para poder llevar a cabo el servicio con éxito; analiza las cargas de trabajo y de los descansos del equipo necesarios para hacer funcionar el servicio con calidad; realiza una definición detallada de los puestos y tareas que conforman el organigrama del restaurante; y perfecciona los indicadores de resultado (por ejemplo, facturación) y de realización (por ejemplo, errores cometidos) que informan sobre la eficacia de las tareas que componen el servicio.

Entrar en el detalle de la forma de trabajo es entrar en el detalle de cómo se atiende al cliente. Y, con la exigencia actual del sector, no se puede dejar al azar y a la experiencia acumulada el impacto que pueden tener los pequeños detalles de un servicio de restauración en los clientes.

Los profesionales del restaurante

Muchos de nuestros clientes tienen claro su modelo de negocio y han creado una estructura adecuada para realizarlo con éxito. Después han definido al detalle todas las tareas necesarias para que esa estructura se pueda ejecutar con la máxima calidad y eficacia. Y llegado hasta aquí, se encuentran con la falta de profesionales para llevarla a cabo.

Muchas veces, esa falta de profesionales es debida a que la estructura montada para hacer realidad la idea de restauración no ha tenido en cuenta los recursos humanos necesarios para poder desarrollarla. En otras, sí han sido tenidos en cuenta, pero necesitan de una costosa formación técnica para su ejecución. Costosa no solo económicamente, sino también en inversión de tiempo y recursos.

Otros de nuestros clientes no tienen el problema en los conocimientos técnicos, sino en las habilidades que necesitan estos profesionales para funcionar como equipo dentro de un negocio y así poder poner al servicio del cliente todos sus conocimientos.

Todo lo comentado afecta, gravemente, al desarrollo del servicio y, por supuesto, al cliente. La experiencia, que antes era un aval para el sector, ahora es un punto a favor que se tiene que demostrar con adaptación y excelencia. Por eso, nuestros clientes entrenan continuamente a sus equipos y revisan, una y otra vez, el resultado de las tareas que realizan para que su modelo de negocio genere una satisfactoria experiencia al cliente.

ASEGURADORAS Y EL CAMBIO DEL MODELO DE SERVICIO

El sector de los seguros, como otros muchos sectores, está inmerso en un momento de cambio. Así lo demuestran los clientes de nuestra firma, cuya principal preocupación es la adaptación de sus profesionales a una nueva forma de trabajo con el cliente.

Junto a esta nueva forma, la digitalización también se está convirtiendo en un factor clave para el crecimiento. Pero la digitalización es una herramienta que utilizan las personas. Y si las personas no están preparadas para asumirla, junto al resto de los cambios necesarios, ralentizan el crecimiento de las aseguradoras, agentes y colaboradores.

Los equipos deben tener un equilibrio

En el trabajo diario con nuestros clientes hemos constatado que aquellos que tienen mayores resultados son los que tienen una mejor organización de tareas y comunicación con sus equipos. No tener estas dos cuestiones bien ajustadas suele ser indicativo de malos resultados.

El motivo es que ese orden y esa comunicación, que en la mayoría de nuestros clientes tienen una revisión diaria, son claves para que los profesionales no pasen el día saturados con tareas «administrativas» y tengan una actitud proactiva hacia la venta. Esa actitud, durante la jornada laboral, permite que los profesionales aprovechen mejor los momentos de interacción con los clientes, con los consecuentes resultados.

Comportamientos previos a la venta

Por este motivo, los clientes de nuestra firma entrenan comportamientos que facilitan tener esa actitud proactiva y poder detectar mejor las situaciones de venta con los clientes. Estos comportamientos son los siguientes:

Dejar claro, cada día, cómo se va a funcionar esa jornada laboral.

No todos los días son iguales. No todos los días son buenos para la venta ni todos los días son buenos para las tareas más administrativas. En cada unidad de negocio, si se analiza un poco los hábitos de trabajo, se puede ver con facilidad los días que son más recomendables para reforzar las posibilidades de venta o para «sacar» más tarea administrativa. Esto para nada está reñido con aprovechar los momentos de ventas que aparecen en cada jornada laboral. Al contrario, sirve para mantener a los profesionales más «cómodos» de cara a la llegada de estas oportunidades, puesto que saben en todo momento donde están las prioridades de ese día.

Planificar el trabajo con flexibilidad

Pero esas prioridades del día a día cambian. Hay que tener claro que lo que se prepare para la jornada laboral, al cien por cien, va a cambiar. No hay un plan de trabajo que se mantenga más allá de los primeros cuarenta y cinco minutos de la jornada laboral. La adaptación del plan no es un problema, es una necesidad. Y ese comportamiento de revisar y volver a ajustar las tareas que tenemos sobre la mesa tiene que ser un hábito consolidado. De esta manera, los equipos estarán mentalmente menos sobrecargados por el esfuerzo constante de tener que asumir cambios e interrupciones, y podrán detectar mejor los momentos de ventas, puesto que tienen el hábito de que la revisión en las tareas a realizar es una constante y forma parte de su trabajo.

Medir la capacidad de trabajo

Y para que ese hábito se consolide los responsables de las oficinas tienen que compartir los resultados con los equipos. No podemos comenzar la jornada de trabajo sin saber qué resultados estamos obteniendo y cómo funcionó el trabajo el día anterior. Básicamente, porque esto es lo que permite ajustar el plan de trabajo de la semana, teniendo en cuenta el tipo de día que inicialmente puede ser *a priori* o más propicio para descargar administrativamente o más propicio para «empujar» en la venta. Además, esa comunicación diaria con los equipos ayuda a nuestros clientes a cambiar el rumbo de trabajo durante la semana, consiguiendo algún margen de maniobra para actuar sobre los resultados de esa semana.

En resumen, nuestros clientes del sector seguros centran sus esfuerzos en realizar comportamientos de organización de tareas, comunicación y medición de resultados, con el objetivo de que estos permitan a los equipos llegar con fuerza a los momentos de venta. Y, desde luego, los resultados avalan ese esfuerzo siempre sumado al resto de cambios que tiene que asumir el sector.

Como en el deporte: todo suma si sabe hacer que sume.

RESTAURANTES Y COMPORTAMIENTOS CLAVES PARA LOS CLIENTES

Los restaurantes que trabajan con nuestra firma siempre tienen un factor en común cuando contratan nuestros servicios: quieren saber cuánto pueden mejorar en aquello que está en manos de sus profesionales. Es una inversión segura, porque los profesionales ya están ahí, con lo cual el objetivo es que puedan aportar el máximo valor posible.

Cualquier consultoría o auditoría indagaría directamente en la forma que tiene el restaurante de trabajar para generar resultados. Los productos, la forma de ofrecer el servicio, los precios... Nuestras auditorías, sin embargo, están enfocadas en las personas y lo que depende de ellas para hacer crecer el negocio.

Recibir al cliente aumenta el consumo

Nuestra firma lo tiene más que comprobado: si los restaurantes de nuestros clientes tienen capacidad para ver al cliente antes de que se siente a la mesa, su tique medio mejora. Y no es magia. Simplemente el cliente se siente recibido y conecta con la idea de que estamos ahí para atenderle lo mejor posible. Para que este comportamiento ocurra, hay que tener muy bien definida las posiciones dentro del restaurante y cómo se va a apoyar el equipo para que podamos dedicar tiempo a este comportamiento.

El contacto visual demuestra nuestro interés

Mantener el contacto visual con el cliente cuando este está hablando le hace sentir que queremos atenderle. Parece una obviedad, pero, en muchas ocasiones, lo que hacemos es «despachar» y esto disminuye muchísimo la experiencia del cliente en nuestro establecimiento. Este comportamiento es muy fácil de realizar y, además, el cliente marca el ritmo de cuándo tenemos que mirarle y cuándo podemos centrarnos en anotar su pedido. No hay mejor manera de relacionarnos con nuestro principal generador de ingresos.

El cliente confía cuando te escucha

Los clientes necesitan escucharnos para confiar en nuestros servicios. Si durante la toma de una comanda, no sugerimos nada, no le asesoramos sobre la carta que tiene entre sus manos o no le explicamos cómo funciona nuestro servicio, no estamos invitando al cliente a que vuelva. No es solo la comida que servimos, sino también cómo entiende y experimenta el cliente el servicio. Las novedades si es un cliente habitual, lo adecuado si es un cliente que nos visita por primera vez, lo que le apetece si ya ha acabado su bebida, pero aún no ha terminado su plato. Hay que estar ahí para sugerir, porque si no sugerimos no solo no conseguimos resultados, sino que dejamos de conocer a nuestros clientes.

Siempre con ritmo, nunca a destiempo

Y todo lo anterior tiene que ocurrir en el momento adecuado. Si el cliente ya se ha sentado, es tarde para realizarle la mejor recepción posible, pero no lo es para tomarle nota de las bebidas con un saludo y sin que tenga que esperar.

Si nos ha llamado levantando la mano, no es tarde para tomarle la comanda mirándole atentamente mientras realiza el pedido. Si no lo hemos mirado mientras tomaba la decisión de en qué se va a gastar su dinero, al menos, aún podemos estar atentos a cómo va su comida y si necesita otra bebida o algo más de salsa, por ejemplo. Y ya nada más. Porque llegados a este punto, si no hemos visto nada de lo anterior, el cliente tendrá una experiencia normal, aunque hayamos servido una comida excelente. Lo mínimo que se nos puede pedir.

Por eso es tan importante tener a los equipos entrenados en estos comportamientos básicos de atención al cliente. Porque previenen errores en la atención al cliente y potencian la experiencia del cliente. Y, además, estamos invirtiendo directamente sobre resultados en nuestros tiques medios y nuestras ratios de fidelización. Una inversión más que asumible y eficaz.

ASESORÍAS: ACTUALIZACIÓN DEL NEGOCIO Y DE LOS RECURSOS HUMANOS

Para las asesorías, las reglas del juego han cambiado. Hace tiempo que el comportamiento de comercializar el asesoramiento y, una vez conseguido el cliente, «despacharle» los servicios que este requiere viene dando señales de que no es suficiente. El cliente quiere algo más y de otra forma.

Las asesorías necesitan hacer frente a la ya conocida transformación digital, a una mejor compresión del cliente y a una adaptación de sus estrategias de comunicación y captación de negocio. Y, para todo ello, se necesita una actualización de sus profesionales. Profesionales muy especializados en la solución de tareas propias del negocio, pero muy alejados de la relación con los clientes y los comportamientos de equipo.

La consultoría: el nuevo boca a boca del cliente

Las asesorías requieren de una consultoría personalizada en el servicio para seguir captando clientes.

El boca a boca sigue siendo el principal canal de captación de clientes, pero ahora se complica. Se complica con la necesidad que aparece en los clientes de recibir, más que un buen servicio, una consultoría personalizada que les genere de forma natural la necesidad de transmitir satisfacción por el servicio recibido a sus contactos.

Según la experiencia con nuestros clientes, las asesorías ya no se pueden «quedar» con cumplir plazos y realizar trabajos, tienen que personalizar la experiencia que el cliente tiene con el despacho, si quieren que esta sea comentada en su círculo de confianza. Y esto implica tener respuestas para casi todo y, al mismo tiempo, preguntar al cliente por todo. De lo contrario, el cliente entenderá el servicio prestado como uno más de entre otros muchos.

Por ejemplo, llevar la contabilidad de un cliente al día es ofrecer un buen servicio que otros despachos también pueden ofertar. Sin embargo, personalizarla con avisos al cliente de la actualización de su contabilidad, incluyendo una llamada de seguimiento para comentarle algún detalle interesante y, dentro de esa misma conversación, aprovechar para preguntarle por su negocio en general, son comportamientos que no todas las asesorías realizan y que fomentan una consultoría personalizada.

Cambian las formas de atención al cliente

El servicio competitivo dependerá de equipos capaces de asumir la relación constante y cercana con el cliente.

Definitivamente. Una consultoría personalizada necesita de un equipo preparado para relacionarse con el cliente. Es imposible realizar un servicio que genere una ventaja competitiva en un cliente sin un equipo capaz de asumir la relación con los clientes. Y la relación con los clientes no es estar al día de su situación fiscal, contable o administrativa. Es mucho más. Implica un uso frecuente de comportamientos relacionados con la experiencia del cliente.

Preguntar por el negocio para conocer sus preocupaciones, dirigirse al cliente siempre por su nombre, utilizar las sonrisa telefónica, realizar visitas no planificadas de seguimiento *online/offline*, diseñar informes personalizados en las formas y en los contenidos, definir un formato «amable» y «cómodo» de relación con el cliente cuando llame al despacho, facilitarle el acceso a los profesionales especializados de la asesoría o evitar las prisas cuando se están relacionando los profesionales de la asesoría con el cliente son algunos ejemplos de los comportamientos que tendrán que saber realizar los equipos si quieren orientarse de forma correcta al nuevo formato de atención que demanda el cliente.

Cambia la gestión de la información

Ahora, saber más del cliente implica ser proactivo en las soluciones que se le ofrecen.

No se trata de utilizar la tecnología para realizar una mejor gestión de la información del cliente. Se trata de conseguir información que permita hablar de forma «consultiva» con los clientes. Esto significa que las asesorías deberán estar preparadas para gestionar la información, de forma que puedan adelantarse a posibles resultados que, trasladados a los clientes, consigan hacerles mejorar su rendimiento y la productividad en su negocio. Ya no pueden esperar a tener información para solucionar un problema, tienen que adelantarse a ese problema e incluso ofrecer información clave para prevenirlo.

Por todo lo anterior, las asesorías tendrán que ser capaces de manejar la información y de detectar indicadores que informen de posibles mejoras en el funcionamiento diario de los clientes. Por ejemplo, podrían detectar en un cliente mejoras en sus márgenes de ventas debidas a una disminución en el coste asignado a las compras que necesita el cliente para realizar su servicio. Y podrían ver como varios proveedores concretos influyen directamente en la mejora de ese margen. Indicárselo al cliente, comentarlo con él y, aunque ya sepa de esa información, proponerle que compare con otros proveedores similares que se han analizado desde el despacho para él.

Actuar así provoca en el cliente una experiencia de seguridad y confianza en el servicio, porque la asesoría está ahí para algo más que para solucionar problemas habituales. Y eso es un factor fundamental de diferenciación frente a la competencia.

Cambia el equipo y sus comportamientos

El valor de un equipo ya no está en su conocimiento, sino en cómo hace llegar ese conocimiento al cliente.

Si cambia la forma de relacionarse con el cliente y cambia la forma de gestionar la información, tienen que cambiar las formas del equipo. Es decir, tienen que actualizarse sus habilidades. Los equipos tienen que no solo ser más sensibles a la relación con los clientes, a sus interrupciones constantes, a sus demandas personalizadas y a la velocidad de respuesta que requieren. También tienen que mejorar sus habilidades de planificación, de adaptación al cambio, de tolerancia al estrés y de orientación al resultado.

De nada sirve tener un buen equipo profesional si por el hábito adquirido debido al funcionamiento pasado en el sector existe una falta de «soltura» en la planificación de tareas y en la flexibilidad para priorizarlas según las demandas, inesperadas, que aparecen a lo largo de la jornada laboral. Porque, entonces, los equipos siempre parecerán «saturados» y no podrán ofrecer una respuesta a la altura de la calidad que tienen.

Se puede tener un equipo con profesionales muy resolutivos en temas fiscales, por ejemplo. Pero, si esos profesionales no están entrenados en la priorización de tareas, acabarán ofreciendo las mismas soluciones y en el mismo tiempo que el resto de la competencia.

Y, por último, cambia el líder del despacho

Las habilidades comerciales solo funcionan con el respaldo de las habilidades de dirección.

La forma en la que el líder del despacho decide trabajar es clave. Ahora, más que nunca, hay que poner en valor los conocimientos «contratados» en la asesoría para ofrecer mejores respuestas y soluciones a los clientes. Y esto depende de cómo se organiza el modelo de trabajo de la asesoría. Tener a buenos profesionales con una organización interna de la asesoría que dificulte la relación con el cliente es perder capacidad de servicio. Las habilidades de dirección, comunicación, evaluación del rendimiento, planificación o de toma de decisiones se convierten en fundamentales para los responsables de las asesorías si quieren encarar con éxito los servicios bajo el modelo de consultoría.

Por ejemplo, una asesoría puede ser especialmente eficaz en las soluciones laborales con los clientes. Pero, si la distribución de funciones del despacho no es adecuada y está provocando que las tareas diarias consuman más tiempo del necesario, entonces se estará forzando al equipo a funcionar como una solución laboral más dentro del mercado y no se aprovechará la ventaja que se tiene en esta área.

En resumen, las asesorías requieren de un cambio en la forma de actuar con los clientes, de un cambio de las formas de estructuración del trabajo, de una adaptación de los comportamientos de los profesionales y de un compromiso de liderar todos esos cambios por parte de los responsables de las asesorías. Cambio, adaptación y liderazgo. Palabras claves en la actualidad empresarial y que las asesorías tienen que empezar a manejar con soltura.

CALL Y *CONTACT CENTERS* NECESITAN MÁS LLAMADAS DE CALIDAD

Después de la experiencia acumulada con nuestros clientes en *call centers*, lo tenemos claro: llamadas de calidad. Esa es la clave de que estos modelos de negocio consigan una adecuada relación entre lo que ofrecen y sus clientes.

Y las llamadas de calidad no nacen en un protocolo de atención al cliente. Sin embargo, todas las empresas del sector tienen uno, lo cual no es un error, pero sí un hándicap si no se utiliza para generar calidad en la llamada.

Se vuelve estándar y frío

El principal riesgo de un protocolo telefónico de atención al cliente, cuando se utiliza como forma ideal de contacto con ellos, es que todo suena igual. Si todo suena igual, ya no estamos hablando con personas, estamos hablando con máquinas programadas para repetir una serie de pasos. Pasos que siempre siguen un camino en función de cómo marche la conversación con el cliente, con lo que se pierde la personalización con el cliente.

Por ejemplo, en un centro de atención telefónica de ventas de libros se repite continuamente el protocolo de atención al cliente que la empresa tiene diseñado. Todas las mañanas se hacen simulaciones de ese protocolo, se escuchan las llamadas que han tenido éxito y las que no, se comparte en grupo la opinión de qué puntos tienen que mejorarse en las llamadas que no tienen resultados y se ponen vídeos motivacionales para afrontar la jornada. Pero los resultados siguen siendo los mismos: unos operadores venden y otros no. Y eso a pesar de tener todo el mismo protocolo.

No se sabe por qué, solo se opina

Todos los profesionales tienen el mismo protocolo, pero algunos no alcanzan las ratios de venta. Y los responsables utilizan argumentos del tipo «hay que convertir los noes, en síes», «cumples con todo lo que pide el protocolo, no entiendo cómo vendes más», «hay que generarle la necesidad utilizando el protocolo». Básicamente, se cumple el protocolo, pero no se alcanzan las ventas, los objetivos de llamadas atendidas, los objetivos de resolución de incidencias, el número de citas previstas... Y solo hay opiniones subjetivas, que siempre hacen referencia al protocolo, para argumentar «posibles» respuestas a esa no consecución de objetivos.

Un ejemplo, un centro de atención telefónica de llamadas de una clínica de rehabilitación que tiene que responder a numerosas situaciones de cambio de fechas e incidencias con los pacientes. A pesar de seguir el protocolo de atención al cliente, que los guía en la forma de hablar con ellos y en las soluciones que tienen que ofrecerles, los pacientes siguen manifestando que no se alcanza un nivel de atención satisfactorio. El gerente de la clínica no tiene una respuesta objetiva y alude a que, si se cumpliera el protocolo, los pacientes cambiarían su percepción. Esto es un caso muy habitual en el sector.

La solución está en la llamada de calidad

Una llamada que, al realizarla, solo utiliza el protocolo como referencia para interaccionar con el cliente, nunca como herramienta. Es decir, que no lo sigue «a pies juntillas» cuando atiende al cliente. Todo lo contrario, lo moldea continuamente en base al perfil que telefónicamente demuestra el cliente. Tanto es así que tiene el protocolo matizado en función de diferentes momentos del día, clientes, situaciones que le comentan los clientes, productos que ya tienen contratados y un sinfín más de detalles. Incluso, se llega a personalizar el protocolo, haciéndolo propio.

Existen casos, dentro de los clientes de nuestra firma, donde aquellos profesionales que más venden o que mejor atienden a los clientes han adaptado por completo el protocolo telefónico de la empresa. Sus responsables aluden a que son quienes mejor usan el protocolo telefónico y que por eso alcanzan las ratios de eficacia, cuando con una observación detallada de las llamadas, aparecen una cantidad inmensa de matices que se van incorporando de manera natural a lo largo del desarrollo de esta.

No hacen falta muchas llamadas, sí esfuerzo por hacerlas

Cuando el nivel de llamadas de calidad es alto, no se necesitan muchas llamadas. Lo que se necesita es constancia en realizarlas y analizarlas. Realizar llamadas de calidad requiere de mucha más concentración por parte de los profesionales, porque están haciendo una escucha activa de alta intensidad para detectar en los clientes las opciones de venta, la detección de sus necesidades, la comprensión de sus quejas o la búsqueda de la mejor solución para su incidencia.

Y, aun así, pueden que no cumplan con su objetivo. Y eso requiere asumir que, a pesar de haber realizado una buena llamada, no se ha vendido, no se ha dado la solución adecuada o no se ha comprendido lo que el cliente necesitaba. Sin embargo, hay que volver a realizar o recibir una nueva llamada con la misma actitud que la anterior. Como ocurre con los deportistas profesionales cuando trabajan duro y no consiguen un buen resultado. Al día siguiente, vuelven con la misma disposición hacia el éxito.

Los comportamientos de las llamadas de calidad

En los mejores equipos y profesionales que hemos analizado en nuestras intervenciones, hemos encontrado algunos comportamientos que se repiten siempre. Estos comportamientos les permiten adaptar el protocolo a las circunstancias de cada cliente y llamada, personalizándolo y manteniendo una actitud más resistente a los malos resultados.

Uno de ellos es que nunca piensan en la venta o en que están atendiendo una incidencia grave: piensan en escuchar. Piensan en conseguir información. Y no información general, que también suelen escucharla atentamente, sino en buscar detalles claves dentro de esa información genérica. Detalles que son los que permiten mejorar la interacción con el cliente. Por ejemplo, un equipo de centro de atención telefónica de venta de viajes comparte en una reunión de mañana, previa a la jornada de trabajo, los detalles específicos que encontraron en los clientes que contrataron y las situaciones en las que estaban los clientes cuando revelaron esa información.

Otro comportamiento: preguntan a lo largo de la escucha. Siempre que el cliente informa de algo que puede estar relacionado con el motivo de la llamada o con la posible solución que se le puede ofrecer, mientras los están escuchando, preguntan. Porque, con ello, no solo le informan al cliente de que están atentos a la conversación, sino que además las preguntas ayudan a revelar esos detalles claves que necesita el cliente. Por ejemplo, en un centro de atención telefónica de atención al cliente, los profesionales registran las preguntas habituales que son necesarias y que están relacionadas con una queja concreta, para que el cliente tenga una buena solución y experiencia en la atención. Además, anotan en qué momento de la conversación se suelen hacer esas preguntas.

Otro más: lo que proponen soluciona y se adapta al cliente. Lo que nace de esta escucha activa intensa con preguntas es una solución adaptada. La mejor que tienen en sus manos en ese momento, en función de lo conversado con el cliente. Pero el cliente siempre tiene una experiencia apropiada a sus necesidades o se ha guiado la conversación para encontrarla de forma natural y sin imponer, por ejemplo, la venta de un producto. Lo cual genera clientes satisfechos y mejora las ratios de fidelización. Por ejemplo, en un centro de atención telefónica relacionado con el tratamiento de incidencias informáticas, el equipo cataloga las soluciones más eficaces y rápidas, creando una base de datos para que, sobre ella, se propongan otras nuevas soluciones posibles para esas que se suelen dar a los clientes, aumentando de esta manera la capacidad de respuesta del equipo.

Y el último: en muchas ocasiones, lo que proponen es algo que no contemplaba la empresa en su catálogo de servicios o soluciones. La creatividad, relacionada con el conocimiento profundo de los servicios o de las soluciones que pueden ofrecerse, genera respuestas innovadoras y que impactan directamente en la mejora del funcionamiento de la empresa. Por ejemplo, en un centro de atención telefónica de una superficie comercial se encuentra una solución no habitual para llevar un producto a un cliente de manera urgente, por una incidencia en la fecha de entrega. Esa solución se archiva para futuras ocasiones, generando una respuesta que en principio no estaba contemplada en el protocolo.

Todos los comportamientos anteriores tienen un fin común: generar respuestas no automatizadas, pero sí basadas en situaciones de éxito con los clientes. Cuanto más se trabaja en esta línea, más sirven solo de base los protocolos de atención al cliente en los centros de atención telefónica y más se asientan las llamadas de calidad. Llamadas que son las responsables del éxito de los mejores profesionales y equipos de este sector.

TRANSFORMACIÓN DIGITAL Y SECTOR *RETAIL*

Los clientes son más inteligentes. Esa es una realidad que invade el sector *retail*. Una realidad que obliga a usar todos los medios que tienen a su alcance los negocios del sector para transformar esa inteligencia y conocimiento que tiene el cliente en información útil que permita diseñar una oferta que genere experiencias de clientes únicas.

Así, dentro de las tiendas y fuera de ellas en el entorno digital, aparecen canales de comunicación con los clientes que bien aprovechados pueden proporcionar una información objetiva en forma de datos, que trabajados adecuadamente ayudan a ajustar la oferta y la demanda, tanto de productos como de servicios.

Para ello, la tecnología digital y sus herramientas son una gran ayuda. Pueden homogeneizar la experiencia multicanal del cliente con el negocio, mejorar los sistemas de logística y la rotación de *stock*, o ajustar las inversiones necesarias para mantener los resultados y la productividad de las acciones de tipo *online* (ventas en plataformas *e-commerce*, por ejemplo) y *offline* (*showroom* sería otro ejemplo).

Son un sinfín de posibilidades las que se presentan, pero hay que saber aprovecharlas y no encararlas como una herramienta universal y de obligada utilización.

La tecnología tiene que ser recibida, no admitida

Admitir implica permitir. Cuando se permite que algo se incorpore, estamos haciendo que nuestra forma de funcionar y nuestros profesionales comiencen a relacionarse con nuevas herramientas que se unen a las que ya se usan habitualmente. Se tienen que ajustar, «engrasar» y comenzar a introducirse en los hábitos de trabajo y en las estrategias de nuestro negocio.

Recibir implica acomodar. Y no tiene nada que ver. Acomodar conlleva preparar la situación para una posible introducción de herramientas que vienen a combinarse con las que ya se utilizan. Pero, como en todo recibimiento, primero hay que presentarse y darse a conocer. Con lo cual, no van a llegar y comenzar un proceso de incorporación dentro de nuestros hábitos de trabajo y estrategias, sino que van a llegar para ver si hay opciones de trabajar en equipo una vez las vayamos conociendo en profundidad.

¿Qué significa todo esto? Que la tecnología digital y sus herramientas serán asumidas en función de la utilidad que traigan o que se consiga al complementarla con los hábitos y estrategias de trabajo existentes. Así ha pasado en el mundo del deporte profesional, por ejemplo. La tecnología se ha ido introduciendo, siendo aceptada por los clubes y deportistas, en función de su capacidad para mejorar rendimiento y resultados.

Se automatizan tareas, no se eliminan personas

En esa mejora, de rendimiento y resultado, son responsables los profesionales y sus hábitos de trabajo. Son los que en última instancia van a darle valor a la tecnología digital dentro del sector. Por ejemplo, un profesional de tienda que puede consultar en una tableta el *stock* existente en una situación de venta, sin tener que moverse del lado del cliente que espera la respuesta y que, además, puede enseñarle posibles alternativas a su demanda de producto, es un profesional del sector que utiliza la tecnología digital para mejorar los resultados, en este caso, de la experiencia del cliente y de la propia venta de producto.

Siguiendo esta línea, podemos definir infinitas aportaciones dentro del *retail* relacionadas, por ejemplo, con compras de colecciones, reuniones de muestras de producto, procesos de logística, tareas operativas diarias de la central, acciones *online* y de los puntos de venta directa o al por mayor...; en todas ellas hay personas implicadas. Profesionales que, desde el conocimiento claro y preciso de su actividad diaria, pueden ajustar el uso de esa tecnología digital.

Ellos van a ser la clave de cuánto la transformación digital y su tecnología pueden ayudar, porque son los responsables finales del uso y utilización de esta. Ocurre igual que en deporte, donde los profesionales son los verdaderos protagonistas de la incorporación de la transformación digital y sus herramientas. Por ejemplo, un jugador de tenis utiliza el Skype para hablar con su entrenador y preparar las sesiones de entrenamiento de la semana, incluso su entrenador puede ver en directo determinados ejercicios o ejecuciones técnicas. Es un estupendo uso de la tecnología digital, pero depende de que el deportista y su entrenador se comprometan a usarla. Y eso solo ocurrirá cuando vean realmente que aporta valor a su forma de trabajo habitual y a las estrategias que quieren desarrollar.

La técnica sirve para competir, para ganar
son necesarias las habilidades

Si finalmente los profesionales introducen en sus hábitos y formas de trabajo las herramientas y procesos de la tecnología digital, lo que tendremos son equipos preparados para ganar. Porque las herramientas y opciones que se abren con la tecnología digital ofrecen menos dependencia de lo físico y más oportunidades para decidir.

Menos dependencia de lo físico implica poder actuar con resultados y productividad en todas las áreas del sector. Implica trabajar mejor y de manera más eficiente en todas la acciones *online* y *offline*, porque la no dependencia de un entorno físico aumenta las oportunidades de actuar, pues se abren otros entornos. El límite está en la creatividad y en el compromiso de los profesionales para diseñar espacios y acciones *online*, al mismo tiempo que enriquecen las acciones *offline*. Por ejemplo, se puede presentar una colección *online* a unos clientes y, al mismo tiempo, ofrecer datos en una reunión de compras *offline* simultánea de cómo están respondiendo esos mismos clientes a una serie de preguntas relacionadas con la colección, y que van apareciendo durante la presentación de esta. Es decir, estamos mejorando nuestra capacidad de competir por los clientes porque utilizamos nuevas técnicas dentro de nuestras estrategias.

Si usamos un ejemplo deportivo, un entrenador de fútbol, gracias al uso de la tecnología digital en las sesiones de entrenamiento y su comunicación *online* mediante *smartphone* en un grupo de WhatsApp, transmite al equipo los errores del último partido y cuáles son los objetivos de la siguiente sesión, que se basará precisamente en esos errores. Volviendo a utilizar el ejemplo anterior de la reunión de compras *offline*, a la que estaba unida una sesión de presentación de producto *online*, el equipo que está en esa reunión puede tomar decisiones de alto impacto para el negocio, utilizando la información que va derivándose de la presentación. Y, además, puede hacerlo de forma simultánea.

De la comunicación con los clientes a la experiencia cliente

Este es el gran salto que se produce en el sector *retail* con el uso de la tecnología digital cuando se consiguen encajar la transformación digital y su tecnología con los profesionales, los hábitos de trabajo y las estrategias. Porque profesionales que sintetizan la tecnología digital con sus hábitos de trabajo y con las estrategias de negocio consiguen un volumen de información multicanal que, gracias al tiempo que ahora tienen para decidir sobre ella, acaban creando un conocimiento especializado y detallado de los patrones de comportamiento de los clientes.

Conocer los patrones de comportamiento de los clientes en tiempo real, utilizando datos objetivos que están relacionados con determinadas acciones, es la base para crear una experiencia cliente única. Desde toda esa cantidad de información se canalizan demanda, oferta de producto, valor de marca, precio, calidad y tendencias. Y toda esa canalización, guiada por decisiones que están avaladas por datos cuantitativos que son complementados con elementos cualitativos, es la que hace crecer el negocio.

Que los profesionales de una central de compras puedan aglutinar toda la información que está ofreciendo la comercialización de una nueva colección, en cuanto a opiniones y comportamientos de compra, tanto a nivel *online* como *offline*, tiene un valor incalculable para tomar decisiones que permitan ajustar la experiencia de compra de los clientes. En deporte, la tecnología de la transformación digital permite aglutinar un volumen muy elevado de información a los observadores que tienen la responsabilidad de fichar a los deportistas. Aglutinar y sintetizar esa información es la que permite hoy día en los clubes de fútbol, por ejemplo, tomar decisiones de fichajes con menor margen de error, con el consiguiente impacto que tiene en el rendimiento deportivo de los equipos y, por supuesto, en el resultado económico de los clubes.

En resumen, la transformación digital y sus aplicaciones tecnológicas pueden fortalecer el rendimiento, los resultados y la productividad de un sector que todavía debe considerar la parte *offline* para crecer en la *online*.

MEJORANDO LA EXPERIENCIA DEL CLIENTE EN EL CLUB DE GOLF: EL PODER DEL PROPÓSITO Y COMPROMISO DEL EQUIPO

En el ámbito del golf y la hospitalidad, existen múltiples estrategias para mejorar la experiencia del cliente: *mystery shopping*, figuras de *guest relation*, o invertir en infraestructura, entre otras muchas que, incluso, podamos traer de otros sectores (hotelería, por ejemplo). Sin embargo, ninguna de estas estrategias se compara con los beneficios de tener un equipo bien preparado y comprometido.

¿Por qué mejorar la experiencia del cliente en un club de golf?

Porque un equipo que orienta y mide la operativa del club hacia la mejor interacción con el cliente está siempre preparado para cualquier situación. Esto se logra mediante:

— Un propósito claro de equipo: Todos los miembros trabajan hacia un objetivo común. Tener un propósito compartido fomenta la cohesión y alinea a todos en la misma dirección. En lugar de simplemente realizar tareas, el equipo se enfoca en alcanzar objetivos significativos que mejoran la gestión de la experiencia del cliente.

— Compromiso en la preparación: Entrenamientos y estrategias que aseguran que el equipo esté listo para afrontar cualquier reto. Con la preparación no se trata solo de habilidades técnicas, sino también de entrenarse en habilidades y hábitos orientados al servicio. Entrenar a los equipos de un club de golf en situaciones reales permite que se adapten y respondan de manera efectiva en cualquier circunstancia.

— Creación de métodos de ejecución y medición: Sistemas que permiten evaluar y mejorar continuamente la interacción con el cliente; una interacción que se representa como una jugada deportiva, donde todo el equipo sabe dónde tiene que estar, cómo apoyarse y tomar decisiones sobre la marcha. Medir el rendimiento de esa «jugada» y recibir *feedback* constante son elementos esenciales para el crecimiento. Establecer indicadores clave de rendimiento (KPI) específicos para la experiencia del cliente asegura que cada interacción se optimice.

Resultados clave de un buen trabajo en equipo

— Preparación integral: Un equipo de golf bien entrenado sabe cómo actuar en cada posible situación con el cliente, maximizando cada momento de interacción. Esto incluye desde la bienvenida hasta la resolución de problemas, asegurando que cada experiencia del cliente sea positiva y memorable.

— Autonomía y apoyo: No es necesario un control constante, sino un apoyo continuo desde los responsables. Un equipo preparado y empoderado puede tomar decisiones conjuntas en el momento, lo que aumenta la eficiencia, la satisfacción y la experiencia del cliente en el club de golf.

— Mejora continua: Mejora continua y real en la experiencia del cliente, que va más allá de evaluaciones puntuales y mejoras infraestructurales, entre otras muchas. La inversión en el desarrollo del equipo tiene un impacto duradero y sostenible, que no se logra solo con cambios físicos o procedimientos esporádicos.

Además, un equipo de golf comprometido con su propósito y preparado adecuadamente genera un ambiente de trabajo positivo y proactivo. Esto no solo beneficia la experiencia de los clientes, sino que también mejora la moral y retención del personal por el propio reto constante que plantea, creando un ciclo virtuoso de excelencia en el servicio.

En definitiva, un equipo de golf que trabaja con un propósito y está constantemente midiendo y mejorando sus interacciones con los clientes es la clave para ofrecer una experiencia excepcional en el club de golf. Esta metodología asegura que el equipo esté donde tiene que estar y como tiene que estar en cada posible situación con el cliente, sin desaprovechar ningún momento y sin necesidad de control constante, solo de apoyo desde los responsables. Básicamente, como actúan los equipos del alto rendimiento deportivo.

EN LA ZONA DE JUEGO EMPRESARIAL

A lo largo de este libro, hemos explorado la intersección entre el deporte de alto rendimiento y la gestión empresarial, destacando cómo los principios y métodos del entrenamiento deportivo pueden ser aplicados con éxito en el ámbito corporativo. El deporte de alto rendimiento entraña fuertes valores que debidamente aplicados a la gestión empresarial resultan en derivaciones claramente beneficiosas y que sería descuidado no prestar la atención necesaria, muy en especial en la búsqueda de automatizaciones eficientes en la empresa que puedan asegurar que la productividad no disminuya.

A medida que las empresas buscan constantemente mejorar su rendimiento y competitividad, es fundamental entender que la clave no solo radica en la adquisición de conocimientos, sino en la práctica constante y el entrenamiento efectivo de habilidades. La conducta reiterada de procesos debidamente analizados y marcados proporcionan a la empresa una calidad en el trabajo reiterada que se traduce en un rendimiento óptimo que tiene un impacto positiva indudable sobre la experiencia cliente.

LA IMPORTANCIA DEL ENTRENAMIENTO CONTINUO

Adentrarse en el deporte de élite implica entender desde muy temprano que el éxito no es producto de la casualidad, sino del entrenamiento riguroso y continuado. En el mundo empresarial, este concepto se traduce en la necesidad de una formación que no solo transmita conocimientos, sino que también incorpore prácticas constantes y específicas que permitan a los profesionales desarrollar y perfeccionar las competencias necesarias para su desempeño. Por desgracia nuestra formación académica en España está demasiado enfocada a la memorización de conceptos sin que realmente nos enseñen a aplicarlos de manera precisa en la vida real y que sean duraderos en el tiempo.

Durante el desarrollo de mi carrera en Business Management por la universidad Webber International University (Florida, Estados Unidos) pude entender que en España no nos enseñan a animar equipos, a ser "jefes" y mucho menos a ser líderes que otras nuevas generaciones venideras puedan admirar o querer emular. La repetición de procesos depurados permite a empresas poder mantener unos estándares de trabajo y eficiencia de vital importancia tal y como se ha demostrado en el desarrollo del servicio de hospitalidad que se ha desarrollado en Los Naranjos Golf Club (Marbella, España) desde el 2017.

EL ROL DEL LIDERAZGO Y LA MOTIVACIÓN

Un aspecto recurrente en nuestras discusiones ha sido el papel crucial del liderazgo. Los líderes empresariales, al igual que los entrenadores deportivos, deben ser capaces de inspirar, motivar y guiar a sus equipos hacia la consecución de objetivos comunes. UN líder no sólo muestra el camino, sino también cuestiona si lo está haciendo todo de manera eficiente y lo consigue aún mas cuando es su propio equipo el que cuestiona si las jugadas realizadas dentro del ámbito profesional son las mas eficiente para la obtención de los mejores resultados. Hemos visto cómo figuras emblemáticas del deporte, como Pep Guardiola o Diego Simeone, han utilizado estrategias de motivación y gestión que pueden ser perfectamente aplicadas en el contexto empresarial.

ADAPTABILIDAD Y GESTIÓN DEL CAMBIO

En el deporte de élite y en la gestión empresarial influyen de manera activa todos los cambios que se producen en los mercados, los aspectos socioeconómicos y tecnológicos, lo que demanda de atletas y de ejecutivos cada vez mayores capacidades de adaptación.

En un entorno empresarial dinámico y en constante evolución, la capacidad de adaptarse al cambio es esencial. Los equipos deportivos se encuentran continuamente adaptándose a nuevas tácticas, condiciones y rivales. De manera similar, las empresas deben ser ágiles y flexibles, capaces de ajustarse rápidamente a los cambios del mercado y a las nuevas demandas de los clientes.

EL VALOR DEL TRABAJO EN EQUIPO

Uno de los puntos más destacados es la importancia del trabajo en equipo. En el deporte, la cohesión y la colaboración entre los miembros del equipo son fundamentales para alcanzar el éxito. En las empresas, fomentar un entorno de trabajo colaborativo donde cada miembro entiende su rol y aporta al objetivo común es igualmente crucial. Que los empleados entiendan la importancia de desarrollar correctamente en tiempo y forma la tarea que realizan para la consecución de parte del objetivo crea un compromiso como equipo de inmenso valor y proporciona a los integrantes sentimientos de valor dentro de la empresa. Desafortunadamente, en España invertimos poco tiempo en generar equipos cohesionados y poco tiempo en reuniones con el personal que permitan la buena coordinación, lo que acaba resintiéndose en el equipo, la comunicación es tan importante en el ámbito laboral como en el deportivo a todos los niveles.

CONCLUSIÓN

Al finalizar esta lectura, los profesionales empresariales deberían haber encontrado en el deporte de alto rendimiento una fuente de inspiración y una guía práctica para mejorar sus prácticas de gestión. Integrar los principios del entrenamiento deportivo en el ámbito empresarial puede transformar no solo el rendimiento individual, sino también el éxito colectivo de toda la organización, tal y como venimos haciendo en la gestión de Los Naranjos Golf Club y como esperamos poder hacerlo también en nuestro nuevo club de Padel. Recordemos siempre que, tanto en el deporte como en los negocios, el éxito es una carrera de fondo, no un sprint, y la preparación constante es la clave para cruzar la línea de meta victoriosos y con un desgaste mínimo.

Julián Romaguera
CEO Los Naranjos Golf Club
& Los Naranjos Padel Club